全媒体时代下
大学生思政教育创新探索

周 倩 柳 青 丁 浩 ◎著

中国华侨出版社

·北京·

图书在版编目（CIP）数据

全媒体时代下大学生思政教育创新探索 / 周倩，柳
青，丁浩著. -- 北京：中国华侨出版社，2023.1
ISBN 978-7-5113-8590-1

Ⅰ．①全… Ⅱ．①周… ②柳… ③丁… Ⅲ．①大学生
－思想政治教育－研究－中国 Ⅳ．①G641

中国版本图书馆 CIP 数据核字(2021)第 171568 号

全媒体时代下大学生思政教育创新探索

著　　者：周　倩　柳　青　丁　浩
责任编辑：李胜佳
封面设计：北京万瑞铭图文化传媒有限公司
经　　销：新华书店
开　　本：787 毫米×1092 毫米　1/16 开　印张：11.75　字数：259 千字
印　　刷：北京天正元印务有限公司
版　　次：2023 年 1 月第 1 版
印　　次：2023 年 1 月第 1 次印刷
书　　号：ISBN 978-7-5113-8590-1
定　　价：62.00 元

中国华侨出版社　北京市朝阳区西坝河东里 77 号楼底商 5 号　邮编：100028
发行部：(010)69363410　　　传　真：(010)69363410
网　址：www.oveaschin.com　E-mail：oveaschin@sina.com

前　言

　　新媒体的迅速发展和新媒体技术的广泛应用，对高校教育体制改革和人才培养以及大学生的学习、工作和生活产生了深远的影响。

　　新媒体使大学生获取信息的方式发生了改变。首先是新媒体信息发布更为快捷、多元。大学生获得第一手信息的时间大大缩短，信息的叙述方式也从传统媒体的单面性向多角度、多侧面转变，更能调动起青年大学生获取信息的兴趣。其次是信息形式更为综合、多样。图片、文字、视频等新媒体综合表现形式改变了传统媒体较为单一的形式，使静态的信息在多元的表现形式下能够通过动态的方式传播。在这种情况影响下，大学生在通过新媒体技术获取信息时的潜在意识和角色也发生了改变：获取信息由定格式的被动接受，转变为动态式的主动搜索；既是信息的受众，也是信息的传播者。获取信息与传播信息的渠道也由单向、两点传播向多边、散状传播转变。

　　新媒体使大学生的交流方式发生了改变。在传统媒体环境下，青年大学生沟通交流的方式通常以书信、电话为主。借助新媒体技术，青年大学生更喜欢以 QQ、博客、手机短信、微信等方式进行人际间的沟通。他们利用新媒体可以真实地表达情感，甚至自我宣泄。与此同时，也造成了大学生在新媒体环境下表达观点的随意与偏激。另外，互联网上的"个人空间"，充分满足了大学生个性化的心理表达方式，在提升大学生自信心的同时，也滋生了排他心理。

　　新媒体使大学生的学习习惯发生了改变。在新媒体技术条件下，大学生开始更多地依赖网络搜索功能解决学习中遇到的困难。学习的形式、渠道也因为新媒体的无限拓展性而变得更加灵活、多元。与此同时，大学生学习习惯的改变也带来了一些弊端。一是缺乏学习的系统性。由于缺少教师面对面的指导，仅从互联网上获得零星信息是不够的，毕竟大学生对问题的认识还处于较为肤浅的层面。二是对提高大学生思考能力、辨别能力的作用不大。互联网信息庞杂，如何去伪存真，如何探查本质，如何形成知识的储备积累，这些都是利用新媒体学习带来的困惑。三是文化熏陶不足。单单通过互联网学习知识，缺乏教师与学生、个体与社会的交流与相互影响，不利于大学生学术精神的培养与综合素质的提高。

目 录

第一章 全媒体时代大学生思想政治教育

第一节 全媒体和全媒体时代

一、新媒体解读

（一）媒体的定义

"媒体"（media），一词来源于拉丁语"Medius"，音译为媒介，意为两者之间。媒体是指传播信息的媒介，是指人借助用来传递信息与获取信息的工具、渠道、载体、中介物或技术手段。也可以把媒体看作实现信息从信息源传递到受信者的一切技术手段。媒体有两层含义，一是承载信息的物体，二是指存储、呈现、处理、传递信息的实体。

（二）新媒体的定义

"新媒体"（new media）是一个相对的概念，是在报刊、广播、电视等传统媒体之后发展起来的新的媒体形态，包括网络媒体、手机媒体、触摸媒体、移动电视、桌面视窗、数字电视等。新媒体也是一个宽泛的概念，利用数字技术、网络技术，通过互联网、宽带局域网、无线通信网、卫星等渠道，以及电脑、手机、数字电视等终端，向用户提供信息和娱乐服务的传播形态。严格地说，新媒体应该称为数字化新媒体。相对于书刊、报纸、广播、电视四大传统意义上的媒体，新媒体被形象地称为"第五媒体"。对于新媒体的界定，学者们可谓众说纷纭，至今没有定论。如新传媒产业联盟秘书长王斌曾讲过："新媒体是以数字信息技术为基础，以互动传播为特点、具有创新形态的媒体。"美国《连线》杂志对新媒体的定义："所有人对所有人的传播。"联合国教科文组织对新媒体下的定义："以数字技术为基础，以网络为载体进行信息传播的媒介。"

除以上概念外，新媒体是能对大众同时提供个性化的内容的媒体，是传播者和接受者融会成对等的交流者、而无数的交流者相互间可以同时进行个性化交流的媒体。表现为交互性与即时性、海量性与共享性、多媒体与超文本、个性化与社群化等内容。

（三）新媒体的特征

关于新媒体的定义林林总总，而被划归为新媒体的介质也从新兴媒体的"网络媒体""手机媒体""互动电视"，到新兴媒体的"车载移动电视""楼宇电视""户外高清视频"等不一而足。内涵与外延的混乱不清，边界与范畴的模糊不明，既反映出新媒体发展之快、变化之多，也说明关于新媒体的研究目前尚不成熟、不系统。在当前人们对新媒体没有一个清晰的、一致认可的定义的状况下，不必要纠缠于概念、特征、类型等学术认知，而应从更为现实和务实的角度出发，抓住"数字技术、互联网技术、移动通信技术"的技术维度和"双向传播、用户创造内容"的传播维度两个指标，把新媒体限定为"网络媒体"和"移动媒体"两大类型。从这个意义上说，"新媒体"必须具备以下四点特征。

1.具备原创性

新媒体之所以称为新，应该具备基本的原创性。这里的原创性，区别于一般意义上个人或个别团体单独的原创性，而应该是一段特定的时间内时代所赋予的新的内容的创造，一种区别于前面时代所具备的内容上、形式上、理念上的一种创新，更具备广泛意义的创新。比如，分众传媒就是一种新媒体，具备原创性，它之所以可以称为原创是因为它把原有的媒体形式嫁接到特定的空间上，形式上是嫁接，理念上却是原创。但是那时的聚众传媒或者当下更多家类似媒体，都是新媒体典范，他们或者是不谋而合或者是复制，这个原创是这个特定的时间内的原创，仍可称其为具备原创性的一面。而这个原创是理念上创新的典范。当时兴起的分众传媒、聚众传媒、框架传媒等细分受众的媒体都是在媒体理念上具有一定意义的原创性。后来细分到社区的安康、细分到医院的炎黄、互力等媒体，虽然复制了分众的细分概念，也不失为理念上创新应用成功的典范。

2.具有生命力

新媒体作为媒体而存在，必须有一定生命力。或长或短必须有其存在期间的价值体现，而这个价值体现的长短，就是生命周期。由于近几年媒体的发展迅速，新媒体的发展日新月异，由于各类细分性媒体这种细分思维的影响，各种形式的创意嫁接层出不穷。但是形式新、技术新并不能决定其存在的价值，在无情的市场面前，折戟沉沙的数不胜数。究其原因就是他们没有把握住新媒体的核心价值是什么，而盲目生搬硬套，导致媒体不具备一定的生命力。因而这些在混乱中夭折的媒体不能算是媒体，更不能称其为新媒体。

3.具备有效价值

就媒体本身意义而言，媒体是具备价值的信息载体。载体具备一定的受众，具备信息传递的时间，具备传递条件，以及具备传递受众的心理反应的空间条件。这些综合形成媒体的基本价值。这个载体本身具备其价值，加之所传递信息本身的价值，共同形成媒体存在的价值。即便全新的理念和形式以及科技进步也具备一定受众，但是媒体成本远高于受众所带来的商业效益，也不能形成媒体的有效价值。

4.具备更新效应

效应是在一定环境下，因素和结果而形成的一种因果现象。新媒体必须具备形成特定效应的特性。或者说新媒体必须具备形成一种更新的效应的特性。新媒体必须具备影响特定时间内特定区域内的人的视觉或听觉反应的因素，从而导致产生相应的结果。20世纪90年代中期互联网引入我国，属于一种新型的信息载体，形成了巨大的效应，在特定区域特定时间内几乎改变了人的生活方式。这种效应必然产生特定的结果。由于这个效应的发展变化，不排除新媒体可以取代主流媒体的可能，也就是说，新媒体发展到一定的时机也可以脱离新媒体概念限制。所有的概念都是随着发展而变化的。关于效应的说法，如以手机信息为载体传播广告信息，这样的应时代需要而诞生的媒体，是新媒体。对于无线媒体，将来市场空间不可限量，这样一种媒体形式会有更进一步的发展，而且会更绿色更健康发展。

二、新媒体时代

（一）新媒体时代来临

20世纪90年代以来，随着信息通信技术的日新月异和大众传媒业的迅猛发展，促使了媒体形态发生嬗变，其中最大的变化就是新媒体诞生，并迅速地、野蛮地生长。时至今天，用手机等智能终端浏览网页、上微博、玩微信等已经成为人们拥护"新媒体"的一种常态，成为大家日益习惯的一种行为方式和生活方式，占用了人们越来越多的时间和精力，并不断蚕食着传统媒体的应用范围和发展空间。随着个人电脑、平板电脑和智能手机的不断普及，以微博和手机报为代表的新媒体异军突起，标志着新媒体时代已经不可逆转地到来。2018年智能手机用户数达到了全球移动手机用户的一半，这意味着功能手机将成为电子通信领域的少数派。

以手机、平板电脑等智能终端接入互联网和拥护新媒体成了新媒体时代最主要的方式之一。尤其是智能手机以其独特的功能和魅力强烈地吸引着最易接受新生事物的青少年群体，并成为青少年群体拥护新媒体获取信息和进行交流沟通的主要工具和渠道，极大地影响了他们的交往方式、生活方式、思维方式及观念模式。其中，微信作为新媒体的后起之秀，更是成为广大青少年热捧的社交平台。

在新媒体时代，日新月异的新媒体在传播领域对传统媒体不可避免地形成了一股强大的冲击波。根据《编辑与出版人》的最新研究成果表明，大约1/3阅读在线电子新闻的用户对传统媒体失去了兴趣，电视收视率下降了35%，广播收听率下降了25%，报纸购买率下降了18%。可见，新媒体的传播咄咄逼人的发展态势已经给传统媒体带来巨大的影响和压力，进而倒逼传统媒体转型升级或加快向新媒体靠拢或融合发展的步伐。尽管当前新媒体仍然无法完全取代传统媒体，但它快速发展及日益普及并最终占据主导地位已成不可逆转的潮流，而这也正是新媒体时代已然到来的最有力的实证。

（二）新媒体时代的积极变化

与传统媒体时代相比，新媒体时代正日益显露出如下积极变化。

1. 新媒体加速了人类进入全民麦克风时代

新媒体时代并非由单一的新媒体唱独角戏，而是形成了新媒体与传统媒体优势互补、融合发展的全媒体时代。所谓"全媒体"指媒介信息传播采用文字、声音、影像、动画、网页等多种媒体表现手段（多媒体），利用广播、电视、音像、电影、出版、报纸、杂志、网站等不同媒介形态（业务融合），通过融合的广电网络、电信网络以及互联网络进行传播（三网融合），最终实现用户以电视、电脑、手机等多种终端均可完成信息的融合接收（三屏合一），实现任何人、任何时间、任何地点、以任何终端获得任何想要的信息（5W）。全媒体并不是一成不变的单一模式，它是一个开放的系统。当互联网日益普及，博客、播客等新型媒介形态大行其道；而当手机逐渐普及，手机报、手机小说、手机电视又开始风靡全球。"全媒体"就是一个开放的不断兼容并蓄的传播形态，随着5G网络的开发成功，有许多意想不到的传播形态加入其中，丰富受众的媒体体验。而全媒体格局的形成，进一步加速了人类进入全民麦克风时代的步伐。在全媒体格局之下，每个人都可能成为传播信息的渠道，都可能成为意见表达的主体。这就好像是每个人面前都有一个麦克风，可以随时随地发出自己的声音——包括文字、图片、视频等，由此为不同利益群体提供了平等表达利益诉求的平台，特别是为弱势的草根群体提供了维护基本权益的发声平台。所以，从某种意义上来说，新媒体时代，也可以说是草根崛起的时代，是一个推进社会日益扁平化或平民化、大众化的伟大时代。

2. 新媒体成为普通民众利益表达的非常重要的通道

新媒体时代，各类受众包括知识分子、中等收入阶层、成功人士、草根阶层、政府和官员、媒体记者、辟谣者、境外媒体和互联网上各类受众，都能在新媒体里找到平等的对话机会。另外，传统媒体的舆论监督功能持续弱化等社会问题，都注定使新媒体成为老百姓最便捷表达利益诉求和赢取公众支持的重要通道。

3. 新媒体是突发公共事件的重要信息源

新媒体时代，网民深度搜索欲望和能力更加增强，突发公共事件容易成为广大网民疯传、热议和热评的"焦点"。有人统计，说新媒体（比如互联网、微信、QQ群等）已成为突发公共事件第一信息源，超2/3的信息来自新媒体，只有约1/3信息来自传统媒体。其中，新媒体的新锐——微博、微信更是成了在传统媒体上缺失的"敏感话题"的主要舆论平台。

4. 新媒体是一股消解边界的力量

新媒体时代，由于大数据、电子商务、云计算等日益广泛的应用，为许多在以前难以想象的跨界融合创造了条件，如今以互联网为纽带的产业跨界融合已经成为我国经济转型升级的一种新模式。在媒体之间，新媒体也正以"互联网+""O2O"以及互联互通、跨界介入等多种方式，在压缩传统媒体生存发展空间的同时，倒逼着传统媒体转型升级，并成为一股巨大的消解力量，不仅消解着传统媒体（电视、广播、报纸等）之间、新媒体与传统媒体之间的边界，也消解着产业之间、社群之间、国家之间的边界，还消解着信息发送者与接收者之间的边界，使传统媒体时代清晰的各类边界日渐模糊甚至消失，促使媒体形态正朝着新老融合、创新发展的方向变革。比如传统媒体时代最为强势的媒体——电视，也正走上与互联网、与智能手机对接的数字电视、手机电视之路，逐步与新媒体实现了融合发展。

（三）新媒体带来的消极影响

人在海量信息的狂轰滥炸下，很容易迷失自我甚至被信息异化。由于个体人的时间、精力和接受能力有限，大规模的、长时间信息输入会导致焦虑不安，甚至信息接收障碍的状况（指虽然能够识别信息但是处理记忆能力降低，不能再接受新的内容）。然而身处泛媒介化时代的我们已然不具备真正意义上的信息主动权，铺天盖地的广告、持续不断的信息推送、便捷的信息联通方式将人时刻淹没于信息大潮之中。

1. 时间被无意义地耗费

媒介的无孔不入占用并浪费了人们大量的时间，随着科技进步与物质的不断丰富，我们的工作和生活越来越离不开媒体。如在工作中，依靠电脑、电话、手机、电子邮件等随时随地交流沟通已是必需。而在下班消遣时，人们也习惯通过电脑、电视来打发时间。甚至在零碎时间，如餐桌前、上下班的公交车上，也越来越习惯低头看手机，刷社交网络。而且随着智能移动终端的普及，媒体正在无孔不入地侵入人们的生活，挤占人们有限的时间，以致很多人得上了诸如"手机强迫症""微博焦虑症""网络依赖病"等媒介现代病。

2. 对思维能力和人文价值的侵蚀

当人们习惯于依赖新媒体的如影随形、习惯于无所不在的信息推送时，人类大脑正不可避免地被各种信息填满，变得麻木迟钝。受惠于移动互联技术的发展，现代人的生活便利程度在不久以前还是无法想象的，如随时刷刷微信、微博以了解亲朋好友的状态和热门新闻，出门前查看天气预报以便出行，打车用 App 提前预订而不用盲目等待，去往新的地区可用各种基于 LBS 的应用来获得商家、景点的信息，去陌生城市可用手机导航避免迷路等。不过基于人的需求而诞生的大量应用信息在给人们带来极大方便的同时，也一定程度上导致了媒介依赖、工具理性的泛滥等情况，如个人现在不需要知道为什么、不需要依据思考判断来做决定，仅仅是依靠智能终端来帮助实现其心中所想。而长此以往多数人将不可避免地被培养成严重依赖新媒体的用户或消费者，而不是具有主观能动性的独立主体。另外，在这里我们无意讴歌原始主义，事实上笔者也在享受新技术的种种便利，但是其背后巨大的工具理性逻辑也不能不让人思考，使用者即人本身，是否在以最实惠便捷的方式得到满足时还能享受到那种求索、思辨、犹豫、决断的过程之乐，而对工具理性的热情拥抱是否能够真正做到关怀人、尊重人而非简单地将用户当作消费者呢？

3. 丧失主观能动性和行动力

商家、媒体在占据人们大量时间、精力的情况下，通过浅薄的内容正在将人们培养成一群习惯接受、转发、乐于围观却懒于输出、思考的"乌合之众"。如今，理性的思考早已抵不过汹涌的围观跟风，而亲身去经历也远不如通过媒体、意见领袖的转播来得真实，因为个人毕竟观察能力有限，有时候即使亲身经历所获得的信息也不如记者深入调查后得出的结论全面、确凿，于是"书生不出门，便知天下事"成了现代人最生动的写照。而且那些本应实地参与的活动也纷纷假媒体方便实惠之名在各种屏幕前予以解决，如剧院表演、现场讲座、音乐会等现场体验最佳的活动，人们也习惯通过电视、网络来收看，只被动地旁观，完全不用主动参与。另外，电子屏幕的缤纷绚烂与实时互动也让越来越多的人习惯安居在屏幕前工作、生活，逐渐与外界疏离，如今大量宅男、宅女、剩男、剩女的出现不能不说与此相关。总之媒体的无孔不入造成了人们对媒体的日益依赖，过度地沉溺其中则让人变得对现实世界缺乏应有的接触和感知，长此以往，无疑将会导致人与自然的疏离并且丧失敏锐的感知和探索能力。

第二节 大学生思想政治教育的对象分析

大学生作为一类特殊的人群，客观上有着自身的特殊性。他们既表现出同一般青年一致的"年龄特点"，又表现出与一般青年在思想品德和文化程度方面不同的"层次特点"。与不同时代的大学生相比较，当代大学生还有鲜明的"时代特点"。客观地认识大学生的特点，揭示大学生身心发展的矛盾特殊性，了解他们特殊的利益和要求，是做好大学生思想政治工作的必要前提。

一、大学生的心理特点

青年期是少年向成年人转变的过渡期，也是少年心理向成人心理过渡的关键期，而大学阶段则是青年期的最后时期。这段时间对大学生以后的人生产生的作用是巨大的。大学生随着身体的发育成长，在社会各种条件的相互作用下，心理面貌发生了巨大变化，对待人生也有了自己的思考，也具有了一系列的心理特征。

（一）情感丰富而强烈

情感是人对客观事物态度的心理体验与感受。情感是脑的机能，是客观事物刺激的反应。大学生随着年龄的增长、智力的发展、社会实践的增多，情感愈发丰富，具体表现为：

1.理性意识发展显著

理性意识是智力活动过程中所产生的体验。理性意识是大学生在学习、生活的实践中发展起来的，反过来，它又促进和推动大学生认识世界和改造世界的实践活动，更好地学习和生活。由于大学生的基本任务和主要生活内容就是学习，由此他们的理性意识就发育得特别快。他们的求知欲、好奇心、探究心、幽默感和讽刺性，都是理性意识的种种体验和表现。

2. 道德感明显发展

道德感是根据一定社会道德准则评价别人或自己言行的情感体验。由世界观决定的同志感、友谊感、爱国主义感、集体主义感、社会主义责任感都是大学生从多方面体验到的道德感。如对他人言行评价时体验到的崇敬和愤怒，对自己言行评价时体验到的不满或喜悦。同时，反感、睿智、疏远、尊敬、轻视、感激、歉意等，都是道德感的具体表现。

3. 审美意识进一步发展

审美意识是人的审美需要是否得到满足而产生的情感，审美意识的发展与一定的文化修养有关。大学生是青年中文化水平较高的群体，他们鉴别美的能力更高，欣赏美的范围更大，内容更深化。他们对美的欣赏，不限于服装的得体、音乐的动听、艺术的艳丽，还赞叹山河的壮丽、春光的明媚、建筑的宏伟、田野的生机。他们不仅欣赏外在美，而且欣赏内在美，对艺术美、社会美的欣赏能力也大大提高。

4. 社交意识发展突出

可以说青年时期是人生的一个分界点，青少年时期由于个人的思想刚刚开始出现一些自主，这时候对家庭的依赖较大，友谊感不是很强烈。当进入青年期，随着各方面的成长，思想的成熟，个人对友谊的要求渐趋强烈，并越来越注重于信念、志向、情趣、性格、爱好的交往，以互相交流思想、探讨问题、互相帮助。

大学生的情感具有外露性，喜怒哀乐溢于言表，感情奔放，容易冲动。他们往往表现出为真理而奋斗的热情，向往丰富多彩的生活，喜欢激动人心的场面；但也可能出现盲目的狂热和冲动，铸成大错。他们常因自己的需要和愿望得到满足而手舞足蹈，欣喜不已，也会因为一时得不到满足而怒气冲冠，悲观失望。大学生的情绪虽然较中学阶段稳定，但与成人相比还显得波动多变，容易从一个极端走向另一个极端。他们爱把事情想象得过于顺利、美好，缺少经受挫折的思想准备。一旦受挫，就陷入苦闷、烦恼、不满甚至绝望。

（二）认识能力发展迅速

大学生认识能力的发展，主要表现为观察力、记忆力、想象力和思维能力的发展。

1. 观察力的发展

观察是一种有计划、有目的、较持久的知觉活动；观察力是在事物的表象中察觉出它的属性和特征的能力。大学生在接受教育的过程中，观察力发展很快，观察的目的性、主动性、精确性和深刻性都有很大提高。

2. 记忆力的发展

记忆力是人脑对过去经验中所发生过的事物的反应能力。大学生正值记忆力发展的黄金时期。他们的记忆方式也大有改进，无意识记忆和机械记忆还存在，但有意识记忆和有目的记忆占据优势；他们的记忆容量迅速扩大，源源不断的书本知识、生活知识和社会知识涌入他们的大脑，成为他们记忆库中的资料。

3. 想象力的发展

想象力是在过去知觉的基础上创造新的形象的能力。由于观察力、记忆力的发展，个人学习、生活资料的积累，为大学生想象力的发展准备了条件。这使得大学生充满幻想，富有理想，憧憬未来，向往明天。

4. 思维能力的发展

思维能力是大脑概括地、间接地反映客观现实的能力。大学生随着第二信号系统作用的增强、学习范围和接触社会范围的扩大，抽象思维在思维活动中占据了主要地位，并逐步从经验性抽象思维向理论性抽象思维发展，从形式逻辑思维向辩证逻辑思维发展，其思维的敏锐性、深刻性、批判性、独立性和创造性都有明显发展。

（三）自我意识增强

自我意识是指人对自己、自己与他人关系以及自己与周围世界关系的认识。自我意识包括自我观察、自我批评、自我监督、自我调节，自尊、自信、自立、自制和自豪感、责任感、义务感等。大学生身心的迅速发展，使之产生强烈的自我意识。主要表现是：

1. 自尊心、自信心和好胜心明显增强

大学生随着身心发展和知识扩展，显示出力量和才能，萌发出成人意识，自尊心已明显提高，要求受到别人的尊重，总想显示自己的作用以引起别人注意。自信心的增强表现为他们对自己的知识、能力、情感、意识有了了解和信心，喜欢对自己做肯定性评价。这一时期的学生要强好胜，喜欢显示自己的力量和才华，处处要表现自己是生活的强者。对待大学生的自尊心、自信心和好胜心，我们应该合理健康地引导使之积极进取、不甘落后，珍视荣誉；防止处理不当使之脱离集体、追求虚荣、自傲自卑、铤而走险。因此，我们在做思想政治工作时一定要肯定和保护他们的自尊心和积极性，同时要严格要求，善于引导，使二者有机地结合起来。

2. 独立意向迅速发展

由于日益增强的体力和智力，大学生的思想已经逐渐成熟，自主性、独立性和主动性显著发展。不再像中小学阶段对家庭有较大的依赖性和被动性。特别是当代大学生，他们不轻信他人结论，甚至会出现批判和"逆反心理"，不喜欢受到束缚，这种独立性存在两面性。当然，如果对大学生的独立性加以引导，就可以朝着正确的方向发展。

3. 自我评价和自我教育能力成熟

大学生自我意识的增强，表现在他们不仅借助别人的评价认识自己，而且主要是按照自己的尺度，进行独立的自我评价。大学生自我评价能力的日趋成熟，使他们自觉地进行自我教育成为可能。并且，随着自我评价的准确性提高，他们自我教育的主动性、正确性和稳定性也会相应提高。大学生思想政治工作应结合大学生的这一特点，积极引导他们进行自我教育。

（四）社会心理渐趋成熟

随着大学生各方面的发育成长，他们的社会交往范围扩大了，越来越重视人际关系，以提高自己在社会关系中的地位。而随着独立性的增强，他们与家庭、同龄人以及教师的关系都发生了变化。

进入大学后，在他们与家庭的关系上，逐渐发生了质的变化。他们渴望独立，父母的榜样已不像童年时期那样绝对地、不加批判地被接受。随着知识、学历层次的提高和年龄的增长，他们在家庭中的独立性地位逐渐提高，行为的自主性越来越强，可以自主地支配自己的时间和选择朋友、交往方式等。

在与同龄人的交往过程中，其关系是获取信息、经验、友谊的很好形式，大学生希望自己可以像少年时期那样，有一种集体主义意识，有一种集体归属感。所以在大学校园中社团众多，各式各样，大学生参加社团活动和入团入党的要求强烈，以期承担更多的社会义务和社会责任，渴望在一个团体中能体现自己的价值，体现自己在这个团体中的作用。

在大学生与教师的关系上，也发生了显著变化。大学生不再把学习分数看为同龄人之间取得尊重、声望、名誉的途径，而把学习理解为生活的准备。他们把教师看作师长和朋友，对教师的尊敬多于崇敬。师生关系从少儿时的"亲密型"转为"疏远型"，把自己看作有自学能力和自主性的学生。

（五）个性、意志形成，兴趣爱好广泛

个性是指一个人的各种心理特征的综合，也可以说是一个人的基本精神面貌。随着身心的迅速发展，阅历和经验的增加，大学生富于理想和追求，进取心强，充满希望和活力。大学生的个性向稳定发展但尚未完成，仍具有可塑性。尽管这种可塑性逐渐减弱以至定型，但仍保留着少年时期那种好模仿的特性，并达到较高级的程度。榜样的力量是无穷的，利用大学生的可塑性和模仿性，正确进行引导和影响，对大学生良好的个性形成会产生积极影响。

意志是人自觉地支配行动，是人自觉地确定目的，并根据目的调节支配自身的行动，克服困难，实现预定目标的心理过程。大学生随着年龄、知识和自我意识的发展，意志的目的性、自觉性和坚持性越来越强，使之能够支配、调节自己的行动，去战胜内心的惰性和外部的困难，从而达到目的。但他们与成人相比，意志尚不稳定，缺乏耐心，容易冲动，不能理智驾驭情感而容易偏激。

兴趣是积极探究某种事物或某种活动的意识倾向，是推动人们去寻求知识和从事某种活动的一种精神力量；爱好则是对一定事物所持的积极倾向体验。大学生的兴趣爱好与学习知识、发展智能、健全体魄、陶冶性情等日常生活的主要内容和未来的事业紧密相连。大学生意识到学习的社会意义，知道今天的学习就是明天的应用；他们对感兴趣的知识热情洋溢，坚持不懈，对不感兴趣的学科则轻视，甚至放弃。对此，我们应予以及时指导，使他们明确各学科之间的广泛联系。由于如今的大学多是寄宿制，少了家庭的制约，多出了很多的自由时间，大学生有了充沛的精力和广泛的兴趣爱好，对此，应适应大学生的爱好，开展丰富多彩的文化体育活动，使他们的过剩精力得到释放，以利于他们身心的健康成长。

（六）性意识成熟，产生恋爱要求

青年期的大学生处于性功能迅速成熟时期，这引起他们生理和心理的一系列变化，并对异性产生了非同一般的情感。由于大学生生理发育已趋成熟，性意识走向真实，性无知和性好奇被恋爱要求代替，他们渴望在情感上与异性交流，关心异性对自己的评价，迫切想和异性接近。现在，大学生谈恋爱现象比较普遍，原因比较复杂，除青春期提前、性意识超前外，与外来文化影响、缺乏正确指导、大学生的相互模仿及家长的容许和鼓励也有很大关系。但也有许多学生秉持"先成才后成家"和"可遇不可求"的观点，这说明他们能比较理智地驾驭情感。要引导大学生正确处理学习和恋爱的关系，要他们明确把主要精力用到学业上来是时代对当代大学生的最主要的要求。

二、大学生的思想特点

（一）思想发展的良好趋势

1. 理想信念的主流是好的

当代大学生理想信念的主流是健康向上的。当代大学生是出生在改革开放后的一代，从小生活在和平的社会氛围下，充分享受着和平时代的美好生活。他们有着爱憎分明的性格特征，具有强烈的爱国情怀。在对待社会正义问题上，有着正确的价值判断标准。在我国遭遇自然灾害时，大学生做出了很好的表率作用，他们组成志愿者队伍，去帮助那些需要帮助的人。大学生志愿者已经成为我们所处时代的一道亮丽的风景线，在北京奥运会、残奥会、上海世博会中到处可以看见大学生志愿者的身影，在大型的医院、图书馆等公共场所也能看到热心的大学生志愿者。

当代大学生是在社会变革的环境中成长起来的，他们思想独立、个性张扬，易于接受新鲜事物，既喜欢中国风的事物，对传统文化情有独钟，又追逐时尚，对时代前沿的东西、对生活中的时尚热烈追逐。

当代大学生具有健康向上的人生态度，具有崇高的社会理想，对自己今后的人生道路能够有一个合理的规划，他们维护民族尊严、国家利益，爱憎分明，愿意在别人有困难的时候伸出援助之手，他们对父母的爱用更为显性的方式表达出来，他们关心国家大事，关心国际时政。总的来说，当代大学生的理想信念现状是好的。

2. 思想活跃

当代大学生是在开放、民主的环境中成长起来的。全球化的深入发展，使得整个世界已经成为一个紧密联系的统一体，新兴大众媒体的发展，互联网的普及，使得大学生的眼界大为开阔。在开放的社会环境下，今天的大学生思想活跃，求新求异意识强，好奇心强，对"新""奇"的事物具有强烈的接触欲望。

在信息化时代，互联网激活了大学生跳跃的思维，拓展了大学生与外部世界沟通的渠道，大大地提高了大学生获取各种信息和知识的能力，提高了他们学习的主动性、自主性和参与性。对每样事物都有他们自己的见解。这不仅满足了当代大学生日益增长的精神文化多样化的需要，而且为他们提供了一个接触社会、了解世界的全新渠道，在他们的生活中处处体现着创新的思维和创新的行为。

总之，当代大学生思想活跃，求新求异意识比较强，他们不再留恋传统的思维、做事方式，乐于、勇于接受新事物、新潮流、新看法、新挑战，善于运用新的手段和方法获取新的信息。对待一些问题观点深刻、逻辑严密、善于表达，甚至有强迫自己用成年人的思维思考问题的倾向。自信，个性鲜明，敢于表达，不相信说教，喜欢独立判断，喜欢按照自己的方式选择行为，并对其行为负责。他们不够稳定、不持久，却很单纯、很阳光、很可爱，这些成了这一代人的重要特征。

（二）思想上也存在不和谐的因素

1. 价值取向多元化，价值判断扭曲

随着改革开放的深入，我国的经济体制由一元主导的计划经济体制转向市场经济体制。全球化的纵深发展带来了国际间经济、政治和文化的广泛交流，一元价值观受到了巨大的冲击，人们的价值取向开始动摇、呈多元化的状态并且还有进一步发展变化之态势，这在当代大学生身上表现得尤为突出。在当下，一些大学生歪曲了对于成功的认识。在世界观、人生观和价值观层面上，某些大学生注重现实与实用主义，表现在享乐主义的物质文化取向和颓废主义的精神生活取向上，他们把现实的物质利益、舒适的生活、职业和地位当作了人生的唯一追求，掉进了金钱拜物教的陷阱。他们追求感官享乐、追求物质利益最大化，对自我价值的认识偏重于物质衡量，由此产生了奢侈、功利、纵欲的人生观和价值观。部分大学生出现了价值观念偏移、道德社会化扭曲、功利主义盛行的倾向，个人主义得到张扬的同时出现自我异化倾向，并带有浓重的个性色彩和随意性。

2. 理想信仰危机

部分大学生在理想选择上存在着困惑与迷茫。我国社会转型所产生的一些问题和矛盾对当代大学生的理想信仰带来了冲击。社会的转型带来诸多新问题、新矛盾，人们的价值观念趋向于多元化，面对价值选择的多样性，对于社会阅历浅、判断和抉择能力受到限制的大学生来说，一些大学生难免会陷入理想选择的困境。在价值多元化环境下，旧的价值观念部分地失去了示范作用，而新的价值体系又未形成，价值判断的矛盾性，价值评价标准的混乱状况，就会使许多大学生在选择他们的人生之路、确立自己的理想时感到困惑与迷茫。他们在接受了社会主义核心价值观的教育的同时，又受到市场经济浪潮的冲击和西方资本主义价值观的影响；既渴望实现自我价值，施展自己的才能，以得到社会的认可，又看到了社会的一些黑暗面，对自己未来的前途选择产生矛盾心理。一些大学生在步入大学校园后，发现真实的大学生活与他们所认为的完全不一样，一些人会感到失落甚至沮丧。大学生从书本、课堂及多种宣传媒介中学到了社会理想信念的基本内容，但当他们走向社会，听到和看到的大量现实与他们所学的东西不相符，甚至是相悖的，从而使他们怀疑、嘲弄或放弃已建立的价值观，致使当代大学生的社会理想信念经常处于"流动状态"。在现实中，一些大学生意志不坚定，不够坚强，在成长的过程中遇到困难挫折时，就退缩了，在崇高的人生理想与多变的现实生活之间往往缺乏必要的心理支撑，导致了理想与行动之间的脱节，不能用理想的目标正确地指导实践。

3.伦理观歪曲

大学生涉世不深，处于伦理观的成型阶段，缺乏相应的分辨是非善恶的能力，孰是孰非、孰真孰假一时难以判断。在当今复杂的社会环境中，一些社会现象以不健康的、只追求商业利润的、不符合伦理道德观的要求来传递思想时，势必会影响青年大学生正确伦理观的养成，引发大学生道德行为失范。他们会模仿影视剧中不健康的讲话方式、行为方式，在公共场所，一些大学生公共礼仪缺失，乱扔果皮纸屑，出口粗言脏话，更甚者参与偷盗赌博、聚众斗殴等。是非不分、价值观的扭曲、行为违法乱纪超越了大学生的道德底线，导致了一些大学生的道德沦丧、法制观念淡薄，甚至误入歧途。

4.审美观异化

低俗化的快乐对一些大学生产生了消极、负面的影响，知性美感荡然无存，娱乐功能过分夸大，人们只有感官上的放松，精神上得不到一点收获，导致了一些大学生逐步丧失对精神感召的渴望而仅仅迷恋于外在的感官刺激，快感取代了理性。一些大学生的审美情趣变得低俗，高雅、严肃的文学艺术受到冷落，庸俗浅薄的文学作品在青少年中流行，低质量网络小说、偶像剧成为时尚。他们不再崇尚含蓄质朴，而是推崇享乐主义、拜金主义、颓废主义。现代社会，人们对"美"的定义有了不同的看法。我们经常看到一些年轻人着装怪异、举止夸张，他们认为越是另类就越是美。一些大学生被以颠覆传统观念的"畸形美感"误导，其审美观已经错位，走向了世俗化、功利化甚至庸俗化；一些大学生忽视了内在精神美的追求，致使其审美品位降低、审美情趣低下。他们丧失了自我判断能力，成了受他人支配和控制的人。青年大学生正确的审美观应该是以"真"为美、以"善"为美、以"内外和谐"为美。

第三节 大学生思想政治教育的特点和原则

一、大学生思想政治教育的特点

大学生思想政治教育是高校按照一定的社会要求，有目的、有计划、有组织地对大学生的思想品德、政治素质和心理素质进行教育培养，把大学生培养成社会主义合格接班人和建设者的社会实践活动。大学生思想政治教育有以下几个特点。

（一）时代性

社会是不断发展的，大学生思想政治教育要紧跟社会发展要求，具有鲜明的时代性。这一特点主要体现在大学生思想政治教育的内容上。教育内容中包括当前党的路线、方针、政策等这些现实的教育内容，以及这些内容的理论来源和现实依据，这些构成一个具有内在联系的系统。因此，我国的思想政治理论教育内容必然包括马克思列宁主义、毛泽东思想和中国特色社会主义理论体系、社会主义荣辱观等内容。这些内容的学习紧密联系当今理论发展，对大学生理解理想信念教育、爱国主义教育、人生观教育、道德理论教育等具有现实意义。思想政治教育也只有融入现时代的理论内容，理论教育才具有生命力，才更容易被大学生掌握。时代性特征体现在思想政治教育内容中，就是要使理论联系实际。这就要求思想政治教育者有高度驾驭理论与解决实际问题的能力，处理好实践中的热点与难点，使思想政治教育更具有说服力。

（二）民族性

民族是一种自然的历史存在，是人类社会性存在的一种形式。中华民族在几千年的历史发展中形成了稳定的民族情感和丰富的民族文化，进而成为思想政治教育的重要内容。中华民族精神博大精深、源远流长，是中华民族生命力、凝聚力、创造力的不竭源泉，是大学生思想政治教育的重要组成部分。

（三）人文性

现代化的关键是人的现代化，社会主义的本质是人的全面发展。以人为本的科学发展观的提出，标志着我们党对人类社会发展规律认识得更加自觉，这对新时期各项工作都具有重要的指导意义。大学生思想政治教育要树立以学生为本的观念，把教育学生和关心学生结合起来，把塑造学生和服务学生结合起来，把校园文化建设和学生的健康成才结合起来，紧密围绕学生的成长和成才来进行，这充分反映出对学生的人文关怀，体现出人文性的特点。重视对大学生的人文关怀，必须从当代大学生的思想实际出发，树立民主、平等、沟通和协商的新观念，把大学生思想政治教育工作做细、做活、做实。要深入细致地研究当代青年思想中的热点、难点和疑点问题，提高他们的人文素质，培养他们的人文精神。

（四）综合性

大学生思想政治教育是一个综合性的教育。综合运用马克思主义理论，对大学生进行理论教育。马克思主义是对社会发展和人的发展进行综合性研究的理论成果，其研究领域覆盖政治、经济、文化、社会和人的思维等多个层面。思想政治教育是做人的工作，要运用包括哲学、政治学、教育学、社会学、历史学和伦理学等多学科的教育内容，开展丰富多样的教育。同时，还要综合协调各方面的力量和综合利用各种教育途径和方法，实施思想政治教育。以上都体现出了思想政治教育的综合性。

二、大学生思想政治教育的原则

大学生思想政治教育原则，是在大学生思想政治教育的实践中形成的，贯穿于大学生思想政治教育全过程，是开展大学生思想政治教育活动必须遵循的具体指导思想和基本要求。

（一）民主原则

民主原则是指在大学生思想政治教育中，尊重学生的主体性地位，尊重其人格和民主权利，创造条件让大学生充分发表自己的意见并加以正确的引导。民主的实质是平等。大学生思想政治教育中的民主，就是教育者与受教育者双方在充分尊重对方的人格和民主权利的前提下，创造条件让双方充分表达自己的思想和意见，并在此基础上正确处理相关问题，共同完成大学生思想政治教育的任务。大学生思想政治教育并不能直接作用于人的行为，而是先通过对象错综复杂的心理品质作用于人的意识，转而影响其行为。作为教育对象的大学生一般都是青年，他们的自我意识已经渐趋成熟，对自己以及和周围的关系开始有了独立的认识和评价，较少盲从，主体意识明显。因此，大学生思想政治教育的成效，在很大程度上取决于教育对象对教育内容的关心、思考和理解的积极性和主动性是否被调动起来以及被调动的程度。因此，大学生思想政治教育必须坚持民主原则，突出学生的主体地位，教育者与受教育者以平等态度交流思想，互相尊重，创造民主、平等、和谐、生动活泼的教育环境氛围。

（二）方向性原则

方向性原则是指大学生思想政治教育的全部活动要始终与社会发展的要求相一致，坚持正确的政治方向不动摇。当前，方向性原则主要体现为大学生思想政治教育要旗帜鲜明地坚持社会主义和共产主义方向，坚持党的基本路线，要与中国共产党的纲领与宗旨相一致。坚持方向性原则对大学生思想政治教育活动具有非常重要的意义。首先，只有坚持这一原则，才能保持无产阶级思想政治教育的本质特色。其次，只有坚持方向性原则才能统一人们的思想与行动，充分发挥思想政治教育的作用。最后，坚持方向性原则是实现思想政治教育价值的根本要求。思想政治教育价值的实现与否，必须以教育目的的实现程度和方向性原则的贯彻程度来衡量。

（三）求实原则

求实原则，体现了一种科学的工作态度。思想政治教育是一项实实在在的转变人的思想的工作，因而任何华而不实和不切实际的做法都难以取得良好的教育效果。大学生思想政治教育的一个重要特点就是具有针对性，要做到这一点，教育者必须遵循实事求是的原则。教育者在进行思想政治教育的过程中，必须从社会发展的现实和受教育者的思想实际出发，运用马克思主义的基本理论去解释分析社会问题和受教育者的思想问题，并从中找出解决问题的基本规律，来指导大学生思想政治教育的活动。求实原则，是指大学生思想政治教育要始终坚持"理论联系实际，一切从实际出发，实事求是"的思想路线和原则。

（四）差异性原则

大学生思想政治教育本身就是起因于，教育对象现实的思想状况与社会的期望目标之间的差异和教育对象之间的思想差异，就是因为存在这种差异，所以社会就提出了对个人进行教育的要求。大学生的思想现状与社会主义发展要求之间，既存在着总方向上的一致性，也存在着具体要求上的差异性。这种差异性是客观存在的，这就是大学进行思想政治教育的起点，差异性产生的根源和影响因素是多方面的。在高校思想政治教育过程中，承认教育对象思想认识的差异性，是进行良好的思想政治教育的起点。教育者在思想政治教育中，要从大学生的思想实际出发，在密切联系学生思想实际的基础上开展活动。一方面教育者要不断地深入研究大学生的思想状况，在了解学生思想脉搏的基础上有的放矢地进行教育；另一方面教育者要把握大学生的不同思想层次，做到因层次而异，因人而异。在把握整体思想状况的前提下，教育者还应分析不同个体的层次类型，并对不同的个体和层次类型采取不同的教育方法，有针对性地发挥教育的个性化熏陶作用，顺利实现教育的预期目标。

（五）灵活变通原则

在高校思想政治教育过程中坚持灵活变通的原则，其实质是要求将思想政治教育目标和内容的规定性与思想政治教育过程和方法的灵活性有机结合起来。大学生思想政治教育过程是沟通人的思想和交流人的情感的过程，是用正确的思想和真挚的情感影响和感化教育对象的过程，而人的思想和情感的丰富性和复杂性，就决定了在进行思想政治教育的过程中，必须避免生硬、呆板、简单、一刀切的倾向，必须根据教育对象的思想实际和个性特征，有针对性地、灵活变通地来安排教育的情境和选择教育的方法。大学生思想政治教育灵活变通原则，还要求根据时代的变化和思想政治教育任务的变化，以及大学生求新求变的思想特点，不断地解放思想，与时俱进，跟上时代发展的步伐，不断地探索高校思想政治教育的新规律，创造思想政治教育的新方法。

（六）尊重爱护原则

在大学生思想政治教育过程中贯彻尊重爱护的原则，就是要求高校思想政治教育工作者必须尊重教育对象的主体地位，从关心爱护的愿望出发努力发挥他们的主观能动性，并进行启发诱导，促使他们积极地进行认识交流并提高思想认识水平。思想政治教育活动是主体之间的互动过程，要进行切实有效的思想政治教育，教育者首先在思想上必须树立以尊重爱护教育对象为前提的指导思想。思想政治教育是以帮助教育对象在政治态度、人生道德、人生价值等方面，确立与社会意识相一致的个人意识为目的的一种人类精神活动。对教育对象尊重的含义是：教育者要承认教育对象是具有自己个性特征和独立人格的主体。要能够体会教育对象的喜怒哀乐，教育者和教育对象之间应以同志式、朋友式的关系进行交流，从而建立起双方互相尊重、互相交流、互相切磋、共同提高的良好关系。只有确实尊重和爱护教育对象，以真诚关心的态度，以平等的姿态来面对教育对象，才能提高思想政治教育的效果。

（七）政治理论教育与社会实践相结合原则

在思想政治教育中既要注重理论教育，又要注重实践教育，强调行为养成，实现知行统一。理论教育是思想政治工作的基础环节，要增强对大学生理论教育的效果，就要从不断地改进学习的方式方法和载体入手，要生动活泼，讲求效果，要入情入理，用事实来教育大家，通过相应的图片和声像，宣传思想理论，通过大家喜闻乐见、愿意接受的活动形式，宣传思想理论，提高大学生的马克思主义基本理论的水平，特别是加深对邓小平理论和"三个代表"重要思想、科学发展观和习近平新时代中国特色社会主义思想的认识和掌握。但理论来自实践又应用指导于实践，只有在实践中才能充分表现出其价值与魅力。通过组织大学生参加社会实践活动，能进一步加深其对理论的认识，巩固和强化理论教育的成果，真正提高其思想觉悟和认识能力。

第二章 全媒体时代媒介素养的提升

第一节 媒介素养概述

一、媒介素养的定义

媒介素养不仅是现代人文化素养、整体素质的一部分，更应把它看作素质教育的灵魂来培养。当代大学生肩负着建设国家的重任，作为与媒介接触的主流人群，他们的媒介素养及整体素质决定着国家未来的整体实力和形象。从我国教育现状和社会需求来分析，加强大学生媒介素养，是迫在眉睫的大事。

关于媒介素养的定义，在媒介素养教育开展较好的国家有不同的理解。在此我们选取其中有代表性的几个国家对媒介素养的阐述。

美国著名的媒介素养教育专家詹姆斯·波特这样说："媒介素养是一种观察方法，即当我们置身于媒介中时，为了解读我们所遇到的信息时主动采用的一种方法。我们通过知识结构来构建我们的方法。而要构建知识结构则需要工具和原始资料。工具是我们的技巧，原始资料则是来自媒介和现实世界的信息。主动采用我们不但知晓的信息，而且会不断与信息互动交流。"

美国主要教育资源网站这样论述媒介素养："媒介素养是一种能力，用这种能力来接触、分析和评价大众媒介中所传递的诸多复杂信息。媒介素养着重于帮助人们，尤其是青年人，成为对媒介信息的更谨慎和更理性的消费者，从而在有关健康、购物和价值判断上能做出更明智的选择；同时也帮助人们成为媒介有创新性的生产者，从而更有效地传递他们的所思、所想和优势。"

英国媒介素养教育专家戴维·白金汉这样说："'媒介素养'指使用和解读媒介信息所需要的知识、技巧和能力。"

加拿大关于媒介素养教育的定义是这样描述的：媒介素养旨在帮助学生发展对大众媒介的本质有知晓和批判的理解力，懂得大众媒介所运用的技术以及这些技术所产生的影响。更具体地说，媒介素养是一种教育，这种教育的目的是增加学生对媒介如何运作，媒介如何传递意义，如何组织起来以及如何构建现实的理解和享受。媒介素养也旨在让学生具有创造媒介产品的能力。

从国内来看，尽管在中国大陆媒介素养教育仍未启动，不过中国学者也提出了对媒介素养教育的看法。

中国传媒大学的张开副教授在她的文章《媒体素养教育在信息时代》中指出：媒介素养是传统素养（听、说、读、写）能力的延伸，它包括人们对各种形式的媒介信息的解读能力，除了现在的听、说、读、写能力外，还有批判性地观看、收听并解读影视、广播、网络、报纸、杂志、广告等媒介所传输的各种信息的能力，当然还包括使用宽泛的信息技术来制作各种媒体信息的能力。媒体素养无疑是一个全新的素质概念，它的宗旨是使大众成为积极的善用媒体、制造媒体产品，对无所不在的信息有主体意志和独立思考的优质公民。它与提高社会文化品质与健全公民社会的发展息息相关。

中国人民大学新闻学院郑保卫教授在《媒介教育大众化势在必行》中说：媒介教育是指有关媒介知识及运用技能和方法的教育。通常这种教育是包括在新闻与传播教育之中，由新闻与传播院校向新闻学与传播专业的学生实施的。

张冠文、于健在《浅论媒介素养教育》中说：媒介素养就是指人们正确地判断和估价媒介信息的意义和作用，有效地创造和传播信息的素养。

上海复旦大学新闻学院博士张志安、沈国麟在《媒介素养：一个亟待重视的全民教育课题》中指出：媒介素养是指人们对各种媒介信息的解读和批判能力以及使用媒介信息为个人生活、社会发展所用的能力。所谓媒介素养教育，就是指导学生正确理解、建设性地享用大众传播资源的教育，通过这种教育，培养学生具有健康的媒介批评能力，使其能够充分利用媒介资源完善自我，参与社会发展。

衷菱在《论媒介信息教育》一文中扩展了媒介素养教育："媒介信息教育，就其广义来理解，属于媒介教育范畴。所谓媒介教育，又可以分为两类：一类是旨在培养媒介从业人员的专业化教育，又称为新闻教育或新闻传播教育。这类媒介教育一般是由各高等院校实施的，主要面向新闻专业学生或媒介在岗从业人员；另一类是面向全社会并由社会实施的、旨在培养公民认识媒介以及科学获取、判断、分析和使用媒介信息的能力的一种素养教育，又称为大众化新闻教育、媒介素养教育或媒介信息教育。这也是西方国家通常意义上所指的媒介教育（media education）。"

台湾政大传播学院媒体素养研究室对媒体素养的定义为：媒体素养指大众能解读媒体、思辨媒体、欣赏媒体，进而利用媒体来发声，重新建立社区的媒体文化品位，并了解公民的传播权利和责任。此定义是对前面两种传媒素养内涵的又一次升华，即公民对传媒素养有了很好的认知和实践后，可以影响传媒、优化传媒环境，它赋予了公民更高的责任和主动权，真正上升到"'媒体公民'——有能力加入资讯生产善用媒体并进行公共监督的境界的公民"的境界。

香港基督教服务处对传媒素养的定义为：传媒素养指增进对各种传媒的认识，用批判的态度去接收及分析大众传媒的讯息，能解读讯息背后的意识形态，了解传媒在日常生活中扮演的角色，做个主动的受众、不让传媒牵着鼻子走。

杨光辉在《走进传媒——如何开展媒介教育》这篇文章中将媒介素养教育定义为：媒介素养教育是围绕信息社会中信息的载体——媒介的相关内容开展的培养人们如何驾驭信息的一种较新的教育理念。具体来说，媒介素养教育是利用媒介及其所传递的信息作为教育的素材，培养受教育者成为具有批判性选择、分析、辨别、吸收媒介及媒介信息的能力的人，从而成为能通过媒介更准确地传递信息的人。媒介素养教育包括两个方面的内容：一是对媒介从业人员的教育，也就是通常所说的对媒介从业人员的新闻教育；二是对非媒介从业人员的教育，也就是从狭义角度来说的媒介素养教育，即针对大众的媒介素养教育。

蒋宏在《信息社会环境下的重要课题——公民传媒素养教育》这篇文章里是这样定义传媒素养教育的：社会公民对媒介的理性认识，即正确地、建设性地了解、认识、判别、接受、利用大众传媒资源和功能的能力。

综上所述，媒介素养可以概括为正确地、建设性地享用大众传播资源的能力，能够充分利用媒介资源完善自我，参与社会进步。主要包括公众利用媒介资源动机、使用媒介资源的方式方法与态度、利用媒介资源的有效程度以及对传媒的批判能力等。

二、新媒体时代的媒介素养

新媒体时代的媒介素养主要应体现在如下方面。

（一）媒介使用素养

除了纸质媒体要求的文字阅读能力外，传统媒体几乎没有使用的"门槛"，但新媒体对于使用者的技术能力要求是较高的。网络、手机甚至三网融合时代新的电视终端，都要求使用者掌握一定的技术。各种新媒体应用，也都需要以掌握相关操作为前提。所以媒介的基本使用能力，成为媒介素养的基本要素之一。媒介使用素养，不仅体现为相关技术的掌握，还应该表现为对新媒体技术和应用的合理、合法以及节制的使用等。

（二）社会交往素养

新媒体提供了前所未有的社会交往网络，它有可能拓展人际交往的广度，也有可能加强人际交往的深度，而这种交往的拓展与深化有可能带来新的社会文化。但是，能否将媒介提供的这种可能性转化为现实性，取决于人们运用新媒体进行交往的能力。新媒体中的交往能力不仅表现为对相关技术的掌握，还表现为对交往对象的选择、交际网络的维护等方面。

新媒体中的交往是一种平等的互动，每个人都希望在这种交往中得到尊重与报偿。因此，尊重他人权利，也是社会交往素养的一个重要方面，这包括尊重他人的表达权利、隐私权、知识产权等方面。

（三）社会协作素养

诸如维基应用这样的新媒体也开启了全新的社会协作模式，未来的技术将使社会协作在更大范围内展开，这也使社会协作的思想和素养，成为新媒体时代公民必须具备的素养。个体的社会协作的素养应该包括：与协同工作的其他人达成一致目标的能力；为自己在协同系统中定位的能力；执行协同任务的能力；与协同工作的他者进行有效沟通的能力。

（四）信息消费素养

新媒体时代信息的海量膨胀以及来源的多元化，意味着消费者面临着空前复杂的信息选择环境，因此，作为信息消费者，公众需要具备更多的选择、判断与辨识的能力。包括：

1. 在海量信息中筛选有效信息的能力

除了借助专业媒体、门户网站的"过滤系统"外，公众还有两种渠道来进行信息筛选：一是依赖搜索引擎的帮助。这时个体的搜索技巧会影响其获取信息的质量，掌握足够的搜索工具与搜索能力，也是媒介素养的体现。二是依赖新媒体中的关系网络，也就是通过自己信赖的机构或个人，来完成信息的筛选。在这种情况下，对于信息源的判断与选择，成为获得高质量信息的基础。特别是对那些以个人形式存在的信息源的甄别能力，是对公众新的挑战。

2. 对信息的辨识、分析与批判能力

传统媒体时代的媒介素养教育就强调培养受众对媒体信息的分析、判断能力。而新媒体时代传播主体的多元化、传播渠道的多样化，都使得信息构成更加复杂，因而新媒体时代更强调个人把关。对信息的真实性、时效性、权威性等的辨识与分析，成为受众信息消费过程中自我把关的基本表现。此外，人们还需要形成对信息的批判性解读能力。新媒体中的个性化传播，可能会造成人们的"信息偏食"，使人们失去对完整的信息环境的认知，因此，个体应该有意识地通过大众媒体来"纠偏"。努力获得全面、平衡的信息，不仅是信息消费素养的重要体现，也是实现理性的公共交流的基础。

而更高层次的辨识与分析，在于对内容的长远价值所做的判断。这样一种判断与选择，不仅有"即时"的作用，更会有着"延时"的影响，即对于个体的价值观、思维方式与行为方式等，将产生深远影响。

在新媒体环境中，人们的信息消费在很多时候受到他人的影响，人们对信息的分辨，不仅要排除信息环境所带来的干扰，还要排除群体环境所带来的干扰，这也是一个很大的挑战。

（五）信息生产素养

在新媒体时代，公民新闻日益普及，公众作为信息的生产者的作用不断凸显，普通公众提供的信息对于新闻传播的格局已经形成重要影响，同时，由于缺乏相关的训练，普通人提供的信息的质量良莠不齐，这在一定程度上带来了传播秩序的混乱。因此，过去只是针对媒体从业者开展的媒体工作原则的教育以及技能的训练，也应该逐步扩展到普通公众，使他们具备传播者应该具有的素养。具体而言，这种素养表现为如下两个方面。

1. 负责地发布信息和言论的素养

新媒体带来了更多的公共话语空间，它的传播机制也大大提升了普通个体的信息和言论的影响力。在这个意义上，每个个体都有对自己发布的内容进行把关的责任。这种责任既体现为对信息的真实性把关，也体现为对自己的信息和言论的社会影响进行评估，避免它们对他人权利的侵害或对社会公共利益的危害。

2. 负责地进行信息再传播的素养

新媒体传播的一个重要特性是复杂的再传播过程。正是再传播过程，极大地放大了某些信息的影响力。而在这个过程，普通公众所起的作用是最明显的。因此，公众不仅要对自己发布的信息与言论负责，还要逐步形成对再传播负责的意识，谨慎对待诸如"转发"这样的传播行为。

（六）认识与运用新媒体能力

新媒体正在打破原有的传播格局，如何认识公民新闻与专业媒体的关系，如何改变原有的思维与工作模式去适应新的形势，如何在保持传媒人的专业精神基础上重新定位自身的角色与职责，这是传媒人首先要完成的认识上的变革。新媒体中蕴含着海量的信息资源。其中一些资源是媒体发现选题、延伸报道或者检验报道的基础，但如何发现、验证并合理利用这些资源，对媒体人来说，也是一个新的挑战。运用好新媒体资源，意味着媒体人要具备一些新的能力：

1. 运用新媒体自我拓展的能力

新媒体不仅可以给专业媒体提供补充性资源，更有可能为媒体带来全方位的拓展空间。如报道的拓展、个人能力的拓展、产品的拓展和品牌的拓展等。只有充分认识新媒体的传播模式与规律，才能把新媒体的潜力真正转化为个人与媒体的能力。

2. 对新媒体信息的辨识能力

虚假新闻、不实信息，是目前困扰新媒体的一个重要问题。虚假信息的成因复杂，无论如何，要使新媒体在公共信息传播中形成更重要的影响力，就需要在信息的质量方面有更高的追求，而承担这一任务的，主要应该是专业媒体及媒体人。

尽管前文提到公众在再传播中应有负责意识，但对于没有接受过专业训练的普通用户来说，让他们对自己发布或转发的每一条信息的真实性和准确度负责，也并不现实。

那些受过专业训练的专业媒体人，应该有意识地扮演起信息的验证者与过滤者的角色。而这意味着他们也必须提高自己在这方面的素养，因为他们面对着前所未有的复杂的信息来源。

3. 对新媒体资源的协调、组织与整合能力

在新媒体时代，专业媒体需要与公民新闻全方位"对接"，才能实现对公民新闻能量的

充分吸纳和转化。这不仅仅意味着建立新媒体平台或账号，更意味着要通过有效的业务模式发掘不同信息和不同个体的价值，并将其有机地组织起来。

对新媒体资源的整合能力，在很大程度上体现为对碎片信息的筛选与整合能力。

新媒体上的公民新闻传播有一个基本特点，那就是碎片化传播，这通常表现为信息来源的多元化、观察视角的分散化、信息文本的零散性和信息要素的不完整性。

公民新闻的碎片化传播有它自身的价值，但是，碎片信息只有经过筛选、整合，才能最大限度地实现其价值。而碎片的整合工作，更多地应由专业媒体或媒体人来完成。

但媒体及媒体人需要完成思维的转变。新媒体普及以来，不少媒体人面对碎片化信息，只是简单地批评与抵制，把碎片信息作为自己的对立面，而未来媒体人的思维与工作模式，需要建立在对碎片信息的价值认同和利用基础上。

当然，除了对碎片信息进行整合外，建立合理的协同工作机制，有效进行新媒体力量的调动、配置与整合，也会变得越来越重要。在国外，"众包"模式已经越来越多地为媒体所借鉴。《连线》杂志编辑杰夫·豪（Jeff Howe）提出的"众包"（crowdsourcing）概念，指的是通过互联网将某一工作任务发包给若干人，特别是网络社区的成员，来获得所需要的服务、创意或内容。

这样的一种方式，强调工作任务的完成者不是公司内部的员工或传统的雇员，而是来自网络中的志愿者和业余工作者。另外，它强调了集体的协同工作而不是个别人的贡献。众包模式能否成功，在很大程度上取决于组织者。

三、媒介素养教育的内容

媒介素养教育是提升人们媒介素养的一种教育思想和方法，它以培养人的媒介素养为核心，使人们具备正确使用和有效利用媒介的能力，并形成对媒介所传达的信息做出正确和独立判断的认知结构，此外，还要使人具备有效创造和传播信息的能力。

对当代大学生进行媒介素养教育，意在提高大学生的媒介使用和甄别媒介信息的能力，指导大学生正确理解、积极有效地利用大众媒介信息和文化资源，从而更好地完善自我，参与社会生活，了解社会，认识世界。它主要包括以下几点。

（一）媒介认知识别

媒介认知识别即听、说的能力，获取和分析媒介信息的能力。自媒体时代信息是由碎片化的形式推送给受众，海量信息使学生很难保持集中注意力，如果养成这种习惯，则会使学生的注意力匮乏。信息的识别和长久注意力的保持要求培养学生信息认知与识别的能力。

（二）媒介评估判断

媒介评估判断是指从社会关系网络那里获知的信息，要经历主体对其精准性、权威性以及客观性检验的环节，以淘汰不正确的、不完整的、带有偏见的信息。学生应该认识到媒介并非简单地反映客观现实，所谓的"客观现实"是由媒介"主观"所建构产生的。因此，媒介素养教育还必须培养学生的媒介批判意识，能够主动积极地质疑媒介所建构的环境。

（三）媒介应用创作

媒介应用创作能力，即通过互联网创造或者传递更加正确、经过深思熟虑的信息来获得公众信任、以提升自己的价值。自媒体时代人们的知情权空前扩张，有了多种意见表达的手段。因此，媒介素养教育必须做到充分尊重个体，增强学生参与社会生活以及消除偏见、纠正误差的勇气。

第二节 提升媒介素养的必要性

一、提升媒介素养是现实要求

（一）社会发展的客观现实要求高校加强媒介素养教育

马克思指出："物质生活的生产方式制约着整个社会生活、政治生活和精神生活的过程。不是人们的意识决定着人们的存在，相反，是人们的社会存在决定人们的意识。"网络社会的延伸发展，已经渗透和融入了人们生活学习的方方面面。各种各样的社会思潮不断冲击着社会主义的思想文化，特别是西方的信息技术走在时代的前沿，很多信息的传播受到西方发达国家主流媒体的影响和控制，他们打着"自由""民主"的口号对其他国家进行文化入侵，一些不发达的国家面临着文化同化的危险。在我国，一些人对社会主义的信念开始动摇，对祖国产生偏见和怀有负面情绪，这对于祖国的发展和建设产生了不良的影响。如何抵制和消除这些错误思想的传播，传统的思想政治教育已略显乏力，从某种程度上看，面对网络的汹汹来势，传统的思想政治教育手段已经跟不上网络的步伐。因此，大学生思想政治教育应该不断地发展完善，而不是墨守成规。加强媒介素养教育，紧跟时代步伐，掌握事物的发展规律，正如马克思历史唯物主义观告诉我们，"社会存在决定社会意识，但是社会意识对社会存在具有反作用"。社会意识并不一定出现于社会存在之后，它可以先于社会现实出现，指导实践。因此，大学生思想政治教育作为大学生的指路明灯，必须在时代的浪潮中高瞻远瞩，指引大学生前行的道路。所以要寻找新的路径，使得思想政治教育的发展走在时代的前沿，为青年大学生前行指明方向。

（二）媒介素养教育是大学生思想政治教育的内容创新

大学生思想政治教育的教学目标要求我们能够审时度势，结合社会发展的现实，引导和教育大学生树立正确的世界观、人生观和价值观，用马克思列宁主义、毛泽东思想和中国特色社会主义理论体系教育广大的青少年学生，培养和造就有理想、有道德、有文化、有纪律的社会主义接班人。大学生思想政治教育的终极目标就是教育大学生应该成为具有远大理想、道德情感高尚、文化知识渊博、法制观念强的人，促进大学生的自由全面发展，激励广大的大学生为建设中国特色社会主义，最终实现共产主义而不懈努力奋斗。

大学生思想政治教育经过不断的实践、探索与发展，如今更加关注学生的诉求，力求理论联系实际，实事求是，贴近生活、贴近学生的实际，不断地变革调整，积极探索大学生思想政治教育的新途径、新方法、新手段，使得思想政治教育理论不断丰富完善，增强思想政治教育的时代性和可行性。但是，在取得进步的同时，我们也应该认识到在全球化经济的浪潮下，在各种文化思潮的激荡下，高校的思想政治教育环境出现了许多新的变化，思想政治教育面临着许多新问题和新挑战。这要求在思想政治教育的过程中，要理论联系实际，不断更新思想政治教育的教学观念和方式方法，进一步认识和掌握新媒体技术，了解学生的思想变化，有针对性地开展思想政治教育工作。

我国大学生思想政治教育之所以具有旺盛的生命力，就是因为思想政治教育紧跟时代的步伐，理论联系实际，实事求是地解决现实中存在的问题，开展与实际相关的理论教育和实践教学。对大学生开展媒介素养教育，是从专业和科学分析的角度对大学生正在面临的信息难题做出相应的解释，分析解答大学生在浏览、接收、制造信息等方面存在的问题，同时使得青年学生认识到在网络空间的道德需求和社会责任感。因而，现阶段大学生思想政治教育开展媒介素养教育，不仅能够解决现实存在的问题，而且丰富了大学生思想政治教育的具体内容。积极开展关于媒介素养教育，正确认识和判断充斥在大学生周围的海量的信息，引导学生塑造良好的媒介素养、形成正确的世界观、人生观、价值观是现阶段大学生思想政治教育工作的重要任务。

二、提升媒介素养是对大学生成长提出的基本要求

网络媒介的出现改变了大学生学习生活的环境，扩展了学习生活的新空间，逐渐形成了网络虚拟空间。大学生可以通过网络解决很多生活和学习上的困难，可以通过视频公开课学到一些有用的知识和技能，可以通过阅读各种文学作品修身养性，可以浏览关注国内国外最新信息动态扩展视野。所以，大学生如何面对良莠不齐的信息世界不断健康成长，接受正面信息，抵制负面影响，媒介素养的不断提高是他们成长的"防身利器"。

（一）新媒体时代大学生的成长需要加强媒介素养教育

信息时代，大学生被各种各样的信息包围，要从海量的信息包围圈里冲出来，就要求大学生能够具有良好的媒介素养，即具有良好的媒介认识、批判和运用方面的素养。换句话说，大学生能够在信息的海洋中理性地解读信息、科学地分析信息、批判地接收信息，以及适当地利用信息。但是，现实的情况是，大学生是一个正在成长的群体，他们的心智还比较稚嫩，他们对媒介抱着开放并积极接纳的态度。然而，与他们的热情不相称的是其媒介素养还处于最初的萌发阶段，对社会的各种信息的理解还比较粗浅，容易被迷惑或者被蒙骗。

新媒体时代，信息的自由传播和交互，涌现出了许多可供大学生选择学习的内容。同时，许多不够健康的信息也在网络上活跃，如低俗的娱乐、暴力、黄色以及一些偏激的言论、图片、视频等，就使大学生的网上活动充满很大的不安全因素。特别是媒介在商业化趋势下，

很多信息被赋予了商业利益的标签，为了利益而不择手段，商业道德底线一次次被刷下限。大学生的心智还不成熟，自身的价值判断还未形成，还不具有理性的选择、分析、处理信息的能力。当各种信息迎面而来之时，还不懂如何取舍，不知道哪些是可取的，哪些是不可取的。如一些大学生被网络游戏吸引，整日沉迷于游戏的虚幻空间中，对媒介产生了强烈的依赖感，逐渐与现实社会脱节，这些都严重损害了大学生的身心健康。由于缺乏必要的媒介素养，大学生不能有效获取媒介的正面信息为己所用，而是为媒介的负面信息所左右，逐渐迷失自我。所以大学生必须认识到媒介的两面性，通过媒介素养教育，能够理性地解读信息、科学地分析信息、批判地接收信息，以及适当地利用信息。

（二）新媒体时代大学生媒介素养的提高有利于自由全面发展

我国思想政治教育的根本目的就是，提高教育者的思想道德素质和促进人的自由全面发展。人的自由全面发展既是共产主义的理想目标，也是社会主义的本质要求。只有促进人的自由全面发展，才能使受教育者更积极、更主动地投身于中国特色社会主义建设事业中，也才能为共产主义的实现准备更充分的条件。在全球化经济浪潮下，各种竞争归根结底是人才的竞争。大学生是我国最宝贵的财富，是人民的希望，祖国的未来。大学生需要不断地学习，增长他们的科学文化知识。在网络环境中，许多大学生都可以通过互联网自主学习，查找自己感兴趣的或是专业方面的资料。移动客户端推出的各种 App 深受大学生的喜爱，无论是学习、生活、还是娱乐都与网络产生了联系。在运用网络的时候，媒介素养是大学生应用网络的基本素养。媒介素养能够帮助大学生做出正确的选择，利用纷繁复杂的网络信息，避免被一些不良信息侵染。更为重要的是，媒介素养教育与大学生的思想政治教育有密切的关系。网络的虚拟空间具有很强的不可控性，它是没有国家界限的，信息在网络上具有广泛的共享性。各国的文化观念之间既有矛盾又有融合。特别是我们社会主义国家和西方资本主义国家之间产生了剧烈的文化价值交锋。一方面，西方先进的科学文化能为我所用，促进我国科学文化的发展；另一方面，西方的价值观念对我国的文化提出了挑战。互联网是一个多文化的交流平台，大学生沉浸其中，会受到其他文化价值观念不同程度的影响。大学生的价值观念和政治立场还没有完全形成，容易被西方国家所谓的普世价值观影响，在政治观、世界观、人生观、价值观方面产生困惑，不利于大学生健康成长。因此，媒介素养教育的提升能够帮助大学生在信息的乱世中树立正确的政治观、世界观、人生观和价值观，促进大学生自由全面发展。

（三）大学生媒介素养的提高有利于深化大学生思想政治教育的发展

随着时代的发展，思想政治教育也需要继续前进，不断丰富内容，与时俱进。学习是一个长期的过程，我国提倡终身学习，建设学习型社会。这就要求我们除了具备学习的能力，还需要必要的学习资料，而网络无疑是我们终身学习的最佳选择。网络容纳了海量的信息，而且超越了时间和空间的限制，满足人们随时随地学习的需求。要应用好各种媒介，快捷地获取自身需要的信息，有效地利用网络讯息，这就要求使用者具备一定的媒介素养，有力地推进学习型社会的建设，不断推进大学生思想政治教育向前发展。同时，提升大学生的媒介素养，能够促使大学生思想政治教育不断变革，深化思想政治教育的发展。在新媒体环境下，大学生思想政治教育在内容和方式上都受到了信息化的冲击。传统的思想政治教育内容需要随着时代的发展不断更新，宣传党的最新的方针政策，让大学生了解国家的最新动态，明确今后的发展方向。传统思想政治教育的方式也需随着时代的发展灵活变化，媒介的应用是一种不可阻挡的趋势。例如，漂亮的图片、优美的声音、精彩的动作瞬间都可以成为思想政治教育教学中的内容。运用丰富多彩的教学方式为学生呈现新的知识内容，增加思想政治教育的趣味性，调动学生学习的积极性，提升思想政治教育的效果。在网络时代，海量的信息把我们包围其中，若是大学生还不具备必要的媒介素养，就很容易被各种信息蒙蔽，久而久之，有可能造成不可挽回的后果。若是大学生具备了一定的媒介素养，那么他们就会科学地分析各种信息，不轻信、不盲从、理性对待。他们能够分辨信息的好与坏，自觉地过滤不实言论和虚假新闻，坚定社会主义信念，不被西方资本主义腐蚀。由此可见，外在的保护和力量虽然起了一定作用，大学生自身媒介素养的提升却是重中之重，内在的坚定是一切外力所不能动摇的。网络媒介素养的提升在一定程度上是深化大学生思想政治教育的要求，为思想政治教育开辟了新的前进道路，是其前进的助推力。

三、提升媒介素养是对思想政治教育工作者的要求

新媒体环境下，教育者面对的是被称为"信息时代的原住民"的一群大学生，他们思维敏捷，对网络的依存度高。要想走入他们的思想世界，就必须主动了解互联网，关注新媒体，应用多媒体，了解他们的思想，学习他们的"语言"，用他们的话语与他们进行沟通交流，才能掌握他们的思想动态，指引他们走向美好的未来。所以，教育者必须提高自身媒介素养。

（一）新媒体的发展需要思想政治教育者加强自身的媒介素养

随着网络技术的不断深入发展，思想政治教育的方式方法遇到了很大的挑战。在没有网络之前，思想政治教育的主动权牢牢掌握在教育者的手中。教育者单方面可以决定信息的选择，受教育者没有发言权。教师可以根据教学目的自由地选择教授的形式、方法与内容，对学生进行各种形式的教学，受教育者只能被动地接受教师所讲授的知识，这样严重影响了学生学习的积极性，学习成效不大明显。但是随着网络技术的不断发展和广泛传播，各种信息的传播成为双向性传播或是多向性传播，甚至是反哺式传播。教师的讲授不再是学生接受教育信息的唯一来源，学生可以在网络上任意搜寻自己需要的知识内容，而不再受限于课堂的一家之言。因此，教育者的知识权威性受到了前所未有的挑战。如果教育者墨守成规，不能满足学生的渴求，思想政治教育课将成为教师的独角戏；思想政治教育理论课将名存实亡，成为一个摆设，不可能完成思想政治教育的目标要求。

新兴媒体的发展需要思想政治教育者加强自身的媒介素养。在现实中，大多数思想政治

教育者对媒介素养的认识还不够，而学生的媒介素养能力在日积月累的应用中得到了不断提升，这就导致了教育者和受教育者之间媒介素养失衡现象的发生。如果不积极改变这种状态，长此以往，教育者的地位将会逐渐被网络替代。因此，为了避免这样的情况发生，思想政治教育者就必须跟上网络时代新技术的发展脚步，主动去了解新兴媒体技术，掌握并运用到我们的实际教学和生活实践中。积极行动起来，寻求思想政治教育发展前进的新路径。将媒介素养与思想政治教育课更好地融合起来，运用媒介开展思想文化宣传、思想政治教育理论教学、学术研究等，增强思想政治教育课的时代性，调动学生的积极性，提升思想政治教育的教学效果。

（二）新媒体环境下思想政治教育效果的提升有赖于媒介素养的提高

信息化时代，全球化浪潮逐渐推进，麦克卢汉预言的"地球村"早已成为现实。大学生处在一个信息开放、自由交流的时代。互联网成为大学生学习生活的一种新方式，他们享有丰富的信息资源，进而帮助他们学习，增长了见识，增添了生活的乐趣，有助于他们快速地成长。学生具有一定的知识储备，对计算机和手机的操作基本不存在问题，对新的客户端充满热情，在微博、微信、QQ、贴吧、社交网站里经常看到他们活跃的身影，他们渴望朋友般的交流，在其中发表文字、图片、视频等发泄心中的忧愁和不满，在文字、图片、视频、游戏中找到突破口。但是，作为教育者应该清楚地看到，互联网的不良作用也无时不在。腐朽的、落后的、暴力的、黄色的等不健康的信息也会通过互联网推送到大学生的视野中，给他们的心灵造成了冲击和伤害。大学生思想政治教育者应该高度重视大学生在新时期的思想观念、心理素质、道德修养等方面的新变化。若思想政治教育还是遵循以前的思路，不掌握和利用新媒体技术，依旧采用枯燥无味的教学形式，毫无吸引力，缺乏师生之间有效的互动和交流，必将导致教学效果不理想，更甚者会导致师生关系冷漠、僵硬甚至是对抗。因此，良好的媒介素养在大学生思想政治教育中显得尤为重要。只有提高教育者自身的媒介素养，更好地认识媒介、批判地解读媒介和熟练地应用媒介，才能和大学生正常交流，才能了解大学生的兴趣爱好、心理特征、情感状况等，才能依此开展有针对性的思想政治教育活动和实践教学活动，积极引导大学生健康快乐地成长和自由全面地发展。

第三节 提升大学生媒介素养

一、大学生媒介素养发展情况

（一）大学生媒介知识情况

网络媒介知识是指开展网络信息获取、利用、评价等活动所需要的知识，包括传统的文化知识、基本的理论知识、必要的技术知识和英语知识等。想要很好地应用媒介，就必须掌握相关的知识，以便更加深入地探求所需的信息。

1. 基本的理论知识

理论是对实践的总结和概括，理论来源于实践，又高于实践。理论可以指导实践，在实践中得到进一步发展。关于网络媒介的理论知识，它是学生们正确认识媒介的基础，是大学生媒介素养教育的出发点。没有相关的理论知识作为指导和依据，就如同无源之水、无本之木，没有生命力，不会长久和稳定。由于大学生所学专业不同，对于专业的媒介知识不可能涉足太深，因而只是要求他们掌握其中的基础，可以根据兴趣和在实践中逐渐了解更多的相关知识。大学生应该了解网络信息系统的硬件构成，信息存储、处理和传输设备，网络操作系统、工具软件和应用软件等。大学生对此了解的程度也是参差不齐的，因此有必要针对性地开设相关的知识课堂，使得大学生了解相关知识，以便更好地应用网络媒介。

2. 相关的技术知识

使用媒介需要一定的技术作为支撑，大学生已经拥有了一定的学识和技能，简单的操作对于大学生来说并不是什么难事。但是，对于更进一步的媒介理论信息和操作掌握就比较匮乏了。例如，大学生掌握的常用办公软件是 Word、Excel、PowerPoint 和 Text，对于图像处理软件 Photoshop，动画制作 Flash 和网页制作软件 FrontPage 等则了解得很少，更不用说其他专业软件了。现在，有相当一部分大学生喜欢网上购物，在筛选商品时，大多只能参照店家发表的图片和其他购买者的评论。但是，这些并不是很可靠，店家展示的图片是专业拍摄的，和实物有一定的差距。同时，下面的评论也不一定是真实的，在利益的驱使下，刷一些好评并不是什么难事。因此，有很多大学生肯定有过不愉快的网购体验。很多大学生上网大多情况下只是为了娱乐放松一下，但是往往就是在这个时候，很容易被一些娱乐化、低俗化、庸俗化的东西吸引，从而对大学生的身心产生了不好的影响。同时，大学生在搜集资料的时候，有可能对于一些检索到的知识了解得不是很多，就有可能出现检索不到自己想要的，或是检索的不是自己需要的情况发生。所以说，尽管大学生大体上掌握了一定的技术知识，但是在复杂的网络环境下，这是远远不够的，网络知识的储备还是有待增强的。

（二）大学生媒介能力情况

网络时代，媒介成为大学生获取信息的主要渠道。网络的发展，促使信息的数量急剧上升，人们所能接触到的信息不计其数，大学生也在信息的包围圈之中。大学生基本上是网络的参与者，与众多的信息打交道，因此，具有媒介能力是大学生应该具备的基本素养之一。

1. 网络媒介的认知和使用能力

现阶段，大学生的生活学习与网络关系密切。在网络环境下，面对纷繁复杂的信息社会，大学生首先应该具备网络媒介的认知和使用能力，了解网络媒介的基本知识，才能更好地使用媒介，对媒介进行科学的分析，正确地利用媒介网络。大学生本身已经具备了一定的知识储备和上网经验，因此，他们对于媒介的感知是直接的，亲身实践过的。大学生对于网络媒介的使用是至关重要的，这是大学生与网络的直接接触，对于接触的内容及其对大学生的影响都是在这一环节产生的。所以说，大学生对媒介的使用是关键的环节。但是事实上，大学生对于网络媒介的使用多是娱乐性的，例如，看电视、聊天交友、网络游戏、网上购物等。这对于学习和实现思想政治教育的目标没有直接关系，因此，应该加强对大学生的引导，培育他们自觉学习和接受党的思想政治教育。

2. 网络媒介的分析和批判能力

网络社会中，各种信息纷繁复杂、真假难辨。大学生身在其中，就应该具备分析各种信息的能力。信息有时是对事物的客观正确描述，有时是对事物错误的描述。信息经过各种渠道传出，总是渗入了其他的元素，如政治元素、经济元素、文化元素等或是多种元素的混合，大学生很难分辨其中的深意。各个国家的文化交融在促进文化发展的同时，也给一些资本主义国家对其他国家进行文化渗透提供了可乘之机，它们向大学生宣传资本主义价值取向，进而谋求文化入侵的目的。在生活中，已经有各种的网络诈骗出现，一些简单的诈骗技术就蒙蔽了大学生的感官。

3. 网络媒介资源的利用和创造能力

大学生利用网络就是希望它能满足自己的某种需要，能够解决大学生的实际问题。大学生利用网络的目的是增长学识、了解实时信息、丰富生活、娱乐、网络购物等。大学生通过快捷有效的搜索引擎和移动客户端搜集、筛选出自身所需要的信息，从而提高获取信息的效率。大学生基本具有使用搜索引擎的能力，但是在搜集信息时也存在搜集的信息不全面的问题，或是缺乏对信息的鉴别和整合的能力。大学生不仅要对信息进行搜集，简单地把各种信息集合在一起，更要加强对信息的整合利用。要整合各种媒介所长，集合网络、手机、电视、报纸、广播等媒介获取所需信息，通过科学的分析，获取有用信息，有自己的独立判断。大学生在熟练地利用网络媒介信息之外，同时应该具备一定的创新，创造一定的信息资源。在网络环境下，信息的数量基本是以不可估量的数目增长的，信息的传播速度也是特别快的。因此，在新的时期，需要利用各种媒介及其信息，探寻适合自身发展的资源。例如，编写生活日志、写美文、发评论等，根据自身不同的需要开发创造自己所需要的资源。总之，大学生应该具备网络资源的整合创造能力，提高自身的媒介素养水平，为自身的生活学习奠定更加坚实的基础。

（三）媒介道德情况

在网络环境下，产生了诸多的不文明、不道德的现象。作为大学生，在参与网络的各种娱乐和讨论时，应该遵守相关的法律法规，以及相应的网络媒介道德，以规范自身的网络媒介行为。

1. 媒介道德意识

在网络环境下，网络中一些不文明、不道德的现象时有发生，且呈现出上升的趋势。在网络活动中，由于网络的开放性和匿名性导致了网络行为失察、网络不道德和违法行为猖獗，淡化了个人的社会责任和义务，胡编滥用网络资源，传播网络病毒、进行黑客入侵、实施网络犯罪等事情频发。良好的社会环境一再受到网络冲击，造成不良影响。大学生的媒介道德意识还很薄弱，有待进一步提升和加强。一些自制力较弱的大学生容易受到不良信息的干扰，从而导致道德滑坡、素质下降，严重时甚至会引发犯罪。此现象若还不被重视，就有可能一发不可收拾，因此网络媒介道德意识的建设已经刻不容缓。大学生既是媒介信息的接受者，也是媒介信息的创造者和传播者。大学生在接受各种信息的时候，若是具有一定的媒介道德意识，就不会被虚假的、庸俗的、低级的信息侵蚀，保持自己的身心健康发展。大学生作为网络的传播者，在网络上发表言论和评论，转载信息的时候，若是能具有较强的媒介道德意识，就会减少网络的垃圾信息，也能为网络环境的净化奉献自己的力量。由此可见，培育大学生的媒介道德对于网络的健康发展具有重要的意义。当大学生树立了媒介道德意识，就能在潜意识和心理上建立起抵制不良信息诱惑的准备，避免和杜绝被不良信息影响和侵蚀，端正自身的上网行为，做一名具有良好道德素养的网络参与者。

2. 媒介法律观念

网络的迅速发展，使得网络自身已经超越了时间和空间的限制，存在着一些法律法规没能涉及的地方，管理难度较大，管理的力度不强，部分的监管也比较松散，网民的行为有些许越轨，需要加强监管的力度和反应速度。大学生对于网络相关的法律需要有一定的了解，并在现实生活中遵守法律，做一个知法、守法的好公民。一方面，大学生在参与网络活动时，一定要知道自己的行为是否合乎法律法规，在法律允许的范围内活动，不能挑战法律的威严。要有严格的自律精神，做到慎独。即使网络是开放的，大学生也应该清楚自己在干什么，这样的行为是否正确，是否侵犯他人隐私、是否合法等，不能胡作非为，一定要心中有把尺子，时刻为自己敲响警钟，规范自身的行为。另一方面，通过对媒介法律法规进行相关宣传教育活动，培育学生的媒介法律观念。大学生在参与网络活动时，要自觉地遵守相关的法律规定，规范自身的网络行为，净化网络环境。大学生在遇到一些不实的、虚假的、暴力的、血腥的、黄色的信息时，能够自觉地剔除此类信息，接受积极向上的信息。在写日志、发说说、发微博、发朋友圈、发表评论时，要遵守法律规定，不进行人身攻击，不发表不实言论，自觉遵循法律法规的约束。网络虽然具有一定的虚拟性，但是人们的行为是真实存在的，切不可以为网络上就可以为所欲为。若是在网络上的行为超越了法律的界限，也必将受到法律的制裁，不可能逍遥法外，切忌存有侥幸逃脱的心理。

3. 媒介道德的社会责任感

大学生是未来中国特色社会主义事业的接班人，应该具有强烈的社会责任感，为国家建设贡献自己的一份力量。在现实生活中，大学生的媒介道德责任感还有待提升，部分大学生还没有认识到网络媒介道德的重要性，在网络活动中依然我行我素，以自我为中心，对周围的民生民意不够热情。在网络环境下，网络的特性使得信息的数量迅速增加，信息传播的速度则实现了瞬时传送。大学生作为网络使用的主力军，必须要认识到自己的网络行为在很短的时间内就可以在很广阔的空间内传播，对其他人产生一些正面的或负面的影响。学生们在日常的学习和生活中可能会碰到难以解决的问题和对人生的困惑，从而心情低落、郁郁寡欢。网络成为大学生发泄心中不满和释放情绪的理想场所，网络的匿名性使他们能够抛开顾虑，如实地诉说自己的困惑和烦恼，释放自己压抑的情感。网络是开放的，当其他人看到这些言论时有可能感同身受，产生共鸣。但是，人的负面情绪有时是会传染的，从而进一步打击人的信心，产生消极的心理。因此，大学生要避免一味地发牢骚和抱怨，要以积极向上的心态对待生活，给他人以积极向上的正能量，让生活充满阳光和欢乐。网络是把"双刃剑"，能给人们以益处，也能给人们带来伤害。大学生要坚定自己的立场，坚决维护网络的良好环境，担负起应有的社会责任，为网络的健康发展贡献自己的力量。

（四）大学生媒介使用情况

数字化信息的发展促使传播媒介越来越方便快捷，迅速占领了人们的生活领域，新媒介的发展更是受到大学生青睐，成为大学生学习生活的重要组成部分。

1. 大学生获取信息的媒介方式

从传统的报纸、广播、电视、杂志到现在流行的手机、网络、微媒体等，传播媒介的发展越来越快捷方便，传播的内容越来越丰富，传播的速度越来越快，传播的受众面也在不断扩大。网络使各国间的交流变得简单，使国家的界限变得模糊，使地球变成了村落，使整个地球成为一个大家庭。特别是手机的普及，满足了人们随时随地沟通交流的需要。各种手机移动客户端的发展，更加丰富了手机的功能，学习、购物、运动、餐饮、娱乐等都可以通过手机协助完成。手机的功能正在不断完善创新，它使信息的传播范围更加广泛和有针对性，对大学生具有很强的吸引力，增强了大学生对于手机的依赖性。随着信息技术的发展，网络和手机逐渐成为人们获取信息的主要渠道，书籍、杂志、报纸、广播、电视也是人们获得信息的渠道，虽各有不同的侧重点，但是总体呈现出百花齐放的格局，人们获取信息的方式选择更加多样。

2. 大学生获取媒介的目的

大学生在使用媒介时总是有一定的目的性的，是为了满足自身的某种需要而进行的一种活动。因此，洞悉大学生应用媒介的目的是一个非常重要的事情。一方面，大学生使用媒介是为了生活学习的需要。全球化经济浪潮下，信息化的社会要求大学生了解各方面的信息，以便观全局而知当下。大学生通过网络了解国内、国外最新资讯，了解国内的时事政策，关心家国天下事。网络可以成为一个很好的学习平台。大学生可以学习自己感兴趣的文化知识，观看名校公开课、学习小技能、听名家讲座等。同时，网络对于大学生思想政治教育也是有帮助的，网络是一个信息开放共享的平台，有效利用网络宣传正面的思想，积极应用优秀的文化、思想、观念引导大学生，增强思想政治教育的宣传力和感染力。另一方面，大学生使用媒介更多的具有娱乐性。娱乐八卦、笑话集锦、综艺节目成功地吸引了大学生大部分的注意力。寻其根源，大学生活相对紧张的中学生活来说，各方面的管理都具有一定的自由度。在这种松散自由的环境中，大学生容易放松神经，自制力不强者，甚至玩得就比较放肆了。这就容易使部分大学生因过度娱乐而忽视了学习。例如，带手机的初衷是打电话和发短信，便于随时联系，但是随着手机功能的开发，现在手机的功用是大大加强了，大学生最为常用的是聊天、浏览信息、看视频、听音乐等，这些都是带有娱乐性质的信息，与学习的关系不是太紧密。同时，信息的商业化也催生了这些信息的推送和传播，功利性目的总是隐藏在各种广告和娱乐节目中。这就需要大学生能够坚定立场，不要被娱乐而娱乐。针对大学生使用媒介的不同目的，我们应该积极引导，培养大学生提升媒介素养，选择适合自身发展的有利信息。

二、新媒体对大学生媒介素养形成的影响

大学生在接触新媒体时，由于对其中所呈现内容的认知、情感和态度不同，形成的理解方式、需求满足程度和使用偏好也不同，同时大学阶段还属于人格发展过程中，因此新媒体使用行为对大学生群体媒介素养形成的影响更是长远。

（一）正面影响

1. 积极人际沟通与消弭时空隔阂

以数字技术为基础的新媒体的兴起，带来了传播模式的巨大变革，重写了传播者与受传者之间的关系，并对"以传播者为中心"的固有传播模式和传播思维进行解构和颠覆。在大学生群体使用频率最高的手机应用里，微信、QQ 等即时聊天工具使得信息沟通更为及时、互动频率更高，同时微信朋友圈和 QQ 空间满足了用户分享心情、表达自我的需求和欲望。用户既可以和亲朋好友等现实生活中认识的人联系，还可以同陌生人进行交流，这种跨越时间和空间的"虚拟交往"增加了人际传播的多元性和开放性，迅速拉近了人与人之间信息传递的距离。越来越多的大学生玩微信、开微博，还可以在网络平台中发布内容，与人分享自主创作的视频或文本。社区空间给大学生提供了展示个人创作的平台，UGC（User Generated Content）模式，也就是用户生成内容，越来越成为一种常态。

2. 主动获取知识与启发开放思维

以前大学生获取知识的途径是通过书本和教师的传授，书本上写什么大学生看什么，教师教什么学生学什么，而新媒体以广阔的信息量吸引着当代大学生群体，大学生已经不再满足于被动地接受书本和教师传授的知识，而是积极主动地通过手机、电脑等网络终端获取知识。这些都不断地启发大学生的开放思维模式，使之进入了一个前所未有的自由空间。

（二）负面影响

1. 沉迷虚拟世界与脱离现实社会

"本店不提供 Wi-Fi，请和身边的人交流"，不知何时，大学生已经这么离不开手机了，

睡前刷一遍微博，进教室第一件事是拿出手机，宿舍里、公交车上，甚至课堂上、马路边，随处都是低头看手机的大学生。饭店、商场、KTV等，走到哪都有无线网络，同学聚会再没有了欢笑打闹，一人一个手机头都不抬，安静得让人都没有说话的勇气。因此，大学生应当提高警惕，不能无限度地依赖手机，否则与现实社会脱节的可能性会变大，人际交往也可能会出现障碍和隔阂。

2. "人人都是记者"的"双刃剑"

新媒体发布信息的确具有便利和快捷性，人人都可以在新媒体上面发布自己的言论。不可否认，在如此便利的新媒体时代下，信息大量充斥，人们不再依靠日销的报纸来获取新闻资讯，微博微信朋友圈等信息更新量更大、内容更丰富，也实现了大学生想要发出自己声音，在社会中拥有话语权的要求。但是新媒体发布的信息并没有经过特别严密的审查，其中不乏一些虚假信息。在新媒体时代背景之下，信息传播的速度比传统媒体更迅速，新媒体的传播范围、传播内容以及公众的参与程度是传统媒体不可比拟的，且使用新媒体传播信息时不会受到时间和空间的限制。正是由于这样的特点，使得新媒体在传播时并不会经过特别严密的审查，虚假新闻借助于新媒体得到更加广泛的传播。而有些大学生不能很好地辨别信息的真实性，也无法核实一些信息的真实性，就无原则地传播了虚假信息。这样不经核实的报道不仅违背了新闻真实性原则，严重的话还会影响社会稳定。

3. "手机人"与"充欲主义"

早在20世纪七八十年代，就有日本学者提出"电视人"和"容器人"的概念，指出电视对现代人的消极影响。而20世纪90年代以来，网络的快速发展和普及引起了大家对"鼠标人"和"键盘人"的讨论，进入21世纪后，手机新媒体的兴起，手机网民的井喷式增长，又催生了"手机人"这一话题。其实，无论哪一种"人"，本质上都是建立在"媒介依存症"的基础上。例如，手机新媒体大大地刺激了大学生的消费欲望，各种网购应用充斥大学生的手机，它们把充满诱惑力的商品以鲜明的色彩和唯美的意境展示在大学生面前，直接刺激了他们对这些商品的占有欲和享受欲。

三、新媒体时代大学生媒介素养的提升

在纷繁复杂的新媒体时代下，应该从多方面考虑，做好大学生媒介素养的提升工作。

（一）积极开设媒介素养思想政治教育方面的课程

媒介素养教育是一个新的课题。目前为止，我国的媒介素养教育实践经验还未完全找出一条适合本国国情的道路来。大学生对于媒介素养这一名词既熟悉又陌生，对于媒介素养教育学科的含义也缺乏较为理性的认识。学校要开设一些有关媒介素养教育的课程，这样把对学生进行的思想教育及通识教育的课程，更好地融入对学生们进行的媒介素养教育中，还可以增加一些有关媒介素养教育的讲座、报告等。根据有关的研究调查，当前除了相关的新闻专业，在我国，针对大学生的媒介素养教育在其他专业领域还没有完全推广。当高

校开设有关媒介素养课程之后，对于媒介素养教育的课堂化，成为大学生接受媒介素养教育的主要途径。一些具有新闻传播专业的高校，有专业的师资力量，可以在全校推广媒介素养教育，逐渐把媒介素养教育演变成为必修课程。没有相关新闻专业的学校，可以让教师去参加培训、进修，提高师资力量的整体水平，从而更好地把媒介素养教育推广到别的课程领域中。除此之外，在一些课程目标的制定上，主要重视"通过媒介机构的生产与意识形态经济体制间的关系网络，分析媒介形态的意义所在"，而不是媒介所表现出来的内容。例如，在有关的法律课程中，教师就可以引用一些重大案件中媒体所起的作用，让学生们通过参与一些相关的报道的讨论之后，相互交流对一些相关的问题的看法，深度分析媒介所产生的影响；还可以组织学生们互相讨论自己了解的有关媒介典型人物、有关事迹等，通过学生们对媒介内容的研讨，树立正确的社会观念，从而培养学生们正确的价值观、人生观。

（二）营造媒介教育氛围，进行媒介素养教育宣传

媒介素养教育要进入校园，融入大学生的生活中，还需要一个大家认识和认可的过程。因此，大学校园应充分利用自身传播知识和文化的优势，加大对媒介素养教育的宣传力度。校园广播、电视台、报纸、期刊、社团等都是校园媒介素养教育宣传的舆论阵地，它们作为在校学生的精神家园，对大学生有着不可替代的潜移默化的影响。所以，加强校园媒介素养教育宣传，就要形成全方位的校园舆论环境，利用各种媒介形式和手段，营造良好的媒介素养教育氛围。

（三）充分利用大学校园资源，增加媒介认知

调查显示，很大一部分的大学生较少参与到媒介信息的制作与发布中，这无疑给媒介工作蒙上了一层神秘的面纱。传媒作为一种合理存在并蒸蒸日上的事物，它的内容和灵魂在大学生当今的生活中是无孔不入的。大学校园有着各式各样的教育、学习工具。校报、校园广播电台、电视台、校园微博等都是大学生可以接触并参与其中的媒介资源。高校应充分鼓励大学生利用校园媒介资源，如建立校园校报编辑室，让学生亲自去采集、编辑、制作和发布信息；开设校园微博，建立校园微博管理委员会，让学生参与并亲历微博的创造、传播和管理的一系列过程。

（四）媒体和大学校园合作，为大学生提供实践平台

媒介素养教育与媒介实践是双向互动的，大众媒介应与大学校园"联姻"为大学生提供更多的实践机会。例如，传媒与校园联合发起一次"DV校园新闻制作"大赛，媒介专业人士走进大学为学生提供专业指导，大学生从拍摄—加工—制作全程亲自参与，最后评选出优秀的作品在的某一媒体平台播出，使大学生在获得成就感的同时能收获到相应的媒介知识。网页制作大赛、校园新闻制作大赛等无疑都可以成为媒介与校园合作的最好形式。与此同时，学校还可以定期邀请知名主持人、经验丰富的编辑人员、记者等走进高校，与学生们

进行面对面的交流互动，增加大学生对于媒介的感性认识，消除大学生对于媒介的陌生感。只有这样才能不让大学生被媒介的形式和内容"牵着鼻子走"，成为媒介的理智消费者而不是单纯地鉴赏、浏览传媒发布的信息或是仅仅热衷于新传媒所带来的新感觉。

（五）媒介发挥"把关人"的作用，提高自身的公信力

媒介在信息生产和传播方面应扮演好"把关人"的角色，各式各样的传媒文化给大学生的价值取向会产生强烈的冲击，在很大程度上影响着他们的人生观和价值观。面对大千世界芸芸众生中纷繁复杂的各种信息，媒介往往掌握着这些信息能否发布和传播的选择大权。媒介理应帮助大学生认识社会、积累知识，使每位大学生在媒介所传递的正确价值导向中耳濡目染地逐步得到提高。因此，新闻工作者就应努力提高理论水平，努力提升自身的采编写基本素质，同时，要坚持正确的舆论导向，以正确的舆论引导大学生，这样才能引导那些辨识能力低的大学生认清真实的信息。最后，媒介从业人员必须具有职业道德，对自己职业行为所产生的社会作用和社会意义承担相应的责任。

（六）建立健全大学生媒介素养教育的工作机制

第一，有关的教育部门应该成立相关的媒介教育组织，出台一些相关的政策来规范学生的新媒介素养教育。可以针对学生们的实际情况制定一些教育目标，并且监督教育经费落到实处，还可以引进一些从事专业媒介素质养教育的教师，从而提高整体的师资力量，把大学生媒介素养的教育落到实处。第二，学校内部各个部门也要通力合作。要把学生们各学科间联系起来，在对应新的媒介素养教育开展过程中，要不断提高各学科之间的合作力度，不时地研究讨论新的教育体系，这样更有利于新媒介素养教育工作顺利开展。基于此，还要制定一些有利于校内各部门之间合作的规章流程，使其具有统一协调性，对于师资力量、财政情况也要有相关的制度，还要经常检查，把新媒介素养教育与学生思想政治教育相结合，把大学生的新媒介素养教育纳入常态化。第三，不断促进校内各部门之间的协同工作，积极争取社会各界的支持，形成一体化的办公体系。培养大学生的媒介素养是一项教育工程，不仅需要学校对学生进行培养，还需要家庭、社会各界的支持，相互合作，使大学生的健康发展道路更加平坦，从而也形成了一种先进的媒介素养教育的新模式。

第四节 提升思想政治教育工作者媒介素养

一、新媒体时代高校思想政治教育工作者媒介素养的要求

新媒体时代对高校思想政治教育工作者媒介素养提出了新的要求，主要表现在敏锐的媒介信息意识、较强的媒介能力以及崇高的媒介道德水准。

（一）敏锐的媒介信息意识

媒介信息意识是指人们对媒介的发展、运用、需求等方面的自我意识，主要表现在人们

从媒体的角度去感受、认识、理解、评价自然界和社会中的各种现象、行为、判断和洞察有用的媒介信息的能力。在新媒体条件下，大学思想政治工作者最大的障碍不是技术问题，而是价值观念和思维模式滞后的问题。新媒体拉大了高校思想政治教育工作者与学生之间的沟通距离，而师生之间交流不通畅的主要原因，是教师或辅导员对学生媒体信息交流的方式和内容了解不足，导致交流不默契，难以被学生认同，甚至还有可能使他们产生逆反心理。因此，高校思想政治教育工作者必须具备较强的信息意识，更好地利用网络等新媒体平台，掌握大学生的沟通方式，保证与学生之间交流的顺畅，只有师生之间有了良性的交流，思想政治教育工作才会取得实效。

（二）较强的媒介能力

只有媒介意识，没有媒介能力，就不能充分利用新媒体为高校思想政治教育工作服务。新媒体时代，高校思想政治教育工作者应该具备如下三个方面的媒介能力。

一是媒介的运用能力。思想政治工作者只有在了解媒介基础知识，熟练运用媒介设备的基础上，才能准确使用媒介工具，对各类媒介信息进行检索、存储和制作，进而与学生展开新媒体平台上的沟通、交流，有针对性地开展思想政治教育。

二是媒介的批判、反思能力。媒介的批判、反思能力是高校思想政治教育工作者运用马克思主义基本原理，结合现有的知识储备，对媒介信息进行科学鉴别，揭示信息背后所隐藏的意识形态、商业和情感等诉求，从而保持对信息清醒认识的能力。媒介的批判、反思能力不仅是网络健康发展的内在要求，更是民主社会的重要特征，体现了高校思想政治教育工作者媒介素养的核心能力。在工作、学习、生活中，高校思想政治工作者应该学会用符号分析的方法，并能够进行反思，利用网络、报纸、广播、电视媒介合理地表达自己的观点、增强信息的过滤能力和免疫能力，进而提高自己的媒介水平。

三是分析制作信息的能力。分析制作信息的能力是指高校思想政治工作者利用已经获取的有价值信息，遵循思想政治教育工作基本原理，结合新媒体的应用，分析、创作出适合大学生思想政治工作材料的能力。新媒体时代，信息技术特别是互联网技术取得了快速发展，我们作为高校思想政治教育工作者，除了掌握思想政治教育基本功之外，还应适应新媒体时代要求，注重自身能力结构的完善，具备创造性分析、制作信息的能力。

（三）崇高的媒介道德水准

所谓媒介道德，是指在媒介活动中的信息接收者、使用者、加工者和传递者之间各种行为规范的总和，即整个媒介活动之中的道德。新媒体时代引发了一系列媒介道德伦理问题。在这种情况下，思想政治教育工作者只有自身具备崇高的社会道德，才能帮助大学生树立媒介道德意识，学会正确使用新媒体，从而避免新媒体给大学生带来的负面影响。高校思想政治教育工作者的媒介道德素养主要包括以下几个方面。

一是媒介伦理道德意识。在新媒介中，人们把媒介伦理道德称为"第一道防火墙"。高校思想政治工作者自身应在思想和心理上建立起抵御互联网不良信息的防线，树立正确的新媒体伦理道德观念，恰当地控制自己的媒体行为，自觉抵制不良信息的侵袭，成为一名合格的媒介使用者。

二是媒介法制观。高校思想政治工作者只有具有媒介法制的观念，全面增强媒介法律法规意识，懂得在法律规定的范围内，正确使用媒介及利用媒介信息开展思想政治教育的内容及规范。在此基础上，才能针对学生开展有说服力的媒介素养教育，全面提升思想政治教育工作的实效性。

三是社会责任感。高校思想政治工作者除了要负担大学生的思想政治教育职能，也要承担起媒介与舆论导向的责任。因此其媒体道德水平、社会责任感就显得尤为重要。只有具有较高的社会道德水平，并在实际工作中坚持知行合一，自觉强化媒体观念，才能真正树立为学生、社会服务的意识，进而做好新时期的大学生思想政治教育工作。

二、新媒体时代高校思想政治教育工作者媒介素养的提升

（一）加强媒介素养教育师资培训

为了在短时间内培养出大量的适应岗位需要的师资，建设一支质量过硬的师资队伍，有必要创新师资培养的方式。一方面，把相关教师选送出去，对他们集中采取在岗进修、培训的方式，并把这种培训作为现行教师专业发展中的一部分；另一方面，每年都对他们进行一次集中培训，纳入相关的考核标准中，并促使这种做法朝常态化、制度化方向发展，以便不断地更新教师的教学理念。同时，要采取一系列的措施，充分调动他们的积极性，激励他们的探索精神，通过摸索，不断地积累经验，从而提高高校师资的整体媒介素养水平。

（二）要有针对性地构建高校教师媒介素养教育的内容体系

高校教师的媒介素养教育要针对教师的群体和职业特征展开。一方面，高校教师，尤其是中青年教师，由于接受过长期、系统的学校教育，学历层次高，对现代信息技术的接触程度、关注程度和认可程度都较高，具有一定的媒介素养。另一方面，高校教师在与学生的教学互动关系中，实际上处于一个"意见领袖"的地位，教师本身对媒介本质及其特点的认识、批判及其使用程度，即媒介素养程度的高低，对受其直接影响的大学生有极强的示范作用。因此，大学教师的媒介素养教育具有极强的针对性，主要表现在以下几个方面。

第一，提高大学教师的媒介意识和认知能力。前者指的是提高对媒介的性质、特点及其作用的关注程度和敏感程度。后者指的是培养大学教师对于媒介"环境监视、社会协调、社会遗产传承"等正面功能，以及媒介创造拟态现实等功能的认识；同时，意识到媒介素养教育对于教师专业发展的不可替代性。

第二，培养大学教师多层次的媒介素养能力。这包括三个层次：先是认识并掌握媒介的概念、种属、功能、使用规律等基础知识，尤其要掌握教师教学活动中经常使用的基础媒介工具，如 PPT、多媒体制作等；然后是在使用媒介从事教学活动的过程中，在掌握媒介特

点和规律的基础上，批判性认识媒介的作用；最后是强化媒介为我所用的意识，即强调人在与媒介关系中的主动性和主导地位。

第三，正确辨析媒介素养教育的内容与教育技术教育的内容之间的关系。在教育中，需要强调的是要避免将高校教师媒介素养教育简单理解为教育技术教育，应在教育技术教育的基础上，实现更高层次的提升。

（三）确立思想政治教育工作者媒介素养的培养途径

新媒体时代，高校思政工作者工作性质与培养定位的特殊性决定了对其进行媒介素养教育的关键，是探索出一套能促进理论应用与实践经验提升相转化的有效教育路径。

第一，着力提升思想政治教育工作者自身的媒介素养意识，打造现代化、专业化的精英队伍。思政工作者只有从观念上认识到媒介素养教育对自身发展和工作实效的重要性，才能营造良好的学习和实践氛围，获得自我提升的动力，成为主动、成熟、理性的媒介使用者。因此，高校思想政治教育工作者应将自身武装成为具有深厚的理论水平、熟练掌握先进技能的现代教师队伍。

第二，充分挖掘教育资源、打造实践平台，实现理论指导和实践锻炼的双效辅导。专业化的媒介素养教育应以理论教育为基础，实践训练为保障：一是开设有针对性、规范性的媒介素养教育课程进行系统授课。二是打造实践平台进行技能锻炼。在实际训练中，应指导思想政治教育工作者学会通过网络平台抢占思想政治教育的新阵地。

第三，成立由思想政治教育工作者组成的差异化"互学共习"研究小组，共同提升媒介素养。根据受教育者的不同特点，成立不同类别的研究小组，并灵活选择与之相适应的教育模式，从而有效保证媒介素养教育工作全面、系统、高效地开展。研究小组成员自发组织专题研讨、技能与实践经验分享等活动，在交流过程中共享教育资源，共同提高媒介素养。

第三章 全媒体时代下思想政治课教育教学
模式与方法

随着新时期、新任务、新问题、新环境的产生和变化，尤其是在"互联网+"视域下，传统的思想政治课教育教学必然受到时代的挑战。在此背景下，高校思想政治课教育教学必然要不断求新求变，一方面，要赋予传统经验和方法新内涵、新形式，以适应新形势下高校思想政治教育的新需求；另一方面，必须依据开拓创新、与时俱进和求真务实的精神，坚持从实际出发，积极探索新形势下高校思想政治课教育教学的新模式、新方法。

第一节 思想政治课混合教学模式的实施

在互联网技术迅猛发展、高等教育信息化逐步深入的大背景下，在线教学与课堂教学优势互补的混合式教学方法已经成为大家共同关注的问题。混合教学模式下高校思想政治课教师既可以通过基于网络的课堂进行教学，又可以课后完成备课、布置作业、批改作业、答疑等教学活动；学生除了课堂学习外，课后可以自主进行在线学习、在线做作业、讨论协作、在线答疑等学习活动。这种模式既可以发挥教师的主导作用，又可以满足学生自主学习的需要。

一、混合教学模式的应用基础

（一）融合的学习理论指导

学习理论是教学设计的理论基础。在对混合教学模式进行教学设计时，需要根据不同的具体情况加以选用。学习理论自 20 世纪 50 年代以来，历经行为主义、认知主义和建构主义等不同发展阶段。

从哲学的角度来看，认知主义和行为主义所持的立场是客观主义的。客观主义认为世界是由客观事物及特征和客观事物之间的关系所组成的。人们对客观事物及其之间关系的共同认识构成知识。知识可以通过教学的方式迁移到每个人的大脑之中。教学的目的就是以最有效的方式向学习者传授和迁移知识。所不同的是，认知主义学习理论更加强调学生的认知主体作用，强调教学既要重视外部刺激（条件）与外在的反应（行为），又要重视内部心理过程的作用，即学习的发生要同时依赖外部条件和内部条件。教学就是要通过安排适当的外部条件来影响和促进学习者的内部心理过程。

基于行为主义学习理论的教学优势在于目标明确，外在的刺激和灌输可以系统地讲述知识，易于形成自动化和机械化的操作，便于教师控制和组织教学等。而它的劣势在于学习的主体始终处于被动接受状态，积极性和主动性难以发挥，严重压抑了学生的创造性。当外在刺激条件与学生知识结构与准备状态不符时，知识传输的效率就低。基于认知主义的教学优势在于能够在教学过程中考虑学生的认知心理。在内容的组织和选择上可以更好地符合学生的原有认知结构，教学效率较高。在统一的教学目标的要求下，学生可以达到基本统一的知识结构，便于管理和评测。学生的积极性和主动性得到了一定的发挥等。其弱势在于统一的教学目标未必符合每个人自己的最佳发展形势。统一的学习方式未必是每个人最佳的学习途径。另外，对于高级技能、复杂知识、解决问题的能力培养、创造力的培养等，基于认知主义学习理论的教学显得有点力不从心。

行为主义和认知主义的学习理论都强调知识的传授和迁移，也就是"教"。基本内容是研究如何帮助教师把课备好、教好，而很少考虑学生"如何学"的问题。共同的优点是有利于教师主导作用的发挥，有利于按照教学目标的要求来组织教学，不足之处是在按照这种理论设计的教学系统中学生的主动性、积极性往往受到一定的限制，难以充分体现学生的认知主体作用。

建构主义学习理论基本上采用非客观的哲学立场，认为每个个体的认知过程是各不相同的，学习的结果并不是可预知的。因此教学是要促进学习，而不是控制学习。强调的重点不是设计教学方法来控制学生的学习过程，使之达到预定的相同的教学目标，而是强调设计促进知识建构的学习环境、强调以学生为中心，促进知识获得的协作和交流。不仅要求学生由外部刺激的被动接受者和知识的灌输对象转变为信息加工的主体、知识意义的主动建构者；而且要求教师要由知识的传授者、灌输者转变为学生主动建构意义的帮助者、促进者，要求教师以广义上的学习环境出现，而不是以传道者的身份出现。在建构主义学习环境下，教师和学生的地位、作用与传统教学相比已发生很大变化。这意味着教师应当在教学过程中采用全新的教学模式（彻底摒弃以教师为中心、强调知识传授、把学生当作知识灌输对象的传统教学模式）、全新的教学方法和全新的教学设计思想。

建构主义学习在真实的问题情境中，借助社会交往与周围环境的交互，解决真实问题，习得技能，学生自我控制学习进程，自我建构学习目标。它能够最大限度地发挥学生的积极性、创造力和主动性，是创造能力培养的最佳途径，适合于复杂知识的理解，高级认知技能和社会技能的形成。其劣势在于没有统一的教学目标，学习评价较为困难，组织与管理学习也十分困难。学习过程中要求学生进行探索，发现和协作不适合简单的陈述性知识的学习。对学生的自主学习积极性、自我控制能力、认知技能都有比较高的要求。

总体说来，学习任务的复杂性增加、学习者的认知能力加强，学习环境逐渐丰富，最适合的学习理论从行为主义向认知主义到建构主义逐渐转化。教学（学习）是一个复杂的过程，不同的学习理论，在不同的学习阶段、不同的学习环境下是一种相互补充的关系，而不是相互排斥的关系。它反映了人们对知识以及学习本质的认识不断深入发展的历程，混合式学习实践就充分体现了这种理念融合的趋势。

（二）建构性的学习环境支持

将教学或其过程理解为学习环境，体现了建构主义倾向对于知识和教学的理解。客观主义将知识理解为客观存在的状态或实体，因此将教学理解为传递这一客观知识的过程。而建构主义在将知识理解为个体在经验的基础上，通过与环境的交互来建构认知和意义的过程，因此在建构主义看来，教学是学习者充分利用环境提供的丰富工具和资源建立自己的认识和理解的过程，因而将教学理解为学习环境。

在建构主义学习环境里，学习者能够最佳地得到建构工具和学习环境的支持，这些工具和环境促进个人认识和意义的建立以及学生相互之间的交流，这样，教师的角色就是开发能使学生参与并建构其认识和理解的环境，这种环境体现的原则是：情境、建构、合作和交流。建构主义学习环境使学生参与知识的建构，这一建构的过程需要合作地进行，学习被安排在丰富的情境中，通过与他人的交流，学生能够反思已有的认识和理解。

情境包括现实世界环境中的特征，这些特征，要尽可能忠实地体现在学习环境中，包括物理的特征、文化的特征、社会的特征以及涉及所学知识应用的能力问题。

知识的建构是在情境中进行积极的连接和反思过程的结果，所产生的知识是大脑的产品，是个体来自情境的经验及对情境解释的结果。这些经验能够在学习环境也能够在真实世界环境中遇到。只有允许个体或团体依据他们的体验建构自己的认识和理解，而不是要求他们"学习"教师对这些体验的解释，这样的学习才是建构性的。

整个学习过程中都在发生学习者之间的合作。合作有利于发展、测试和评估学习情境中产生的不同认识和理解，并促进人际交流技能的形成。

交流是合作所必需的，个人和小组在开始实施解决问题的计划之前，必须首先对这些计划进行协商。这一计划包括回顾已知的、思考需要知道的，考虑不同计划的可行性，以及它们所具有的潜能。交流是意义建立过程的重要部分，因为知识对我们大多数人来说，是以语言为媒介的。

建构主义学习环境具有真实学习情境、合作学习、注重问题解决等特色，所有的学习环境都依赖于技术，以使环境易于操作，计算机以及相关技术在建构主义学习的实现过程中发挥着举足轻重的作用。建构性学习环境包括如下基本要素。

信息资源

学习内容及相关的辅助学习材料，包括教科书、录像带、教学软件、相关论文等。一般情况下，在学习环境中，高级复杂的知识内容，都是以具体情境中的问题的方式呈现的，并有大量相关的案例，学生要借助相关的信息和案例，在解决情境性问题中获取知识和能力。

认知工具

认知工具是支持、指引、扩充使用者思维过程的心智模式和设备。在现代学习环境中，主要是指以计算机和通信网络相结合，用于帮助和促进认知过程的工具，学习者可以利用它来进行信息与资源的获取、处理、编辑、制作等，并可用其来表征自己的思想，与他人通信协作等。

自主学习策略

学生在学习环境中要进行主动探索、主动发现，才能达到学习的目标，即必须通过自主学习才能完成，因此，适合学习者个别特征的自主学习策略就满足三个条件：①要在学习过程中充分发挥学生的主动性，要能体现出学生的首创精神；②要让学生有多种机会在不同情境下应用他们所学到的知识（将知识外化）；③要让学生根据自身行动的反馈信息来形成对客观事物的认识和解决实际问题的方案（实现自我反馈）。

帮助与指导

学习环境中，学习者是学习的主体，但并没有无视教师的指导作用，任何学习环境中，都存在控制、管理、帮助和指导的职责。教师在学习环境中确定学习任务，组织学习活动，提供帮助和指导，引导学生正确使用认知工具。教师是教学过程的组织者、指导者、意义建构的帮助者和促进者。

二、互联网环境下思想政治课混合教学模式的具体措施

网络环境下的混合式的教与学主要有建构性学习环境设计、课堂教学、在线教学和发展性教学评价等四个主要环节。

（一）建构性学习环境设计

1. 支持混合式教学的网络教学平台的选择

目前国内已经有 80% 以上的高等学校建设了设备先进、功能完备的校园网络并通过 CERNET 和 CHINANET 接入国际互联网。尽管网络能为教学提供丰富多彩的沟通交流功能，但是这些功能都是分散的，不利于教学的展开和管理，因此需要有一个集教学内容发布与管理、课堂教学、在线教学交互、在线教学评价、基于项目的协作学习、发展性教学评价和教学管理等功能于一体的网络教学平台来支撑混合式教学。目前国内较流行的通用网络教学平台有 4A、清华教育在线、电大在线、网梯教学平台、安博在线等。

2. 网络课程的设计与开发

目标明确、结构合理的课程内容是开展思想政治课教育教学并达到教学目标的基础，教

育教学资源库为教师设计课程内容提供了大量的素材资源，精品网络课程为教师设计课程内容提供了良好的参考，教师可以选择适当的内容应用到自己的教学当中。

3. 课程资源的收集整理

优秀、多样的课程资源是在网络环境下开展思想政治课混合式教学的重要基础，没有优秀的课程资源就好比是"高速公路"（高等学校的校园网）上行驶着没有装载"货物"（资源）的"货车"（网络教学平台）。如果说课程内容是为了达到教学目标而用于课堂上教师的教学和学生的学习的教育资源的话，那么课程资源则是为辅助课程内容达到教学目标而用于学生学习的扩展资源。课程内容一般是由呈现讲解型的内容和教学交互型的内容组成的，有一定逻辑组织结构的网络课程，课程资源则是一个个视频、音频、动画、图形/图像、文本等多种类型的或复合型的多媒体教学微课件，既可以是内容呈现和讲解型的教育资源，还可以是用于教学评价的试题、试卷等资源，也可以是一些用于扩展学习内容范围的文献目录索引。课程资源的设计和网络课程的设计类似，都可以基于网络教学平台来完成。

要想促进学生知识的良好建构，资源内容的设计开发要从原来的"以教为主"转向"学教并重"，即不仅开发素材、课件类资源，更要开发支持自主探究、协作交流和研究性学习的有关资源。资源内容建设要朝既能支持教，又能支持学的方向努力。

4. 教学活动的选择和设计

教学活动是为了教学的深入展开而设计的一些探究性问题解决、小组协作问题解决、分组交流讨论、常见问题解答、在线智能答疑、自测方案、作业方案和作业评判等。教学活动应该参照已经设计好的课程目标、课程内容及其呈现形式，并按照教学的进度有针对性地选择和设计，即与具体的章节知识点相关联。教学活动的作用在于为学生创造具体的学习情境，并加强师生、生生之间的交流互动，因此恰当的教学策略对于教学活动的顺利展开尤为重要。例如，探究性问题解决教学活动首先需要教师设计新颖、开放、不确定的问题情境来激发和维持学生的注意力，教师提出与课程内容相关的疑问，并在一定程度上给出相关提示或提供一些材料，引发学生的学习兴趣，激励他们自己利用网络去查找信息，然后通过 BBS 或在线聊天室讨论交流问题。

（二）课堂教学的实施

传统的课堂教学一般存在形式、内容单一等诸多弊端，而网络环境下的网络课程、扩展资源、各种教学活动等在很大程度上弥补了这种不足。

1. 教学环境使用培训

教学环境使用培训，主要是指培训教师和学生使用网络教学平台及其他课件演示工具或交互工具等，熟悉教学环境，排除技术障碍，为保证教学效率奠定基础。教学环境使用培训，乃至信息技术与课程整合的最终目的，都是使信息技术成为辅助学生学习的高级认知工具。学会使用各种认知工具创设学习情境、提供学习资源、写作与创作、发表个人看法、交流、协作、探索和发现、计算与数据处理、提供练习与反馈、个别指导和评价、提供学习帮助和启示、成长记录、质性评估、学习反馈等。

2. 教学计划说明

在课程开始之前教师需要将整个课程的教学计划以及各个阶段的教学计划公布在网络教学平台上，在课程教学进行的过程中，在每次课之前教师也需要将该次课的教学计划公布在网络教学平台上，以便学生准备和预习。教学计划说明的内容应该包括：教学目标、教学内容、教学方式、教学活动安排和教学评价方式等。

3. 学习动机的激发和维持

在线教学需要学生积极主动地参与，通过在课堂上讨论网络上的热门议题，表扬态度积极的学生并与学生进行情感互动，是鼓励和维持学生持续在网络上参与和讨论的最有效的措施，也是对在线教学的局限进行补充和完善的重要机制。为此，教师在课堂教学中要注意给学生发言的机会、积极听取和尊重学生的意见、适时地给予学生鼓励等。师生之间的情感互动对于激发和保持学生积极向上的学习情感，激发并维持学生的学习兴趣和学习动机，促进学生人格的健康发展等都有重要的意义。

4. 课程内容重点与难点讲授

对课程中的重难点内容的讲授，是保证学生快速掌握课程知识结构的重要措施。教师在课堂上使用预先设计好的网络课程教学，网络课程集成了精心设计和选择的多媒体课件，从多感官层面刺激学生的感觉器官，有助于学生的理解和记忆。

5. 课堂讨论、交流、答疑

课堂讨论可以是在线讨论的起始，也可以是在线讨论的延续和深化。一次成功的课堂讨论、交流，首要的是教师设计一个有争论空间、有意义、能发挥学生的创造性思维的问题，然后正确引导学生的讨论方向，教师正确引导学生讨论交流的原则是"你可以不赞同对方的观点，但是你必须了解对方的这种观点和产生这种观点的原因"，这有利于发散学生的思维，并养成从多角度、全面思考问题的习惯。讨论交流的实施方式可以是多样的，对于大班教学一般是先分小组讨论，然后组间交叉讨论，最后教师总结讨论结果。

6. 课堂小组协作研究课题并汇报

要想培养学生的实践能力与创新精神，基于小型项目的研究性学习是有效的手段。项目研究的开展可以在网络和课堂上配合进行：在网络上主要是进行讨论、信息检索和处理、资料共享、成果展示、过程信息记录和评价；在课堂中则主要是组织小组汇报，在汇报过程中与教师深入交流和讨论，从而得到适当的点拨。这是保证基于项目的研究性学习质量的重要环节，也是促进学生知识建构和迁移的重要手段。

7. 课堂评价

除了教学内容的讲授之外，教师还可以通过网络教学平台所提供的考试模块对当堂或前面的教学内容进行联机测试，对于客观题系统会自动给出测试结果，并反馈给教师和学生。教师可以根据学生的掌握情况和学习需求，及时调整本课时的教学计划或下一步的教学计划。

（三）课后基于网络的在线教学

课堂教学是基于班级常态进行的，也就是说，教师的教授只能满足大部分学生的一般学习需求，对于那些课堂教学无法解决或没有时间解决的问题，只有靠课后学生的自主学习和师生之间的交互来解决。

1. 多媒体在线教学

教师可以根据课堂教学的情况随时在线调整网络教学平台上呈现给学生的课程内容、教学资源或教学活动等。学生课后可以在线复习课程内容，对学习内容做深层次的思考，达到真正理解和掌握。4A 网络教学平台还为学生提供书签、学习笔记本、学习任务管理等辅助学习工具。除了课程内容之外，还提供了辅助学生理解和掌握课程内容的扩展资源，学生可以从中发现新的思想、新的观点，得到新的启示，探索和体验更为广阔的知识空间。

2. 在线智能答疑

学生在线学习的过程中难免会遇到疑难问题，或者在课堂学习中有遗留的问题，这时学生可以将问题提交到网络教学平台的答疑系统。对于一些普遍性的问题，教师可将此问题及解答作为资源整理到答疑中心，供其他学生遇到类似问题时作为解答参考。学生提问时系统会自动匹配问题资源，如果有类似的问题系统自动给出答案；若没有，学生需要等待教师或其他学生给出答案。这种智能化的答疑系统可以减轻教师答疑的工作量，缩短学生获得解答的时间。学生可以对其他学生的问题做出解答，这也是一种学习形式，在帮助别人的过程中获得提高。为了启发学生的思考方式或针对一些普遍性的问题，教师可以向答疑系统提出自己的新问题，由学生解答，也可自问自答，再将问题整理到问题资源库。这样，随着答疑系统的运行，问题资源会越来越多，学生需要的新问题会越来越少。

3. 在线讨论与交流

网络教学有良好的异步交互的优良特性，通过网络可以有效地对某一个论题进行深入讨论，弥补课堂讨论由于时间有限而造成的讨论浮于表面层次、感性成分居多、难以深入等缺陷。一般的网络教学平台都提供讨论交流模块，按照用户进入的课程来呈现论坛内容，讨论的主题可以由教师设置，也可以由学生自己确定。讨论以发表文章为基本的交流形式，交流不受时间限制，参与讨论的学生可以对讨论问题进行充分的思考，通过不同观点、立场的碰撞与交流，学生可以对一个复杂事物有相对全面且深刻的理解。通过文章来表达自己的思想，可以大大提高学生的逻辑思考能力以及驾驭文字的能力。4A 网络教学平台的讨论交流系统将记录每个学生参与讨论的内容和相关统计数据，学生是否积极参与讨论以及讨论的深入程度是学习评价的一个重要指标。

4. 在线教学评价

自测、作业和考试等评价方式是保证教学质量的重要手段，尤其是在教学过程中进行的形成性评价，为教学策略的随时改进、实施个别化教学提供了依据。学生学习评价的实施可以借助网络教学平台提供的试题资源库、自动/手动组卷机制、作业催交、系统统计分析等来完成。教师可以根据教学进展抽取试题资源库中的一些试题资源组成试卷，作为学生巩固和复习课程内容的作业或自测，教师还可以根据学生的学习情况布置一些开放性的试题作为考试内容。不仅如此，学生在学习过程中也可以自己随机抽取与所学内容相关的试题组成自测试卷来进行自我评价。对于客观性试题，系统都可以自动批阅并给出评价和统计信息，对于主观性试题，则需要教师来批阅。每次作业或自测系统都会给教师一个统计报表，是教师进行教学调整的依据。

教师评价也是保证教学质量不容忽视的一个方面，对教师的评价可以采用学生匿名向教师提意见或打分的方式；教师还可以设计一些调查问卷放到网络教学平台上，以此来获取教学反馈从而改进教学。

5. 基于项目的网际协作学习

基于项目的网际协作学习就是一个班级分为几个学习小组，每个小组分配一个学习项目在网络环境下展开共同学习的学习方式。学习项目是针对一个实际问题确定的，不同于主题讨论的学习，小组成员在网络平台分配的各小组的学习活动空间里协同完成项目。小组成员有各自的任务目标，在完成任务的过程中，各成员遇到的问题可以上传到讨论组寻求帮助和讨论，而各自收集的资料可以放到小组共享的文件夹里共享。这种学习方式方便成员之间的跨时空交流和文件共享，有利于培养学生的协作能力和解决实际问题的能力。

6. 在线个别辅导

因材施教对于我国高校目前的大班级教学具有非常重要的意义，教师记住、随时了解每一个学生的背景信息和学习情况，是不现实的。网络教学平台提供了详细的统计与分析功能，教师通过查看学生的个人基本信息、学习历史记录、学习活动记录、学习成绩记录等，对学生进行诊断和了解，教师在充分了解学生的学习情况后，可提出针对性的指导意见或提供针对性的辅导。

（四）发展性教学评价

发展性评价不仅要关注学生的学业成绩，而且要发现和发展学生的多方面潜能，帮助学生认识自我，建立自信，同时注重发挥评价的教育功能，促进学生在原有水平上的发展。其评价思想体现为从关注考试到关注学习者的成长，从关注结果到关注过程，从量化评价到定量与定性相结合的评价体系的转变上。在信息技术支持下，实施和推行面向学习过程的发展性教学评价无疑对高等教育教学评价体系的转变起到重要的推动作用。

在进行发展性评价时，应针对不同评价内容和相应的课程目标，适当选择和灵活运用评价方式，适当渗透表现性评价的理念，以学生在各学科知识学习与运用或运用信息技术解决实际问题过程中的表现和成果作为评价依据，全面评估学生在学科知识的基础、学习的过程与方法、运用信息技术解决实际问题的能力以及相关情感态度与价值观的形成。在网络环境的支持下可以在在线测评、档案袋记录、问卷等多个方面开展评价工作。

1. 档案袋评价

档案袋评价是网络环境下备受青睐的一种发展性评价方法，档案袋的主要功能是"存""反思""交流"。网络环境下的混合式教学，体现学生的发展和进步的信息的记录非常容易地被记录下来，在档案袋中归类存储，成为教师了解学生的窗口，也是学生自我反思的对象。

档案袋的数据来源，主要是课堂教学和课后基于网络的在线教学两个环节中产生的一些过程性数据，包括学生浏览课程内容和课程资源的情况、学生讨论交流中的发言次数和发言内容、小组协作中贡献的资料、小组协作中组员的评价、提问的问题和次数、解答其他学生或教师的提问的次数和答案内容、作业和自测的成绩、阶段性考试的成绩、学习笔记本中的内容等，这些数据是对学生的学习进行过程性评价和形成性评价的依据。

2. 考试测评

基于网络教学平台的数字化学习有利于考试测评的开展，教师平时可以利用网络教学平台给学生提供一些自测题或者作业题，用作学生的自我评价。由于网络教学平台可以实现自测题和作业的自动批改，这使得教师无须投入很大的精力就可以很容易地了解学生的学习过程，而不仅仅是通过学期末的一次考试对学生进行总结性评价。学生通过网络将学习结果、对课程的评价以及对教师的评价反馈给教师，教师可以了解前一阶段的教学效果、学生现在的需求和学生对教师教学方面的意见，并根据情况对前面的教学内容做补充以及确定下一步的教学，有利于发展性课程评价的展开。教师和学生通过多种方式的交流利于教师多方面地了解学生，对学生进行多元的评价，引导学生健康发展。

三、网络环境下思想政治课混合式教学的意义

（一）促进高校信息技术与课程更深层次整合，推动思想政治课教育教学改革

虽然目前国内 80% 以上的高校都建设了校园网，但是除了开通电子图书馆和开设全校的信息技术课之外，大部分的应用停留在办公自动化系统、教务管理、财务报表、学生成绩统计、学校公告信息发布等教育行政管理的层面，没有真正应用到更广泛的领域中。信息技术的应用能够极大限度地优化教学，将信息技术与日常的学科课程教学整合是当前进行教学改革的突破点。整合的实质是通过新型教学环境的营造来改变传统的以教师为中心的教学结构，创设新型的主导—主体相结合的教学结构，以便使创新人才培养的目标落到实处。

课堂教学有利于教师主导作用的发挥，有利于教师监控整个教学活动进程，有利于系统

科学知识的传授，有利于教学目标的完成。在线教学则凭借丰富的数字化教学资源和各种交互工具、认知工具的有力支持，有利于培养学生的探究精神和创新精神。两种教学模式各有千秋，网络环境下的混合式教学则融合了这两种教学模式的优势，把"以学为主"的教学设计和"以教为主"的教学设计结合起来，打破了传统学校教育的课堂教学模式，同时也突破了传统远程教学无法实施有效的沟通和交流的局限，是一种全新的教学模式。在这种模式中，课堂教学和在线教学相互补充，学生的积极性和主动性能够得到更大的鼓励，充分发挥学生的主体地位，不仅对学生的知识技能与创新能力的训练有利，对于学生健康情感与价值观的培养也是大有好处的。

（二）弥补师生间因角色地位、个性心理等差异造成的师生、生生交流沟通少

在高等学校中教学与科研并重，高校教师一般既从事教学又从事学术研究，多数教师专心于科研工作，除了上课以外教师和学生见面的机会很少。学生喜欢独立地按照自己的想法去做事情，不喜欢别人的参与。这些都造成了师生交流上的障碍，教师不了解学生，学生不了解教师。网络则以其提供的各种交流方式弥补了师生因角色定位、个性心理等差异造成的交流沟通少的问题，满足了学生交往的需要，对于学生学会交流、建立良好的人际关系有重要的作用。

（三）解决由于高等学校的教学组织形式带来的弊端

近年来我国高等学校一直在扩招，我国高等教育规模早已跃居世界第一。目前国内高等学校在校学生已经接近现在高校师资所能承受的极限，宏观上办学规模的扩大决定了高等学校的教学组织形式只能继续实行传统的集体讲授式课堂教学。传统的课堂教学方式的优缺点是大家有目共睹的，它虽然充分发挥了教师在教学中的主导和监控作用，但是不能很好地发挥学生的积极主动性，使得长期以来我国高等学校对学生创新精神和创造能力的培养是一个突出的薄弱环节。

网络环境为师生提供了多种交互渠道，对于弥补思想政治课课堂教学中面对面教学的不足有重要作用。另外，网络为学生提供了自由、开放的学习空间，这不仅有助于调动学生的积极性，开阔学生的视野，满足学生对知识的需求，而且对于培养学生的创造精神和树立终身学习的观念有重要的意义。

第二节 思想政治课教育教学方法创新探索

"工欲善其事，必先利其器。"创新思想政治课教育教学，方法是关键。方法是人们想问题、办事情的思路和方式，方法对头，事半功倍，方法不对，事倍功半，甚至事与愿违。创新思想政治课教育教学方法，就是要把握思想政治课教育教学的规律性，找到教育者与受教育者之间紧密契合的桥梁，以增强教育的实效性。

一、"互联网+"视域下思想政治课教育教学方法创新的内涵

方法是以客观规律为依据、在人的主观作用下产生的。方法创新以人的活动方式等为对象，在旧有方法的基础上进行改革或是直接创造出新的方法，从而为事物的发展带来良善的改变。在实际生活中，人们往往只注重物化的、易观察的创新，而没有给予方法创新充分的重视。荀子曰："君子生非异也，善假于物也。"大意是君子的本性跟一般人没有什么不同，只是善于借助外物罢了。这里的"外物"便是解决问题或者达到目的的方法、途径，由此可见方法的重要性。根据实践可知，方法创新即人类不断发挥自身的主观能动性来增强方法的工具性作用，突破自身的局限，提高各项水平，扩大人认识世界的范围。

二、"互联网+"视域下思想政治课教育教学方法创新的原则

要想对思想政治课的教学方法加以创新，就需要以过去的经验和成果为基础，在认识和把握科学规律的前提下进行，而不能脱离实际、任意发挥。面对当前全球化和信息化环境下思想政治课教育教学条件、对象等的变化，创新则是充分发挥思想政治课教育教学有效性的一条必由之路。在进行思想政治课教育教学方法创新时需要遵循以下原则。

（一）实事求是原则

实事求是是中国共产党在革命和建设时期经过漫长的实践逐渐形成的理论成果的精髓。实事求是不仅要求我们要从实际出发，还要在新时代下解放思想。在思想政治课教育教学中，解放思想、实事求是、理论联系实际原则意味着教育者要在社会实际和思想政治教育实践的基础上，从大学生的思想状况出发，对大学生的言行举止进行深入分析、研究，针对新情况、新问题，做到有的放矢，确保思想政治教育的有效性。

（二）以人为本原则

以人为本原则是"互联网+"视域下思想政治课教育教学方法创新的基本原则。我国是人民当家做主的社会主义国家，人民是国家的主人，任何时候都要把主体的人放在第一位，思想政治课教育教学也不例外。

"互联网+"视域下，网络社会的崛起使得青年一代更加理性、自主、自觉、自信，他们渴望自由和平等，在处理人际关系时容易以自我为中心。这些性格特点决定了思想政治课教育教学工作者必须改变传统的教育方式，避免以高高在上的严师身份对学生进行训诫，而是要动之以情、晓之以理，既不一味地迎合和迁就，也不一味地批评和教育。在平等和尊重的前提下、在亦师亦友的良性关系下、在以人为本的原则下以真情打动学生，以科学的思想政治理论指引学生，增强思想政治课教育教学的趣味性和知识性，增强沟通和交流，充分发挥学生的能动性和主体性。

（三）循序渐进原则

人的认识是一个由浅入深、由表及里、由繁至简、由低级到高级的过程，不可能一蹴而就，而是逐渐积累、深化形成的。简言之，人的认识是循序渐进的。

对于思想政治课教育教学来说，不可急于求成，而是要遵循循序渐进的原则。在创新思想政治课教育教学方法时，要首先考虑受教育者的现状、接受时间、接受范围、接受程度，从而避免引起他们的紧张和对立、厌学情绪。这就要求教育者深入观察和分析，及时把握大学生的动态和需求，以学生为中心结合党和国家的路线、方针，有步骤、有计划、逐层深入地进行思想政治课教育教学方法的创新。

（四）系统性原则

思想政治课教育教学涉及多个环节和对象，有其复杂的结构程序和运动规律，是一项系统工程，因而必须遵循系统性原则。总的来说，思想政治课教育教学系统主要包括"四体"，即教育主体（教育者）、教育客体（教育对象）、教育介体（方法、设施等）、教育环体（教育环境），这"四体"以思想政治课教育教学为中心紧密联系，形成一个有机系统。

"互联网+"视域下思想政治课教育教学方法的创新要坚持系统性原则，即要求创新者从系统的整体角度出发，既要考虑到新时期教育对象的特点和需求，也要考虑到教育队伍的现状及客观环境的变化，还要考虑到教育任务、内容等的具体实施。此外，还要从个体入手，具体问题具体分析，不能搞"一刀切"，要随机应变、有的放矢，有针对性地解决各种问题。

三、"互联网+"视域下思想政治课教育教学方法创新探索

（一）根本方法："互联网+"全时空实践教育

围绕立德树人的根本任务，结合实际，系统谋划，创新途径，扎实推进，切实把思想政治课教育教学融入国民教育全过程。为此，提出了五个方面的具体要求：充分发挥课堂教学的主渠道作用，充分发挥社会实践的养成作用，充分发挥校园文化的熏陶作用，充分发挥教师队伍的示范作用，充分发挥校园网络的引导作用。实际上，上述五个要求是希望建立两个思想政治课教育教学链：一是建立课堂教学纵向学生成长成才思想政治课教育教学链；二是建立横向课堂教学、社会实践、校园文化、师资队伍、校园网络五方面协同联动式思想政治课教育教学链。

"互联网+"最大的优势就是以人为本，连接一切。借助"互联网+""连接一切的"功能就可以有效地将高校校园与思想政治课教育教学有关的各个环节（课堂教学、社会实践、校园文化、师资队伍、校园网络）连接到一起，落实到教育教学和管理服务各环节，覆盖所有学校和受教育者，形成"互联网+"全时空思想政治课教育教学，建立思想政治课教育教学链，搭建课堂教学、社会实践、校园文化多位一体的育人平台。

（二）具体方法

1."互联网+"思想政治课建设体系创新

高校肩负着学习、研究、宣传马克思主义，培养中国特色社会主义事业建设者和接班人的重大任务。思想政治理论课是巩固马克思主义在高校意识形态领域的指导地位、坚持社会主义办学方向的重要阵地，是全面贯彻落实党的教育方针、培养中国特色社会主义事业

合格建设者和可靠接班人、落实立德树人根本任务的主干渠道，是进行思想政治课教育教学，帮助大学生树立正确世界观、人生观、价值观的核心课程。2015年7月，中央宣传部、教育部特制定《普通高校思想政治理论课建设体系创新计划》，重点建设内容包括：高校思想政治理论课的教材体系、教学人才体系、课堂教学体系、第二课堂教学体系、学科支撑体系、综合评价体系、条件保障体系一共七个方面。"互联网+"条件下，世界范围内各种思想文化交流、交融、交锋更加频繁，如何借助"互联网+"的"互联网思维""创新驱动""连接一切"发挥正能量，创新高校思想政治理论课的七个体系，增强大学生对重大理论和现实问题的阐释力，在多元中确立主导，引导大学生自觉践行思想政治，给思想政治理论教育教学提出新的挑战。

2015年7月4日，国务院印发《关于积极推进"互联网+"行动的指导意见》。自此之后，有很多专家和学者开始了"互联网+"教育的研究，也有一些学者开始关注"互联网+"思想政治课，如赵婀娜、郭倩的《"互联网+"大学思想政治课》，毛莉的《"互联网+"如何改变思想政治课？》，卫晓溪的《"互联网+"思想政治课：网络环境下高校思想政治课教育教学的实施与创新》，李道明的《全力打造"互联网+"思想政治课教育教学新形态》，于爱荣等的《基于移动互联网的翻转课堂教学模式研究》。一些大学开始探索"互联网+"条件下的网络思想政治课，如清华大学的思想政治课"慕课"版，北京大学和复旦大学的思想政治课"慕课"，西南大学利用互联网技术实施在线教育，中国人民大学的微信公众号"别笑，我是思修课"等微课堂的开设，以及河北大学的微电影教学法等，都日益受到更多学生的喜爱和关注，使得思想政治课变得生动有趣起来。

但从已有的研究成果看，现有研究主要集中在两个方面：一是"互联网+"思想政治教育教学的必要性和可行性，强调互联网成为意识形态竞争主战场，认为"互联网+"是开展网络思想政治课教育教学、提升学生学习兴趣、创新思想政治理论课教学的重要方法和手段；二是对思政慕课、微课堂、微信课堂（公众微信号）、微电影、翻转课堂的探索与实践，强调这些课堂对于思想政治课教育教学改革的必要性，对这些课堂如何开展进行了有益的探索。国内关于"互联网+"与高校思想政治理论教育教学的融合研究，仅仅处于起步阶段，需要人们开发智慧，积极探索，运用"互联网+"思维更好地发挥"互联网+"的六大独特优势，形成"互联网+"条件下高校思想政治理论教育教学创新育人，从立体化教材体系、教学人才体系、课堂教学体系、第二课堂教学体系、学科支撑体系、综合评价体系、条件保障体系的系统进行研究。

"移动互联网"时代社会思想意识更加多元、多样、多变，当代大学生可以称之为"互联网新生代大学生"，近几年还衍生了"大学低头族"，学生主体面对线上线下各种思潮和复杂的社会现象思想波动很大，如何运用马克思主义的立场、观点、方法在多样中求得共识，对思想政治理论教育教学提出了新的要求。研究"互联网+"思想政治课建设体系创新有助于丰富互联网时代立德树人、创新育人、育创新人理论，有助于在深刻全面分析学生思想动态、学习现状、创新能力、发展方向的基础上，积极有效地开展立德树人教育和创新育人教育，提高学生的是非善恶判断能力和行为选择能力，激发学生自发践行思想政治。

2."互联网＋"日常思想政治课教育教学

高等院校开展思想政治课教育教学，必须结合办学治校实际和专业特色，针对大学生思维活跃、易于接受新鲜事物、擅长使用网络工具的特点，实现思想政治工作与信息技术高度融合，通过大力开展丰富多彩的网络主题教育活动，努力营造网络育人的浓厚氛围，从而达到内化于心、外化于行的良好效果。

主动占领网络思想政治教育教学新阵地，牢牢把握网络思想政治课教育教学主动权。要全面加强校园网的建设，使网络成为弘扬主旋律、开展思想政治课教育教学的重要手段。建立校园网、主题教育网站、网络思想政治课教育教学队伍、QQ群和微信群、网络舆情监管的有效连接，要利用校园网为大学生学习、生活提供服务，对大学生进行教育和引导，利用官方微博和公众微信号传播正能量，不断拓展思想政治课教育教学的渠道和空间。开发融思想性、知识性、趣味性、服务性于一体的主题教育（中国梦、爱国主义教育、校园文明、法治教育、创新创业）的网站和网页，积极开展生动活泼的网络思想政治课教育教学活动，形成线上线下思想政治课教育教学的合力。加强网络思想政治课教育教学队伍建设，密切关注网上动态，了解大学生思想状况，加强同大学生的沟通与交流，及时回答和解决大学生的理论问题和现实困惑，开展深入细致的思想政治工作和心理健康教育，结合实际有针对性地帮助大学生处理好学习成才、创新创业、社会交往、健康生活等方面的具体问题，提高思想认识和精神境界；通过QQ群、微信群与学生互动，在关心学生、帮助学生的互动中教育学生、引导学生，同时有针对性地对他们进行思想政治课教育教学和心理咨询辅导，引导大学生健康成长；关注大学生网络动态，并及时回应大学生网络诉求，运用技术、行政和法律手段，加强校园网的管理，严防各种有害信息在网上传播，牢牢把握思想政治课教育教学主动权。

因此，"充满变量"的大数据时代、互联网时代，需要思想政治课教育教学的不断创新，需要工作者深刻把握信息网络时代政治工作的特点和规律，不断追踪学生思想动态，实施大学生新生入学教育、新生适应教育、创新创业教育和成长成才教育，建立师生移动互联，将思想政治课教育教学更好地与网络技术有机融合，全力打造"互联网＋"思想政治课教育教学新形态，使思想政治课教育教学"随风潜入夜，润物细无声"。

3."互联网＋"社会实践

以实践活动引领青少年亲近社会和自然。组织开展丰富多彩的社会实践活动，是防止青少年沾染不良习气和沉迷网络的有效途径。"互联网＋"社会实践的开展需要培养实践主体的互联网思维，还需要拓展虚拟实践。

（1）互联网思维

互联网思维，是指在移动互联网、大数据、云计算等科技不断发展的背景下，对市场、产品、企业价值链乃至整个商业生态进行重新审视的思考方式。正如小米公司董事长雷军所指出的那样："互联网其实不是技术，互联网其实是一种观念，互联网是一种方法论。"互联网思维用在教育教学上就形成了"互联网＋"教育思维，是以受众为核心，即"以学生为中心"的思维，教学内容要具有针对性，要"简约"，教学设计要"完美"，要"丝丝入扣、无懈可击"，要及时追踪学生思想动态，要将"创新"体现在教学流程的每个环节，做到"微创新"，网络互动时要考虑学生的"沟通"成本，即流量思维，用"最大公约数"的核心价值观主导社会化思维，要不断根据学生数据信息挖掘他们的"关注点"——对他们的未来成长成才需求进行合理预测，搭建课堂教学、网络教学、社会实践"三位一体"的育人模式，最后整合校内校外、线上线下资源，调动一切力量和因素，实现线上线下思想政治课教育教学联盟。

（2）虚拟实践

随着社会和互联网的飞速发展，当代人类实践出现了新的变化，呈现出新的发展特点，现代信息技术的发展催生了新的实践形式，即虚拟实践。"虚拟实践是伴随信息化和网络化发展而产生的，其实质是主体和客体之间通过数字化中介系统在虚拟空间进行的双向对象化的活动，主要活跃于网络世界，具有交互性、开放性、间接性等特征。"思想政治课教育教学的虚拟实践可以通过"虚拟体验"（参观网上博物馆、网上纪念馆）"网络调查""虚拟创业"等活动学会"交互式思维"，树立"超前思维""创新思维"，提升虚拟实践能力。

（三）具体方法示例

1.动漫课堂

动漫课堂是基于互联网与课程学习同步，以动画、动漫这种青年学生喜爱的、容易接受的艺术形式来切入，其内容丰富、形式活泼、短小精悍、寓教于乐，通过精心编排可以将哲学大道理化作小细节，让受众边看边学边理解，将学习兴趣推向顶峰的网络互动学习舞台。动漫课堂具有内容权威、实时更新、动画载体、互动性强等特征，可以有效改变受众的审美疲劳、定力不强，预防青年大学生沉溺网络，提升政治课堂的吸引力。

作为"互联网＋"时代的新兴产物，高校思想政治课教育教学过程中也可以引用这种方式。比如，思想政治课教师可以通过提高自身动漫动画制作水平，将思想政治课讲授内容转化为动漫形式，制作一些经典的动画动漫视频短片，在课堂上适时进行播放，增强授课效果。这就要求思想政治课教师平时注重学习、掌握一些专业网络技术，积极适应"互联网＋"时代的需要，努力将网络技术转化为实际教学能力。另外，思想政治课教师也可以通过利用网络资源，查找各种典型动漫视频。比如，《毛泽东思想和中国特色社会主义理论体系概论》（以下简称《概论》）课教师在讲解中国特色社会主义政治建设过程中，就可以适时将动漫视频引入课堂,这样学生可以非常形象、通俗地了解中国政治制度,通过对中外政治制度的比较、分析、总结,得出中国民主政治制度的优越性,并且可以很好地提高学生的注意力和兴趣,增强大学生对中国思想政治的学习和关注。

2. 慕课

慕课教学即"大规模在线开放课程",作为当前一种流行的教学模式,它集合了网络远程教育的优点,能多方面、多角度、多元化满足广大学生对不同教育内容的需求。这种新颖的教学模式融入了最新的教育理念,汇聚了大量优质教育资源,极大地改变了知识传播方式、教育方式与学习方式,最终将会带来高校教育管理体系与管理制度的变革。

"慕课"的实践,为思想政治课课堂教学流程设计提供了一种改革的可能,今后思想政治课教育教学改革应当积极吸收慕课教学的优势和特长。一方面,积极组织相关专家学者打造一批经典的在线慕课课程。思想政治课"慕课"课程建设需要集中整体教师资源优势,研发、设计一批经典课程。比如,2014 年由"上海高校课程共享中心"推出的"思想道德修养与法律基础"课程,其课程由来自全国 10 所高校 23 名教师分别承担不同单元板块的网络"共享课",其中每名教师讲解的内容都是其最擅长的部分,每一部分慕课教学都是短小精致的。这样,学生就可以非常方便地、不受时空限制地自主学习,并且其所掌握和享受的是优质的思想政治课教育教学资源。另一方面,结合我国高校思想政治课教育教学课程的实际情况,在课堂教学中吸收慕课教学的先进理念和方法。比如,在课前,教师发布教学视频,学生可以通过电脑、手机等多种终端登录慕课平台进行前置学习,并与其他学习者和教师进行互动交流。其最大的好处就是让学生参与了教学活动,同时让教师有时间与学生交谈,增强了课堂的互动性。一方面,课堂内师生之间、学生之间可以开展深度的分析探讨、问题解决、团队合作、案例学习等;另一方面,课堂教学环节的起点不再是常规的"导入""讲解新知",而是有关该问题或理论的进一步阐释及运用,这无疑增加了课堂教学的深度、学生思维的广度,提高了课堂教学效益。总之,慕课教学为思想政治课教育教学创新带来了新的启发,今后如何借鉴和利用慕课教学模式也必将成为思想政治课教育教学改革的关键。

3. 微作品

微作品是当前"互联网 +"时代的重要产物,主要是指利用计算机、互联网技术和资源,制作、设计的视频短片、电影等。其主要特点是时间较短、制作过程比较简单、成本相对较低,但主题突出、思想深刻。当前,思想政治课实践教学创新也可以采用这一形式,尝试将思想政治课教育教学内容与这一形式、载体相结合,不仅有利于课堂教学效果的提高,而且有利于促进大学生对于思想政治课教育教学内容和思想的真正理解和内化,有利于他们在实践活动中提高自身思想认识和价值认知。

以微电影为例,微电影是连接课堂教学、实践教学、网络教学的重要活动载体,在实践教学中,教师可以根据教学内容精心设计微电影主题,组织学生创作、拍摄、制作微电影,再将优秀微电影作为教学案例运用到课堂教学中，还可以将微电影上传到网站、QQ、微博、微信等网络平台进行分享。这样，思想政治课教师不仅在课堂教学中能够以学生实践为案例讲授理论知识，增强课堂效果；更重要的是，通过微电影这一实践活动的开展，教师可以引导大学生自觉将个人需要与社会需要、个人价值与社会价值、个人幸福与他人幸福有机统一起来，促使他们自觉地担当责任，肩负使命；通过微电影实践活动的开展，使大学生通过影片理性地思考现实问题，通过实践过程发现自身优势与不足，进而合理地选择人生方向；并且激发大学生的道德情感，增强他们对中国特色社会主义理论体系的认同感，提高他们认识问题、分析问题和解决问题的能力，为实现中国梦做出更大的贡献。以《概论》课为例，为切实启发广大学生对生态环境问题的关注和重视，《概论》课教师在实践教学过程中，可以组织学生围绕生态文明建设这一主题，自由选取他们熟悉、感兴趣又易于操作的情节，实际拍摄、制作相关视频、短片，对于一些优秀的作品教师可以引导其上传到校园网或微博、微信等，扩大宣传力度，引发共鸣。

4. 微实践

大学生微实践主要是指大学生开展的形式简单、历时较短、主题鲜明的实践活动。和以往实践活动不同的是，微实践在活动开展前、过程中或是结束后，实践主体可以依托网站、微信、微博等网络资源及时传播相关活动内容和信息，扩大实践活动的影响力，进一步宣传活动开展的主题思想和意义。

思想政治课教育教学实践也可以采取微实践的形式。如在"思想道德修养与法律基础"这一课程中，引导大学生积极树立和践行社会主义核心价值观是其主要教学内容和任务，对此，思想政治课教师可以紧紧围绕这一主题，组织学生开展"三下乡"、社会调查、政策法制宣传、社区服务、爱老敬老等形式的实践活动。又如，在抗日战争胜利周年纪念活动中，教师可以组织学生开展主题演讲、知识竞赛、关爱抗战老兵等实践活动。在各种微实践活动开展过程中，思想政治课教师要注重对学生的引导、组织和管理，并指导学生学会注重利用网络查找资料、交流互动、答疑解惑、做好活动宣传等。例如，河北农业大学开展的"河北农大式排队乘车""光盘行动""接力果树""培育和建设社会主义核心价值观"等主题实践活动就取得了良好效果，大大培养和锻炼了学生的实践能力，提升了其思想认知和道德情操。同时，教师在组织开展各种实践活动中，还要注重将各种先进事迹、优秀案例在学校网站、论坛、微信公众号等广泛传播，在全校、全社会积极营造良好氛围。

5. 微创新

这里的微创新是指教师引导学生创新从小事做起，从课堂学习做起，从课堂活动做起，从校园创新做起。以"思想道德修养与法律基础"课为例，根据教材教学内容和通过微信、QQ 群了解到的学生兴趣点设计一些主题，要求每个小组按照自己感兴趣的主题设计小组实践内容，如"学霸""创客""修养""诚信""法治""民法""家乡美""青葱岁月""环境保护""食品安全""和谐中国""超级演说家""青年中国说""我爱学经典"等。接下来按照宿舍将每个自然班学生分成不同的合作小组，小组中设组长、资料搜集员、小记者、数据统计、技术员（PPT制作、视频剪辑、图片处理等）、演说家。要求学生为自己团队结合所选主题取一个响亮的名字，引导学生结合自己专业情况选题。如食品专业学生尽量选择围绕食品安全相关的价值观念、道德要求和法律知识，信息学院学生可以选择网络文明、微信文明有关的价值观念、道德要求和法律知识，做到与专业学习、社会实践相结合。活动过程包括取名、分工、搜集资料、分析问题、解决方案、撰写报告、制作PPT、演讲、演说、演唱、表演、汇报展示等。

理论课堂小组活动：主要是围绕绪论、八章教学内容、结束语进行宿舍讨论、课上演讲、知识竞答（借鉴了电视台节目"一站到底"）、角色互换（"今天我来做教师"）等。

实践课堂小组活动：需要围绕选定主题形成创造性成果，成果形式既要有调研报告还要做成PPT汇报。

网络课堂小组活动：微电影、微视频、微报道、微宣传、微动漫、微动画中的任一形式即可。

汇报要求如下。

汇报内容：包括取名、分工、搜集资料、分析问题、解决方案、创新点、成果展示等。

评分：学生评委和教师评委共同评分，评委不评自己所在团队分，总分计入社会实践分（占总课程的20%）。

优秀标准：内容丰富、形式新颖、资料丰富、技术先进、观点鲜明，较强地表现了创新意识和团队精神。

特别注意：由任课教师任选团队成员进行汇报和答辩，有可能汇报人和答辩人不是同一个人。

这样的微创新活动经过几年的实践日趋成熟，大学生参与热情越来越高，在接受思想政治教育的同时也提高了学习能力、合作能力、实践能力和创新能力。

第四章 全媒体时代下思想政治课教育教学资源的设计与制作

随着计算机技术以及互联网的不断发展，现在已经进入网络信息时代。在这个时代进行思想政治教育应该符合时代特征，充分利用互联网进行思想政治课教学资源的设计和制作。

第一节 思想政治课信息化教学资源内涵及特征

资源信息化是这个时代的特征，信息化是指将媒体资源转化为数据形式而存在，思想政治课教学资源信息化是符合时代特征的一种选择，通过信息化可以帮助教学资源更好地传播，还可以促进思想政治教育的进一步发展。

一、思想政治课信息化教学资源的内涵

信息化教学资源是随着计算机信息技术的发展而产生的，其将传统教学资源通过信息化技术转化为数字形式，通过互联网可以利用这些教学资源。思想政治课教学资源信息化就是将原本的教学资源进行数字化，方便教育者开展教育，同时有助于学生搜索资料进行学习。信息化教学资源可以方便快捷地满足人们的信息需求。

信息化教学资源的建设包括两个方面，即开发和利用。信息化教学资源的开发，是指通过信息处理技术和互联网技术建立信息资源库，将大量教学信息进行数字化管理，使人们可以通过网络进行检索和下载。信息化教学资源的利用是指将信息化教育资源进行分类、整理和加工等，按照不同分类进行导航数据库的建设，帮助人们可以更为快捷地进行信息搜索。思想政治课信息化教学资源的开发与利用是建设和完善思想政治课网络信息资源的重要环节，也是进一步进行思想政治课信息化教学的保障。

二、思想政治课信息化教学资源的优势

（一）思想政治教育信息国际化

互联网是跨地域、跨时空的信息传播载体，通过互联网可以获取世界各地的信息。思想政治课信息化教学资源可以超越国界进行学习交流、教育活动，帮助教育者更加全面地思考问题，提高教学质量；帮助学生了解不同的政治、经济、文化知识，使他们更全面地进行学习。

信息化的教育资源可以在全球范围内传播，通过对不同信息的研究和学习，可以相互交流、互通有无，促进教育教学的进步，进一步完善现有的教育方式和理念，使学生的视野更加开阔。

（二）思想政治教育形式多样化

互联网的出现对传统的信息传递方式进行了革新，使单一信息传递方式向多元化的信息传递转变。互联网信息技术为人们带来了更为丰富的教学资源，信息传播速度快、效率高，这深深吸引着教育者和学生。随着互联网信息技术的发展，教学资源信息化进一步得到推广，学生的学习不再局限于课堂面授，而是可以通过互联网随时随地进行学习，这种新型自主的学习方式为推动教育的多变起到了很大作用。将思想政治课教学信息实现信息化，可以帮助教育者更好地进行教育，丰富了教学内容，打破了固有的教育形式；同时信息化的教学资源可以帮助学生更好地进行自主学习，而且丰富多彩的资源内容和形式也更具吸引力。

三、信息化教学资源的特点

（一）数量大、种类多

现代信息技术集成度高、系统结构柔性大、处理方式严密，这就使得互联网信息资源具有数量巨大的特征。信息化的教育信息有多种形式，如文字、图片、音频、视频等，随着互联网信息技术的不断发展，对于信息的表达方式也越来越多样。

（二）内容丰富但侧重点不同

大量的教学资源出现在网络中，不同的网站提供的服务有所不同，所以对教学资源的侧重点也不同。虽然网络中的教学资源内容丰富，但根据不同网站和数据库的作用和侧重不同，不论是教育者还是学生，都可以按照自己的搜索意愿在合适的网站进行教学资源检索，帮助他们快速便捷地获取需要的资料，相比传统的资料检索方式，信息化教学资源的检索简单方便，可以节省大量时间。

（三）形式多样、分布广泛

海量的信息资源存储在互联网中，由于互联网的特征，使这些信息资源的分布十分广泛，信息化教育资源呈现出分散、开放的特征。同时，互联网具有超文本链接方式与强大的检索功能，这使信息资源之间存在很强的关联性，这种关联性可以帮助人们更好地利用信息资源，这也是相对传统信息检索更方便的一个地方。

（四）动态发展、信息更新速度快

互联网媒体具有信息及时性的显著特点，信息资源的发布和传递始终处于动态，相较传统的信息传递更为快捷、灵活。信息化教学资源可以进行实时更新，在相关网站发布最新动态，使教育者和学生可以第一时间掌握最新的教学资源。信息化教学资源可以通过互联网进行及时、快速的传播，打破了传统教学资源的传播方式，大大增强了信息资源的更新和传播速度。

（五）传播范围广、具有交互性

互联网信息资源通过多媒体进行传播，超越了传统的信息组织方式，多媒体帮助信息化资源通过语言、非语言两种符号进行媒介间的传递。多媒体信息的传播方式使信息传播范围更广，同时丰富多样的传播方式为人们带来了全新的感官体验。多媒体具有很强的互动性，这使得通过多媒体进行传播的信息化资源具有交互性。信息化教育资源在传播范围上远远超过传统教学资源，不用担心教学资源因数量限制而无法供更多人阅读；同时多样化的感官体验带给人们不同以往的交互体验。

第二节 微课视频创作

随着教育方式的不断进步，加上近年来互联网视频与影视文化的兴起，微课出现在课堂上。对于一名信息化时代的教师，能够自如地利用各种现代化技术工具进行授课是基本素质。想要制作微课进行教学，首先要学习如何制作微课视频。

一、微课视频的分类

微课视频可分为三类，即录屏式视频、翻拍式视频和演播式视频。不同种类的微课视频用途不同，在创作视频时需要用到的制作设备也不同。常见的微课及其相关的视频制作方案如表4-1所示。

二、微课视频拍摄方案

（一）录屏式视频拍摄方法

录屏式视频，是指通过某些书写输入设备及辅助软件来录制教师的板书笔迹及动作过程的视频。除此之外，还可以对视频的声音解说进行录制。录屏式视频是视频形式的教学资料，更为生动形象，并且录制的视频资料进行保存可以重复观看和学习。这种教学视频一般用于幻灯片演示式微课、电子板书式微课和智能笔式微课。在进行录屏式视频录制时，一般需要如笔式鼠标、绘图板和智能笔等硬件设备。

有许多教育者和教育机构通过录屏式视频的方法制作视屏课程，这样可以生动形象地呈现整个示范过程。例如，可汗学院就是采用这种方式制作视频课程的。可汗通过触控面板点选彩笔进行内容书写绘画，同时可以进行录音，随后通过相应的录屏软件将内容进行保存，生成完整的教学视频。通过录屏式视频录制教学视频，教师不需要出现在视频中，相应地对教师体态、表现力等要求有所降低。录屏式微课是一种制作简单的微课。

表 4-1 微课类型及其视频设计方案

类型	样式	微课名称	制作方案		制作难度
			软件程序	硬件设备	
单播式微课	录屏式视频	幻灯片演示式微课	MS Power Point、Captivate	麦克风、笔式鼠标	非常简单
		电子板书式微课	Camtasia Recorder、Captivat、Smooth Draw	麦克风、数位绘图板	比较简单
		智能笔式微课	Equil Note、Equil Sketch	Equil Smartpen2 或 Livescribe3 智能笔	比较简单
	翻拍式视频	翻拍式微课	视频播放程序	高拍仪、有摄像功能的手机、平板电脑及相应固定装置	非常简单
	演播式视频	自动录播式微课	专用程序软件	专用硬件设备	非常复杂
		演播室式微课	Adobe Premiere 和 After Effect 等	配有绿背视频拍摄设备的专用演播室	非常复杂
交互式微课		初级交互式微课	iFly、NeoSpeech、iVona、CB、Ultra、Presenter	简易演播室或 SMMS	难易适中
		高级交互式微课	iFly、NeoSpeech、iVona、CT、CTA、iClone Captivate	简易演播室或 SMMS	难易适中

1. 用智能笔录制微课视频

Equil Smartpen 是一款 "智能笔" 设备,外表看起来就是普通的笔,但用这支智能笔在纸上写下的内容可以同步到连接的相应智能设备上。通过智能笔进行教学简单方便,Equil Smartpen 全套设备包括智能笔、带保护盖的充电基座、接收器、充电线以及对应的软件,这款智能设备可以对接计算机和智能手机。

用 Equil Smartpen 可以制作微课视频,这种微课视频属于录屏式微课视频。在进行视频制作前，首先将智能笔充电，将智能笔与接收器正确安放在充电基座上即可进行充电。一般情况下充满电量需要 2 小时，一支电量充足的智能笔可以连续使用 8 小时以上。

（1）设置蓝牙和配对接收器与设备

接收器上应该有蓝牙开关，根据需要将开关调整到合适位置。如果配对设备的系统为 Android、MacOS 或 Windows，则将开关调整至"Others"挡；如果配对设备是 IOS 系统则将开关调整到"IOS"挡；如果此时不需要连接设备，则可将开关调整至"OFF"挡，这时通过智能笔书写的内容将保存在接收器中，有需要时可将保存在其中的内容导入计算机。

这里通过与 Windows PC 连接进行演示说明，将 Windows PC 作为接收设备，要安装相应的智能笔应用程序 Equil Note，以便设备可以顺利连接。

首先，关闭接收器电源，随后长按电源按钮，直至蓝牙显示灯快速闪烁。这时智能笔已经进入蓝牙配对状态，将需要进行连接的配对设备的蓝牙功能打开，便可以进行蓝牙配对了。当智能笔与接收设备配对成功，接收器上的蓝牙显示灯变为慢速闪烁。

（2）启动软件和完成书写准备

首先，在接收设备中打开 Equil Note 软件，选中菜单中的"Equil 设备"选项，点击设备连接以进行智能笔连接。

其次，将准备好的纸张平铺放好，将接收器的磁夹打开放至纸张顶部，要注意接收器的位置要在顶端中间，保证纸张在接收设备中的位置端正。

最后，打开智能笔电源，当智能笔笔头的显示灯呈现白色，就代表配对成功可以开始书写了。

（3）开始书写

智能笔的书写方式与普通的笔相同，只需要在纸张上进行书写，内容就会自动上传至连接的设备上。通过连接设备的 Equil Note 可以看到在纸张上书写的内容。在进行书写时，不要超过 A4 纸张的范围，超过范围的内容无法被识别上传。

当纸张写满或是有换页需求时，可以随时更换书写纸张，不影响之前书写的内容。在进行书写纸张更换时，可以相应地在 Equil Note 上更换新的虚拟纸张，即建立全新页面，以免内容重叠，使页面混乱不堪。建立新页面可以通过接收器上的"新建页面"按钮进行。

有一点需要使用者注意，当书写内容直接存储在接收器内存时，"新建页面"按钮周围的环形显示灯会出现几种不同的信号显示，分别代表不同的意思。显示灯出现白色闪烁信号，表示接收器已准备好开始记录；白色稳定信号，表示接收器已经接收到书写内容；白色旋转光源信号，表示创建新页面；红色闪烁信号，表示纸张上的书写内容已经接近接收器的识别范围边缘；红色稳定信号，表示书写内容已经超过接收范围无法识别。

（4）保存为微课视频

使用者书写完毕，可在 Equil Note 中将书写内容进行保存，保存好的文件就可以作为录制完成的微课视频。如果认为单纯的书写过程过于单调，可以通过 Equil Note 的编辑功能对文件进行编辑，可以添加颜色，进行文字修改编辑等。保存好的微课视频可以通过邮件、微信等方式进行传送、分享。教师可以通过智能笔录制微课视频，这种方式可以帮助他们方便快捷地传递学习视频资料，生动形象。

2.利用 Smooth Draw 和 Adobe Captivate 录制微课视频

（1）利用 Smooth Draw 板书

Smooth Draw 是一款功能很强大的演示软件，它具备很多专业功能，例如，多种可调画笔、纸张材质选择、透明处理及多图层操作。同时还支持压感绘图笔，以及图像调整和特效等，支持各种绘图板。Smooth Draw 可以在软件的官方网站进行下载，十分简单方便。

打开 Smooth Draw 软件可以看到其操作界面，可以将操作页面分为四个区域，即菜单栏、工具栏、控制面板以及绘图区。

①菜单栏

在进行内容绘画和书写时，每一笔为一步，按照操作界面指示，通过点击"后退一步"可以撤销上一笔操作，通过点击"前进一步"可以还原上一笔操作，在"文件"下拉菜单中选择新建、打开或是保存。Smooth Draw 文件的源文件格式为 sddoc，以此格式进行文件保存，则可以继续进行编辑。

②工具栏

从工具栏中可以选择各种绘图工具，其中包括画笔、橡皮、填充工具等。在工具栏的下拉菜单中可以看到所有绘图工具，工具栏里有不同的绘图工具，根据不同的需要可以选择相应的工具，其中有许多笔刷可以选择，不同的笔刷的绘图效果不同。在使用 Smooth Draw 绘图时，可以使用相应的快捷键提高使用效率，例如，按"B"键可以切换至钢笔工具，按"G"键可以切换至橡皮工具，按"G"键可以切换至填充工具。

③控制面板

颜色区，画笔颜色要在颜色区中进行设置。在颜色盘中可以选取需要的颜色，同时为了后续使用更方便，可以在颜色盘下面的色板空格中单击鼠标右键，将选取的颜色添加至色板。

画笔区，画笔以及橡皮的直径与透明度在画笔区进行调节，当使用这两种绘图工具时，可以按照需要在此面板调节至满意。不同直径与透明度的画笔的书写效果有所不同。

图层区，Smooth Draw 的绘图过程采用图层叠放的方式，这种方式可以帮助使用者对不同的素材进行编辑和管理，使绘图过程有条理，图层按照排列顺序依次叠放。一般情况下，不会直接在背景图层书写或绘画，而是通过新建图层再进行书写或绘画，新建图层可以通过点击图层选项中的"箭头"符号实现。

④绘图区

绘图区是使用者进行书写和绘画的区域，在制作视频时，视频中的书写教学画面就是这个区域的展示。绘图区的背景颜色可以进行调解，用不同的背景颜色与画笔颜色可以产生不同的效果，例如，用黑色绘图背景和白色画笔，则会产生在黑板上进行板书的效果。根据需要，教师可以选择不同的背景、画笔搭配，得到更好的教学效果。

（2）利用 Adobe Captivate 录屏

Adobe Captivate（AC）是一款专业交互式微课制作软件，可以进行高清视频录制，并按照 MP4 的格式发布。对预制好的视频文件，还可以根据不同的需要进行编辑，增添各种视频效果。通过 AC 录制视频，首先要建立新的视频演示项目，建立完新项目后，在录屏参数设置界面进行相应设置。

使用者可以根据自身需要进行参数设置。捕捉区域设置为视频录制区域选择，根据具体情况选择相应尺寸；外界声音的录制需要通过录音设备实现，可以在"音频"下拉菜单中选择录音设备；系统声音的录制通过系统音频选项设置，若需要录制系统声音则将系统音频进行勾选，若不需要则不勾选。

当参数设置完成后，点击"录制"按钮，这时会弹出一个窗口，通过这个窗口进行语音测试。测试正常，则可以开始正式录制。教师可以打开 Smooth Draw 软件开始教学，声音和画面都会被录制下来。

在录制过程中，用鼠标点击桌面右下角的系统图标，会发现名为 CP 的绿色图标在闪烁，这表示当前正在录制视频，点击该图标就可以结束录屏。录制完成后，使用者可以通过观看录制好的视频进行检验，检验通过就可以发布视频了。在发布视频时，可以在参数设置窗口中进行视频发布参数的设置，对视频的尺寸和质量进行设置，输入文件保存名称，选择保存路径，随后可以进行发布，得到 MP4 格式的录屏视频。

（二）翻拍式视频拍摄方法

翻拍式视频，也是比较常见的微课视频形式。这种视频的拍摄方法，需要利用某种录像设备，通过在固定的录像设备镜头前进行书写而进行视频录制，这种微课视频的拍摄方法较为简单，通过这种视频形成的微课称为翻拍式手写微课。进行翻拍式视频拍摄时，一般会需要以下设备，实物展台、高拍仪或相关的支架类通用录像设备。

1.用实物展台拍摄

利用实物展台进行微课视频拍摄是一种常见的拍摄方法，同时这种方法操作简单快捷。通过支架将摄像头固定，视频制作者在镜头下直接进行教学，教学行为会直接录制下来。这种方式操作简单，不需要复杂的技术支持，同时这种微课视频也可以带来较好的临场体验，可以帮助学生更快进入学习状态。实物展台属于学校最常见的教学设备，通过它进行微课视频拍摄成本比较低。

2.用高拍仪拍摄

高拍仪是一款常用的教学、办公用具，一般高拍仪可以进行折叠，比较方便。高拍仪可以进行文件扫描，可将扫描文件转换为 Word 文档，方便进行进一步编辑。同时，高拍仪可以进行摄像、复印、无纸传真等工作，是一款多功能的办公用品。

通过高拍仪进行微课视频录制，要将设备与计算机连接，通过高拍仪的摄像功能录制教学视频。在录制方法上，高拍仪与实物展台方法相近，并且都可以使学生直观地观看教师的板书过程，操作简单，并且临场感强。

3.用手机和平板拍摄

随着科技的发展，目前的智能手机和平板电脑已经具备高清摄像的能力，所以通过手机和平板电脑进行微课视频的录制成为近年来的一个新趋势。只需要一台具备高清摄像功能的手机或是平板电脑，再加上一个固定支架，就可以进行微课视频录制。通过固定支架，将设备固定在桌面上方，在设备摄像头下进行教学内容的书写，如果想要更加清晰的效果可以配置 LED 灯等配合摄像。这种方式十分简单快捷，成本也比较低，不需要购买专门的录像设备，是目前比较流行的一种微课视频录制方式。

用这种方式制作微课视频时，需要利用一个固定设备的活动支架，一般这种支架是可折叠的，十分方便。支架一端可以夹在书桌边缘、书架等地方，另一端放置和固定手机或平板电脑，根据需要可以对支架的高度、角度进行调整。

调整好活动支架后，将手机或平板电脑固定到支架一端，按照需要调整角度。如果拍摄地点的灯光效果不好，可以通过 LED 灯调节光照效果，可以将便携式 LED 灯接入手机的耳机孔，通过调节灯光达到更好的拍摄效果。

当角度和灯光都调整完毕，再次检查拍摄画面，确认拍摄画面在拍摄范围内。确认无误后，打开手机或平板电脑的录像键，开始进行正式的视频录制，这种录制方法可以同时收录书写画面和讲解语音，是一种方便快捷且效果较好的录制方法。

（三）演播式视频拍摄方法

录屏式视频和翻拍式视频都不需要教育者出现在视频中，学生们通过板书和讲解进行学习，这种教学方式不能体现教育者的形象在教育中的作用。这两种微课视频比较适合公式推导、演算等比较多的学科，因为这两种微课视频突出的是教育者的板书过程和对板书的讲解。对于一些社科类的学科，这两种方式不太适合，在这类学科中，需要体现教育者的形象在教育过程中的作用，教育者通过声情并茂的讲课方式提高学生积极性，提高学习效率。对于这些教育者本身的作用比较大的学科，就需要采取另一种微课视频的录制方式，也就是演播式视频。

演播式视频是目前在微课中最为常见的一种拍摄方案，演播室式微课是目前很流行的微课模式。这种微课视频需要教育者本人出现在内，将其声情并茂的授课过程录制下来制作为微课视频。演播式视频的画面构成一般有教师本人和教师身后背景上的讲义，还有一些视频会添加字幕，方便学生观看和记忆。这种微课视频就像当场授课一样，呈现文字、声音、画面三位一体的布局。为了配合课堂需要，还会进行画面上远景和近景的切换，通过这种方式吸引学生的注意力，提高教学交互性。

演播室视频一般是在演播室进行拍摄和制作的，与精品课堂不同，精品课一般是在教室进行拍摄的。在演播室内进行视频拍摄，可以保证视频的质量，营造良好的视觉效果，同时在演播室进行拍摄后，有较大的编辑和制作空间，可以通过视频的后期制作达到更好的效果。需要注意的是，拍摄演播式视频的演播室并不是拍摄电视节目那样的实体演播室，而是基于计算机图像编辑与处理技术而构成的"虚拟演播室"。

使用虚拟演播室进行视频录制需要多种软件和硬件设备的支持，相较于前两种录制方法要复杂很多。演播室式微课的视觉效果更好，也更为生动有趣，可以为学生带来更好的学习体验，但同时，这种视频录制方式需要较高的录制成本。

第三节 网络公益宣传片创作方案

网络公益宣传片是指不以功利为目的，对良好的社会风气进行宣扬，为人们的切身利益服务的网络宣传片。随着互联网技术的不断发展，微作品的概念出现在人们的视野中，其中微电影就是微作品的一种，现在的网络公益宣传片一般会采取微电影的方式进行制作。通过公益微电影的传播，可以树立良好的道德风尚、弘扬优秀的社会主义核心价值观，是"互联网+"视域下思想政治教育的一种全新方式。

一、微电影的概念

微电影是在互联网技术的基础上形成的一种全新的微型电影形式，其可以通过互联网新媒体平台进行传播。微电影在互联网上受到人们的追捧，很大原因在于网民的主动参与，互联网平台具有很强的包容性，可以为人们提供更加开放的展示空间。随着微视频、微电影的兴起，越来越多的网民开始自己拍摄身边的故事上传到互联网，通过互联网新媒体的传播，这些微视频、微电影可以分享给更多人。

微电影具有很强的宣传作用，企业和政府都可以通过微电影的方式进行宣传，这实际上是通过互联网进行的一种信息传播。所以公益宣传片采取微电影的模式十分适合，可以将思想政治教育融入影片中，自然地渗透到人们的生活中。

二、公益微电影的创作思路

（一）突出叙事性

微电影从根本上说属于电影，而电影就具有叙事性，想要创作出受到群众欢迎、传播效果好的公益微电影，叙事性是一个重要的突破口。叙事性是对生活的一种概括总结，通过叙事可以表达人类的内心情感和诉求，使电影具备亲和性和渗透性。正因为电影的叙事性才可以使其深入人们的精神世界，通过影片引起人们的共鸣。公益微电影作为电影的一种形式，当然具有显著的叙事性，通过将叙事与主题相结合的方式，将宣传片想要表达的中心思想渗透到影片之中，通过这种性质带来的渗透性和亲和性使人们领会其中的精神。

公益微电影的叙事内容应该展现人民群众的真实生活，通过平实的生活开展公益宣传。公益微电影的叙事性是宣传片的创作依据，也是宣传片的创作源泉。但微电影不可能与普通电影采用同样的叙事方法，因为微电影的时间要比一般电影短很多，这就要求微电影要在很短的时间内进行叙事。为了使公益微电影的叙事达到较好的效果，在电影叙事上要注意情节和内容的控制，精简片段，通过碎片化的叙事为主，要充分利用叙事的互文性。在这一点上，影片可以选取日常生活中的小事进行编排和创作，通过这些小事融入思想道德教育，同时这样更具亲和性，更容易让人们产生共鸣。

（二）确定主题类型

随着互联网信息技术的不断发展，人们的生活发生了很大变化，人们获取信息和传递信息的方式和渠道发生了变化，这种全新的信息获取和传播方式催生了微电影这一新型媒体，微电影的产生原因导致其具有很强的针对性。微电影的主要受众群体是青少年，而要开展思想政治教育的主要群体也是青少年，受众群体的重合使微电影十分适合成为思想政治教育的全新工具。

为了迎合年轻群体，在进行公益微电影创作时应该选择能够引起他们兴趣的主题，这样才可以吸引他们的注意力，从而进行思想政治教育。选择年轻群体认可的影片主题，创作符合社会主义核心价值观内容的影片，通过互联网进行影片的传播。选择合适的主题可以更好地吸引受众群体的注意力，公益微电影可以在潜移默化中影响人们的思想，帮助人们树立正确的世界观、人生观和价值观，使他们可以更客观地看待世界、看待自己，从而达到思想政治教育的目的。

（三）内容定制，目标受众明确

根据受众群体的心理需要，微电影具有"微时"的特点，也就是说微电影通过很短的时间讲述一个完整的故事。创作公益微电影的目的是传播正确的思想道德价值观，这样的影片应该注意内容的设置，为了吸引受众应该采取新颖的叙事方法，通过吸引人的影片内容扩大影片的传播范围、加大宣传力度。在进行公益微电影的创作时，要根据受众定制影片内容，将想要传达的思政内容融入影片的故事情节之中，通过渗透式的方法影响人们的思想，使正确的思想价值理念得到传播，加强影片的宣传效果。

（四）投放渠道精细

目前公益微电影的主要载体是手机应用、网络视频网站等，其传播方式是通过观看者对影片链接分享的方式进行的，可以通过分享将微电影转载到微博、微信、QQ 等社交媒体，通过这种转载进一步扩大宣传范围。公益微电影具有内容短小精悍、传播速度快的特点，为了更好地达到宣传效果，应该进行调整从而进行精准投放，尤其因为公益微电影的道德宣传性质，更应该将这种影片投放到适合的传播渠道，以此扩大其影响范围和影响力。

（五）利用公益微电影弘扬主流价值观

党的十八大报告中指出要加强和改进网络内容建设，树立正确积极的网络主旋律，这也是此阶段我国互联网建设的主要内容和重要目标。随着微电影的发展，以及其影响力的扩大，应该通过微电影的方式进行主流价值观的宣传，也就是鼓励公益微电影的创作。微电影的投资规模小、影片时间短、制作周期短，这些特征符合当代人们的生活习惯，随着现代人的时间碎片化，微电影这种传播形式十分适合作为宣传片。同时，微电影一般是通过日常生活中的小事表达主题，这种亲和性和渗透性也十分适合用于教育宣传。

微电影与传统电影的播放平台不同，人们通过互联网平台观看微电影，并通过互联网进行分享和传播，相较传统电影，微电影具有很强的传播性。微电影具有平民化、精简化、快速化的传播特点，这些特点使得通过微电影进行思想政治教育具有天然优势，所以公益微电影十分适合宣扬美好的意志品质，可以帮助人们塑造健康的思想道德观念、树立正确的价值观。

1.公益微电影弘扬主流文化的优势分析

（1）情节恰当，吸引观众目光

微电影与传统电影不同，其播放时间较短，不会超过半小时，一般公益微电影不会超过十分钟。由于时间的限制，在故事情节的选择和设置上就要进行准确的定位，因为公益微电影要通过很短的时间吸引人们的注意力，这就对情节设置提出了很高的要求。公益微电影的拍摄目的是传递美好的意志品质和良好的道德精神，往往是通过一个发生在人们生活中的小事来揭示一个大道理，影片的故事可以使人们感同身受，使人们深入思考，并带给人们精神层次的启迪。目前，在拍摄公益微电影时，创作者都会注意故事情节的设置，通过生动的故事来传递想要表达的中心思想，相较于曾经生硬的说教式的宣传方式，显然这种柔性教育具有更强的亲和性和渗透性。

（2）关注民生，与民众产生共鸣

微电影具有显著的亲民性特征，这也是微电影进行公益宣传的一个优势。微电影关注民生主要表现在两个方面。

一方面是微电影的内容一般是发生在人们身边的事情，是一些日常生活中的小事，通过对生活中的琐事放大展现，会呈现出令人吃惊的效果。微电影能够引起人们的共鸣，正是因为这些影片的故事情节就发生在自己身上或是自己身边，通过影片中人物的做事方法可以对观影人产生一定的引导作用。如果在宣传影片中的人物与自己有一些方面的情况是契合的，那么影片中人物的行为和想法在一定程度上会影响观影人，如果影片中的人物在困境中永不放弃，那观影人也会从中得到勇气和力量。通过平实的小事引起人们的共鸣，再通过影片情节的设置引导人们树立正确价值观。

另一方面是微电影的主体内容一般来自人们的生活，这使故事显得更加真实，也就更容易引起观影者的共鸣，强烈的共鸣感会加深观影者对影片的理解和认同，也就更会引起他们的深入思考。

（3）注重互动，让观众参与其中

微电影是以互联网新媒体作为传播平台的媒体形式，具有很强的互动性。一方面，影片点击率影响人们的观影选择，点击率高的作品会吸引更多人观看影片。播放影片的网络视频平台一般会有评论功能，人们观看影片后会根据自身感受对影片进行评价留言，体现了这一媒体形式极强的互动性。另一方面，随着现代化信息技术的不断发展，人民群众已经不再只能被动地接收信息了，而是转变为主动地选择信息，所以只有能够吸引人们注意力、引起人们兴趣的信息才会被其主动选择。因为这个特性，只有可以打动人心、内容深刻的作品才能被人们选择、获得人们的认可。在创作公益微电影时一定要谨记这一点，只有用心做作品才会被群众选择，才能达到弘扬优秀思想道德风尚的目的。

（4）利用其便捷性，做好宣传

随着人们生活节奏的不断加快，面对激烈的竞争环境和较长的工作时间，人们的闲暇时间呈现出碎片化的趋势，人们可以自由支配的时间都是零散的，人们只有在这些碎片化的时间内接收和传递娱乐信息。而微电影的传播方式就可以充分利用人们零散的闲暇时间，微电影通过智能手机、计算机、户外电视等终端设备进行播放，可以便捷地满足人们的观影需要，同时具有很强的开放性。微电影的时长很短，往往几分钟就可以观看一部故事情节完整的影片，同时影片的观影地点具有流动性，可以更加便利地满足人们的观影需要。在这个时间碎片化的时代，微电影的出现为相关部门进行思想政治宣传提供了一个十分适合的平台，通过这种方式可以有效地利用人们的闲暇时间传播正确的思想道德观念，开展思想政治教育。

2.运用微电影弘扬主流价值观方式思考

（1）提升专业化水平

微电影如果想保持持久的生命力，就需要向更为专业化的方向发展，而其中提升专业水平就成了专业化的关键。为了提升微电影制作的专业化水平，应该培养和配备更多专业化人才，组建专业化的团队。专业化团队的建设要注重两个方面：一是注重团队成员的专业能力提升，要全面提升微电影制作的能力和质量；二是注重团队成员的思想建设，要保证团队成员有正确的思想道德观念，只有这样才能创作出弘扬优秀精神的作品。

公益微电影持久的生命力需创作人员对当前的主流价值观念有充足的把握，因为只有符合主流价值观念，弘扬优秀道德品质的作品才能取得人民群众的认可、获得持久的生命力。

（2）建立标准化规则

对于微电影的管理，还没有标准化的体制，为了保证行业的稳定发展，应该注重监督管理。为了公益微电影可以得到更好的传播效果，相关部门应该为其提供更多宣传渠道，扩大受众面积。同时，在安排影片的介绍排版时，应该将内容和主题有一定教育作用的影片排放在显著的位置，吸引人们的注意力，从而起到加大宣传力度的作用；而对于那些内容低俗的作品应该加以处罚。建立科学的监管制度，帮助行业建立良好的行业氛围，只有这样才能充分发挥公益微电影对优秀思想道德品质的宣传作用。

（3）坚持精品化路线

因为时间限制的问题，微电影必须在很短的时间内吸引观影者，让他们对影片产生兴趣，如何充分合理地使用时间就是关键，想要做到这一点创作团队就要在内容设置方面下更多功夫。首先，应该专注于影片的主题选择，能够引起人民群众共鸣的主题是关键，将生活中的细节放大变成影片的主干，通过亲和性的影片进行公益宣传，努力将公益微电影制作走向精品化。其次，影片应该根据想要表达的主题，想要宣传的优良品质，选取平凡人的不平凡的事迹展开叙述，通过这种真实性很强的故事唤起人们的共鸣。同时，还可以将学生作为公益微电影的主角，这样更贴近青少年的实际生活，更容易使他们受到感染，可以通过影片更为生动形象地向他们开展思想政治教育，引导他们树立正确的价值观念。

第四节　教学软件及其制作

教学软件是教育者开展教学时的辅助工具，它可以帮助教育者更好地表现教学内容，是当今开展教育中不可或缺的一种软件。现在所说的教学软件一般是指多媒体教学软件，这是一种混合运用文字、图片、音频、动画等多种媒体，以计算机为主要操作核心的交互式教学软件。多媒体教学软件可以利用超文本技术和媒体手段，并且可以按照设计者的思维模式进行交互式的信息处理。在现代教学中，使用多媒体教学软件进行教育已经成了教育者的基础能力。多媒体教学软件拓宽了教学的方法和思路，同时提高了教学的质量，帮助学生在学习过程中更好地理解和消化知识，提高了教学效率。

一、多媒体教学软件的设计

（一）多媒体教学软件设计的原则

1.教育与科学原则

第一，在进行教学软件的设计时，应该充分考虑教学的方式方法、教学的目的、教学的对象，因为这些因素的不同会很大程度影响软件设计，不合适的教学软件并不能起到良好的教育辅助作用，反而会引起事倍功半的反效果。同时，在进行教学软件设计时，要注意对教学内容的编排，考虑重点与难点的运用关系，以便制作出更容易被学生吸收的知识软件。

第二，多媒体教学软件可以运用多种媒体进行设计，所以在软件设计时应该充分利用这个特点，将软件的内容设计得更为生动，用这种方式引起学生的兴趣，从而提高他们的学习积极性，以此进行高效教学。尤其是现在的媒体资源越来越多，设计者可以尝试将更为新颖的媒体资源融入其中，提升软件的生动程度。

第三，教学软件内容要确保正确和科学，这是通过软件进行有效教育的基础，如果不能保证这一点，那教学的质量更加得不到保证。进行教学的出发点就是使学生掌握科学、丰富的知识，如果做不到这一点，那么这种教学软件不可能发展下去，只会被淘汰。

第四，要重视教材的典型性与代表性；在设计和制作模拟动画时不能忽略科学性，动画要符合科学理论；注重表达方式的多样性和科学性，通过分类、比较、归纳、分解等手段进行表达。

2. 集成原则

多媒体教学软件可以对多种信息进行集成处理，使它具有很强的表现力和感染力。集成性不是指将多种信息进行简单的堆砌，而是按照具体要求对不同信息进行有序的集成处理，而对不同的媒体信息会有不同的要求，要按照这些要求对信息进行分类和处理。

3. 互动性原则

教学软件是辅助教师进行教学的，为了达到更好的教学效果，应该重视软件与学生之间的互动性。将这些理论上的知识、学习目标等进行感性化处理，加强互动性，使学生可以更好地理解和接受教学内容，营造出更舒适的教学环境，提高教学的实效性和交流性。

（二）设计软件时需要注意的问题

一般教学软件都是教师进行操作，所以应该充分考虑软件的可控性和易操作性，这样可以避免教师进行软件操作时浪费过多时间而影响教学效率。首先，多媒体教学软件应该保证安装和运行的简单快捷，避免复杂的操作浪费时间。其次，多媒体教学软件的操作界面应该设计简洁，在明显位置标明操作方法和用途，保证教师进行操作时可以快速适应软件。最后，要注意软件的稳定性和运行平台的兼容性。保证软件在运行过程中不会出现死机、闪退等问题，并保证可以简单退出和重启软件；注重软件与搭载平台的兼容性，尽量做到多媒体教学软件的无关性。

二、多媒体软件的制作

（一）系统分析、脚本创作以及程序设计

系统分析，是指对多媒体教学软件进行科学有效的分析，以保证开发工作的有效性。进行系统分析是为了有效发挥计算机优势，以提高软件的教学效果。系统分析包括需求分析、教学内容分析、资源分析。

脚本创作是进行多媒体教学软件制作的重要环节，进行脚本创作时要充分考虑教学需要，根据主题安排和组织内容。脚本创作一般可分为两种，即文字脚本和制作脚本。

程序设计，是指通过程序开发软件进行教学软件计算机程序编写，这个步骤一般由专业人员进行操作。如果非专业编程人员进行程序设计，可以通过 Power point 和 Authorware 两类比较简单且实用的软件进行设计。

（二）文本素材的制作

多媒体教学软件中的文字设计应该根据具体情况进行调整，要注意在设计字幕时不要使用过大的字体。根据文本字数以及背景颜色，设计字体大小、字间距、行间距以及字体颜色。通过合理的设计文本方案使教学软件易于观看，同时还可以引起学生的兴趣，从而提高教学的质量和效率。

（三）图片以及动画的制作

多媒体教学软件的优势就在于可以运用多种媒体资源进行软件设计和制作，在进行软件制作时，为了使软件内容更为生动有趣，应该加入一些图片和动画，这样既可以吸引学生的注意力，还可以提高教学质量。在进行图片和动画的制作时，应该注意要适量、适当，并且要注重这些媒体资源的相关性和科学性，运用合适的图片和动画可以帮助学生更好地理解和掌握知识，是一种非常好的媒体资源利用方法。

第五章 全媒体时代下学校思想政治教育队伍建设

第一节 网络环境下思想政治教育队伍建设的必要性

一、网络环境下思想政治教育队伍建设的必要性

加强高校思想理论课教师队伍建设是贯彻落实党的教育方针的需要。高校之所以出现对思想政治理论课教师队伍建设认识不足、重视不够的现象，重要的原因是，有不少高校领导对一项工作的重视与否往往取决于此项工作的业绩状况如何，这些领导认为，高校的资源有限，有为才有位，好钢要用在刀刃上，高校思想政治理论课的效果不尽如人意，拿出精力、财力扶持这支队伍建设就是浪费资源，得不偿失。这种认识和做法乍看似有道理，但实际上很不妥当。绝不能等到教师队伍素质提高了，教育效果突出了才给予重视，不能抱着人们通常说的"有为才有位"的态度对待，而要在这支队伍的业绩还不突出的情况下满腔热情地关心和支持他们，帮助他们提高素质、创造佳绩，应该突出"有位才有为"的理念。多个文件明文规定，开设高校思想政治理论课是坚持党的教育方针的本质体现，是社会主义大学的本质特征。开设高校思想政治理论课，反映了国家的意志和需要，发展高校思想政治理论课教师队伍，大力建设高校思想政治理论课教师队伍是在完成国家赋予的任务。因此，不仅思想政治理论课教师做出了成绩要支持，而且在没有做出突出成绩的时候更需要支持。应该说，各地各高校为这支队伍的建设投入必要的资源，是贯彻党的教育方针所必须履行的一项义不容辞的光荣职责。

重视高校思想政治理论课教师队伍建设，也是遵循高等教育规律的必然要求。同其他课程一样，加强和改进高校思想政治理论课必须遵循规律，遵循高校思想政治理论课教学自身的规律和大学生成长成才的规律是必要的。对整个高等教育而言，提高教育质量，教师是决定因素，同样，对高校思想政治理论课而言，教师也是决定因素。在教育教学中要紧紧抓住教材建设、教学方法改革、学科建设等环节，但最重要的是加强教师队伍建设。大家或许注意到这样的现象，教学和科研作为高校两项重要的工作，由于多种因素的影响呈现了两种不同的境况，有的教师将其形象地比喻为下坡和上坡，高校蕴藏着极大的科研积极性，因而科研是下坡，是自发的。而教学是上坡，其自发性比较少。还可再做进一步比较，在教学中，专业课和思想政治理论课教学相比，专业课的自发性强些，思想政治理论课属于最欠缺自发性的领域。既然如此，就需要大力推动和扶持、特事特办。

当前，高校思想政治理论课新方案的实施工作正处在攻坚、爬坡的阶段，犹如逆水行舟，不进则退。其中遇到的困难和挑战是多方面的，需要人们开展多方面的工作。但是，全部工作及其效果都要最终体现在把这门课程建设成大学生真心喜爱、终身受益的课程。要达到这个目标，意味着要全面提高目前高校四万多课堂的教学效果，因为每位教师就是一个课堂，其教学效果不能互相代替，而把提高教学质量的任务落实到每个课堂，是一个极其光荣而艰巨的任务。能否普遍地提高教师的思想政治素质、业务能力和教学水平，与能否实现教学状况明显改善的目标具有直接关系。因此，迫切需要加强高校思想政治理论课教师队伍的建设。

二、高校思想政治理论课教师队伍建设具有不可替代的重要作用

高校思想政治理论课是大学生思想政治教育的主渠道和主课堂，在提高大学生思想政治素质，把他们培养成为中国特色社会主义合格建设者和可靠接班人方面，具有不可替代的重要作用。作为思想政治理论课的承担者，对思想政治理论课教育教学质量和水平起着关键作用；作为大学生思想政治教育的一支重要力量，高校思想政治理论课教师队伍的素质决定着大学生思想政治教育的实效性。因此，加强高校思想政治理论课教师队伍的建设，首先要把高校思想政治理论课教师队伍的建设纳入教育事业发展和人才队伍建设的总体规划，加强领导，统筹安排。坚持以教学科研组织建设为平台，以选聘配备为基础，以培养培训为推手，以学科建设为支撑，以制度建设为保障，以实现教学状况明显改善为目标，培养一批坚持正确的政治方向、理论功底扎实、善于联系实际的教学领军人物、中青年学术带头人和骨干教师，建设一支政治坚定、业务精湛、师德高尚、结构合理的教师队伍。

多年的经验证明，高校思想政治理论课的教学难度丝毫不低于其他专业课程，对教师的要求高于其他专业课程。要想成为一名高水平的思想政治理论课教师，首先，要有过硬的思想政治素质。高校思想政治理论课教学具有鲜明的意识形态性，作为思想政治理论课教师，要对自身所教的理论真信、真用、真懂、真教。其次，要有较高的教学水平和先进的教育理念。在多样化的社会环境中，一方面，社会不断从理论层面给高校思想政治理论课教学提出新的课题；另一方面，学生的思想也日趋复杂和多元，对高校思想政治理论课教学的要求越来越高，这些使高校思想政治理论课教学和其他课程相比，有特殊的难度。因此，相对于其他课程的教师而言，对思想政治理论课教师的教育思想和教育能力有着更高的要求。最后，要有过硬的学术水平。马克思主义理论强大的说服力和解读力来源于其理论内在科学性，思想政治理论课教育教学的实效性，从根本上必须依靠"以理服人"来实现。

目前，思想政治理论课教师队伍并不理想，人员不足，素质参差不齐，缺乏优秀中青年

学术带头人，这些都是不争的事实。在实际教学过程中，明显感到，思想政治理论课教师的学术水平从根本上制约着教师的教学水平。要加强思想政治理论课教师队伍建设，就必须要抓住主要矛盾。矛盾总是在比较中凸显出来，将思想政治理论课与其他专业课程相比较发现，思想政治理论课教师教学投入、敬业精神、奉献意识等都很好，学历也不低，教学水平甚至优于其他很多专业课程教师，主要的区别就在于学术水平。即人格魅力不差，学识魅力不足。学识魅力不足不仅表现在科研能力上，也表现在学术意识、学术态度上。但凡人格魅力不差，学识魅力较好的教师通常教学效果都是很好的。虽然有些教学型教师也会有较好的教学效果，但大多缺乏后劲，不可持续。造成学识魅力不足的原因，主要是长期以来在教师队伍建设方面，人们往往只"做加法"，而忽视"做减法"，从而造成加法效果的大打折扣。多做些加法，如特殊的学位提升计划、诸多的教师培训、职称评聘等，不容置疑，这些都是必要的，也起到了一定的作用。然而，思想政治理论课教师并非高校中最优秀的。原因自然是多方面的，在全国大部分高校中，思想政治理论课教师与其他专业课程教师相比，最大的不同就是教学任务过重，教师承担的教学量太大。据调查，有的省市思想政治理论课教师只占学校教师总数的3%左右，却承担着10%以上的教学量。某省的调查证明，一半本科学校思想政治理论课教师年均课堂讲课在300学时以上，普遍高于其他专业课教师。在某种意义上，思想政治理论课教学变成了一种机械性的体力劳动，思想政治理论课教师的科研时间所剩无几。由此造成思想政治理论课教师科研成果少，就是自然而然的了，进而还造成了管理层或其他专业课教师认为思想政治理论课教学不需要科研。久而久之，由此造成思想政治理论课教师科研意识的降低和科研热情的下降，科研能力无从谈起。如此，即使水平再高的教师，其学识魅力也会大打折扣。因此，解决问题的关键在于做"加法"的同时，还得做好"减法"。

要减轻思想政治理论课教师的教学负担，首先，使该门课程的教学任务回归到与其他专业课程同等的正常状态。思想政治理论课教学回归正常的教学状态还有很多工作要做，甚至还要做一些思想政治理论课教师本身的工作，因为工作量在一些学校是和工资津贴挂钩的。其次，要减轻思想政治理论课教师的心理负担，营造相对宽松的教学环境。国家、社会和学校各方面的高度重视和认真期待，思想政治理论课鲜明的意识形态都对高校思想政治理论课教师提出较高的要求，同时对思想政治理论课程及其思想政治理论课教师存在种种成见和偏见，有形或无形地增加了思想政治理论课教师心理负担和压力。适度的压力是好事，而过度的压力会使教师感觉不到或体会不到教学的乐趣，更谈不上快乐教学。给思想政治理论课教师创造相对宽松的环境，能激发他们内在的潜力和巨大的创造性，使他们的主动性和积极性得到更大限度地发挥。

总之，思想政治理论课教师队伍建设有不可忽视的重要性，工作要找准方向，做好"加法"和"减法"，国家、社会和学校都要给予高度的重视并付诸实际行动，才能让教师队伍建设得以顺利实现。

第二节 网络环境下思想政治教育工作者的媒介素养建设

媒介素养是一个全新的素质概念，它是传统听、说、读、写能力的延伸，是现代人在复杂传播环境中必须学习的一种能力。20 世纪 30 年代前，媒介素养教育基本上是被忽略的。30 年代，诸多学者认为媒体是一种"文化病毒"（Cultural Disease）、他们认为文化一旦经商业媒体传播，就会变质，破坏了高雅文化，混乱了语言结构，滋长了低俗文化及娱乐活动。因此，1933 年英国学者利维斯和汤普森撰写了文化批评专著《文化和环境：培养批判意识》，倡导媒介素养教育以抵抗大众媒介的流行文化，首次提出了"文化素养"概念，并就学校引入媒介素养教育的问题做了专门的阐述，第一次系统地提出在学校教授大众媒介的建议，并在书中采用了从新闻、广告方面选取的材料。该书指出，媒介素养教育旨在保护本国的文化传统、语言、价值观和民族精神，批判大众文化的欺骗性、虚伪性。此后，媒介素养教育逐渐成为世界各国的共识。

随着互联网技术的迅猛发展，对思想政治教育工作的"媒介化"发展提出了新的要求。在利用网络进行大学生理想信念教育时，高校思想政治教育工作者要充分承担起"舆论领袖"的角色，主动面对新形势下的新挑战，全面提升自身媒介素养，有效地利用网络技术开展教育工作，开拓思想政治教育工作新局面。

一、网络环境下提升高校思想政治教育工作者媒介素养的必要性

数字电视、网络、5G 手机等新媒体已成为大学生学习生活中不可或缺的部分，国内的多数学者把目光聚焦在学生"媒介素养教育"问题的探究上，却忽视了对高校思想政治教育工作者开展媒介素养教育的必要性。而互联网时代使思想政治教育受到了前所未有的挑战，随着传播技术的发展，受众以数字和电子信息技术为平台，自由地发布和整合信息，并即时进行互动。在我国传统的思想政治教育模式中，信息的传播是单向性的，教师按照预先设计好的模式给学生进行填鸭式讲授。随着 Web3.0 技术的成熟，信息变成了多向性的，教师课堂所讲的观点网络上可能会有无数种反对的观点出现。在这种情况下，如果高校的思想政治教育队伍不能够利用网络作为思想政治教育的新平台与学生进行即时沟通，仅以传统的"一对多""一对一"的教育模式进行教育，不能达到良好的效果。因此，必须提高思想政治教育队伍甚至整个教师队伍的媒介素养。在现实中，由于大学生接受新事物快，往往更易于掌握最新的传播技术，并且在速度上领先于教育工作者，教师媒介素养缺乏导致不能与学生进行有效沟通，是思想政治教育效果不理想的一个主要原因。在大众媒介面前，必须改变传统意义上的教师权威，要努力提升教师的媒介素养，只有这样才能更深刻地了解学生，为学生的媒介素养提高做指导。

二、思想政治教育工作者应具备的网络媒介素养

思想政治教育者的网络媒介素养包括媒介认知能力、媒介使用能力、媒介批判能力和媒介创造能力。

（一）网络媒介认知能力

网络媒介认知能力，是指在人们头脑中形成的对于网络媒介这一事物进行信息加工和信息处理的能力，具体涉及对网络媒介的本质、构成及其发展的动力和基本规律等认识，并在此认识的基础上进行的有关"网络媒介"的信息加工和信息处理的素质结构。即思想政治教育者应对以电脑为代表的固定终端网络媒介、以手机为代表的移动终端网络媒介和其他混合式网络媒介的本质、构成及其发展的动力和基本规律等有清醒的认识，并具有对这些"网络媒介"的信息进行加工和处理的能力。

（二）网络媒介使用能力

网络媒介使用能力，是指人们能够科学有效地运用网络媒介和使用网络媒介为社会发展和自身发展服务的素质结构。媒介使用能力包括单向接收信息的能力，即从个体已有的媒介素养出发，单方面地对"媒介信息"进行解读、筛选和接收，由此形成的媒介使用能力，如对书籍、报刊、电影电视等传统媒介的使用就属于单向的媒介使用能力；还包括媒介互动使用能力，一般是指以互联网为代表的新兴立体媒介所形成的素质结构，也就是网络媒介使用能力。网络时代思想政治教育者不但要具备单向的媒介使用能力，而且要具备媒介互动使用能力。

（三）网络媒介批判能力

网络媒介批判能力是指将现有的媒介知识以及与"媒介"相关的"经验"结合起来，对网络媒介的运作、使用、更新和创造等过程和机制进行分析、反思和批判的素质结构。它包括网络媒介分析能力、网络媒介反思能力、网络媒介伦理意识和网络媒介道德实践能力。思想政治教育者在使用网络媒体时，既是网络信息的采集者，又是网络信息的监督者、被监督者及网络信息的管理者，因此，必须提升媒介批判能力。

（四）网络媒介创造能力

网络媒介创造能力是指对网络媒介内容进行技术处理和变革，以及对网络媒介这一物质本身进行革新和创造的能力。未来的媒介融合的趋势显著，信息对象的采集面覆盖越来越广，其中文本、图像、音频、视频、动画等都会增添很多新型的制作方式。思想政治教育者不一定能将各种技术手段全部应用自如，因此，网络思想政治教育工作流程的创新既包括思想政治教育者个体的创新，更应注重群体的创新。比如，由掌握不同技能的思想政治教育者一起策划、甄选、整合编辑，许多思想政治教育网站编辑协同工作，各司其职，发挥各自技术优势，以提高网络思想政治教育的吸引力、感染力、战斗力。

（五）网络媒介道德水准

媒介道德是指在媒介活动中的信息接收者、使用者、加工者和传递者之间各种行为规范的总和，即整个媒介活动中的道德。新媒体时代引发了一系列媒介道德伦理问题。在这种情况下，思想政治教育工作者只有自身具备崇高的社会道德，才能帮助大学生树立媒介道德意识，学会正确使用新媒体，从而避免新媒体给大学生带来的负面影响。高校思想政治教育工作者的媒介道德素养主要包括以下几个方面。

1. 媒介伦理道德意识

在新媒介中，人们把媒介伦理道德称为"第一道防火墙"。高校思想政治工作者自身应在思想和心理上建立抵御互联网不良信息的防线，树立正确的新媒体伦理道德观念，恰当地控制自己的媒体行为，自觉抵制不良信息的侵袭，成为一名合格的媒介使用者。

2. 媒介法制观

高校思想政治教育工作者只有具有媒介法制的观念，全面增强媒介法律法规意识，才能在法律规定的范围内正确使用媒介及利用媒介信息开展思想政治教育的内容及规范。在此基础上，才能针对学生开展有说服力的媒介素养教育，全面提升思想政治工作的实效性。

3. 社会责任感

高校思想政治教育工作者除了要担负大学生的思想政治教育职能，还要承担起媒介与舆论导向的责任。因此，其媒体道德水平、社会责任感就显得尤为重要。只有具有较高的社会道德水平，并在实际工作中坚持知行合一，自觉强化媒体观念，才能真正树立为学生、社会服务的意识，进而做好新时期的大学生思想政治工作。

三、新媒体时代高校思想政治教育工作者媒介素养的培养途径

新媒体时代，高校思想政治教育工作者工作性质与培养定位的特殊性决定了对其进行媒介素养教育的关键是，探索出一套能促进理论应用与实践经验提升相转化的有效教育路径。

（一）着力提升思想政治教育工作者自身的媒介素养意识，打造现代化、专业化的精英队伍

思想政治教育工作者只有从观念上认识到媒介素养教育对自身发展和工作实效的重要性，才能营造良好的学习和实践氛围，获得自我提升的动力，成为主动、成熟、理性的媒介使用者。因此，高校思想政治教育工作者应将自身武装成具有深厚理论水平、熟练掌握先进技能的现代队伍。

（二）充分挖掘教育资源、打造实践平台，实现理论指导和实践锻炼的功效辅导

专业化的媒介素养教育以理论教育为基础，实践训练为保障。一是开设有针对性、规范性的媒介素养教育课程进行系统授课。二是打造实践平台进行技能锻炼。在实际训练中，指导思想政治教育工作者学会通过网络平台抢占思想政治教育的新阵地。

（三）成立由思想政治教育工作者组成的差异化"互学共习"研究小组，共同提升媒介素养

根据受教育者的不同特点，成立不同类别的研究小组，并灵活选择与之相适应的教育模式，从而有效地保证媒介素养教育工作全面、系统、高效地开展。研究小组成员自发组织专题研讨、技能与实践经验分享等活动，在交流过程中共享教育资源，共同提高媒介素养。

第三节 网络环境下思想政治教育工作者的心理素质建设

一、网络时代思想政治教育工作者应具备的心理品质

思想政治教育工作者要成为社会主流意识的传播者、塑造人类灵魂的工程师、社会思想政治和道德规范的示范者、网络舆论的引导者，必须具备良好的政治素质、思想道德修养、文化素质和较强的组织能力，还必须具备良好的心理品质。网络时代思想政治教育工作者应具备的良好心理品质包括良好的认知能力、良好的情绪情感、顽强的意志力、健全的人格和网络心理调适能力。

（一）良好的认知能力

良好的认知能力是思想政治教育工作者从事思想政治教育工作，必须具备的心理活动认知过程中的心理品质，包括敏锐的观察力、良好的记忆力、较强的分析研究能力、丰富的想象力和一定的创造力。其中，以敏锐的观察力、较强的分析研究能力和一定的创造力更为重要。

1. 敏锐的观察力

思想政治教育工作者必须具备敏锐的观察能力，是由思想政治教育工作性质决定的。思想政治教育工作是做人的思想工作，而人的思想并不是看得见摸得着的，只能通过多种现象表现出来。思想政治教育工作者只能是通过观察自己工作对象的言论、行为、表情等现象，来掌握他们的思想状况及其变化，从而加强思想政治教育工作的针对性、预见性、主动性，提高思想政治教育的效果。思想政治教育工作者敏锐的观察能力，主要表现在三个方面，即善闻其言、善观其行、善察其情。因为任何一个人的思想，都通过自己的言论、行为、表情表现出来，而善闻其言、善观其行、善察其情，就是善于从自己工作对象的言谈话语中，行为的积极消极、主动被动中，以及喜、怒、哀、乐的情绪表现中，发现他们的思想倾向以及对某一事物的态度，以了解他们心理活动的特点。敏锐的观察力还包括对教育对象的直接观察和间接观察能力，这是了解教育对象学习、工作、生活、思想、个性等方面情况的重要手段。

2. 较强的分析研究能力

思想政治教育工作者要有对客观事物的去粗取精、去伪存真、由此及彼、由表及里的功

夫，具备客观、全面、深刻地认识事物的能力。具备这种能力，对客观事物就能既看到它的正面，也看到它的反面；既看到它的现象，也能透过现象看到它的本质；既能认识它的现状，也能比较准确地预见它的未来。较强的分析研究能力包括科学分析能力、调查研究能力和理论研究能力。科学分析能力主要指能自觉运用马克思主义的立场、观点、方法，严格区分两类不同性质的矛盾，对问题进行定量、定性和系统分析。调查研究能力主要是指对教育对象的现状调查研究，如对现实社会观点的调查表现出来的研究能力。理论研究能力主要是指能够独立进行思想政治教育学科的研究，理论联系实际，推动学科的发展。没有很强的分析研究能力，既不可能掌握思想政治教育规律以把握教育的主动权，也不可能使思想政治教育工作得到进一步提高。

3. 一定的创造力

在敏锐的观察、较强的分析研究基础上发挥想象力进行创造性活动，就是创造力，或称创新能力。一定的创造力是对思想政治教育工作者较高层次的要求。现今社会，正处在社会主义现代化建设的新时期，需要大批开拓性人才，开创社会主义建设的新局面。在新的形势下如何进一步加强社会主义精神文明建设，如何加强和改进思想政治教育，如何使思想政治教育工作收到更好的实效，所有这些，需要从事思想政治教育的工作者实践、探索、创新。

（二）良好的情绪情感

良好的情绪情感是思想政治教育者从事思想政治教育工作，必须具备的心理活动情感过程中的心理品质，包括良好的情绪状态、高尚的情感情操。

1. 良好的情绪状态

良好的情绪状态主要表现在有稳定、愉快的心境，与理智和意志相联系的激情和适度的应激。稳定、愉快的心境能使人振奋快乐、朝气蓬勃，具有这种心境的人即使遇到巨大困难也会认为是可以克服的；失去这种心境，人们则会颓废悲观，工作也会感到枯燥乏味，不利于学习和工作。与理智和意志相联系的激情能激励人们克服艰险、攻克难关、攀登高峰，成为正确行动的巨大动力；消极的情绪则对有机体活动具有抑制的作用，这时人的自制力将显著降低。应激有积极作用，也有消极作用。一般应激使有机体具有特殊防御、排险机能，能够使人精力旺盛，激化活动，使人思维特别清晰、精确，动作机敏、准确，使人化险为夷、转危为安，及时摆脱困境。但强烈而长期的应激，会使人产生全身兴奋，使注意力、知觉范围缩小，言语不规则、不连贯，行为动作紊乱等。因此，适度的应激才是处于良好的情绪状态。思想政治教育者良好的情绪主要表现在具有真实的自信、热情乐观并保持适度焦虑。自信是良好情绪状态的内在关键要素，热情乐观是良好情绪状态最直观的外在表现，而保持适度的焦虑可以提高人的活动效率，较好地完成各种紧张复杂的工作，这对思想政治教育者也是很重要的。

2. 高尚的情感情操

在思想政治教育中，情感具有"催化剂"的作用，它使受教育者的认识情感化，并促进行为的选择和产生。因此，教育者必须培养高尚的情感情操，并将它投入思想政治教育中。情感投入是思想政治教育开展的基础，也是思想政治教育取得实效的核心因素之一。首先，教育者应对教育对象充满爱心。调动教育对象接受教育的积极性，一方面取决于教育者的责任感和教育能力，另一方面取决于教育者对教育对象的情感投入程度。因此，教育者必须倾注自己的感情，使教育对象强烈地感受到教育者的真挚和坦诚，真正体会到教育者的关心和爱护，他们就会产生肯定的情感反应，并乐于接受教育者的教育。其次，教育者应培养自己高尚的道德感、理性意识和美感，以高尚的情感情操感染教育对象。思想政治教育的目的是，培养具有良好的道德品质和理论素养的德才兼备的社会主义建设者和接班人。而品质的形成必须有道德情感的参与，才能形成道德认识，并转化为道德行动。道德感是个体根据一定的社会道德行为标准，在评价自己或他人的行为举止、思想言论和意图时产生的情感体验。理性意识是人对认识活动成就进行评价时产生的情感体验，对人们学习知识、认识事物发展规律和探求真理的活动有积极的推动作用。美感是对事物美的体验。美感使人精神振奋、积极乐观、心情愉快，丰富人的社会生活，增加生活的情趣，从而促进人类文明的发展。思想政治教育者只有自己具备了这些高尚情感，并投入思想政治教育中，才能影响和感染教育对象，提高教育效果。

（三）顽强的意志力

顽强的意志力是思想政治教育者从事思想政治教育工作，必须具备的心理活动意志过程中的心理品质。优良的意志品质包括意志的自觉性、果断性、自制性和坚韧性等内容，这些意志品质是一个人能力形成发展不可缺少的心理因素，也是思想政治教育者提高能力的重要心理因素。其中，一定的自制能力和顽强的工作意志对思想政治教育者尤为重要。

1. 一定的自制能力

自制能力也叫自制性。自制性反映意志的抑制职能，是指人在意志行动中善于控制自己的情绪，约束自己言行的品质。它主要表现在两个方面。一方面，善于督促自己采取行动执行已经做出的、具有充分根据的决定，并能克服不利因素坚定不移地做已经决定的工作；另一方面，能够驾驭自我，善于克服盲目冲动行为和克制自己的困惑、恐惧、慌张、厌倦、懒惰等消极情绪，控制自己的行动。后一种表现通常被称为忍耐、克制，但不是怯懦。作为思想教育工作者，尤其要有一定的自制能力。思想政治教育工作者是"人类灵魂的工程师"，担负着教育人、改造人、培养人的光荣使命。他们通过自己的工作，使人们树立崇高的理想、养成高尚的情操、培养优良的品德。这项工作是极其艰巨复杂的。在教育人、改造人、培养人的过程中，不仅要有摆事实、讲道理以及和风细雨式的循循善诱，而且要有对错误的言论、行为、思想进行批评教育或采取包括执行纪律在内的必要的组织措施的勇气。由于人们觉悟程度的差别，对待批评教育或组织措施会有不同的态度，就可能出现严重的阻力或障碍，甚至遭到竭力的反对或抵制。如果自制能力弱，对正确的做法不敢坚持，就达不到预期目的；若意气用事，不能冷静处理，则反而会使矛盾扩大。两种行为都是难以做好思想政治教育工作的。因此，思想政治教育工作者必须具备较强的自制能力。

2.顽强的工作意志

思想政治教育工作的艰巨性，要求思想政治教育工作者必须具备顽强的工作意志。顽强的工作意志是指为了完成工作任务所表现出来的坚韧不拔、百折不挠、锐意进取、不达目的不罢休的心理素质。古今中外，在事业上有建树的人，都具有这种心理素质。具有顽强的工作意志的人，既能经得起成功的考验，也能经得住挫折的磨炼。顽强的工作意志来自对所从事的事业的忠诚，来自科学的世界观和全心全意为人民服务的人生价值取向，表现出意志的自觉性、果断性、坚韧性。具有意志自觉性的人能够自觉地、独立地、主动地控制和调节自己的行动，为实现预定的目标倾注全部热情和力量。即使在遇到障碍和危险时，也能百折不挠地排除万难，勇往直前。这种品质反映一个人的坚定立场和信仰，贯穿于意志行动的始终，是坚强意志产生的源泉。意志的果断性是指人明辨是非，适时地采取决断和执行决断的品质：适时指在需要立即行动时当机立断、毫不犹豫，甚至在危及生命时也敢作敢为、大义凛然；但在不需要立即行动或情况发生改变时，又能立即停止执行，或改变已做出的决定。果断性是以勇敢和深思熟虑为前提条件的，是个人的聪敏、学识、机智的结合。意志的坚韧性是指人在意志行动中坚持决定，以充沛的精力和坚韧的毅力，百折不挠地克服一切困难，实现预定目标的品质。长期坚持决定是意志顽强的突出表现，具有坚韧性的人善于抵制不符合行动目标的主客观诱因的干扰，不仅能顺利完成容易而又感兴趣的工作，而且不计较个人得失，即使是枯燥无味的工作，也不半途而废，努力做出优异成绩。意志的自觉性、果断性、坚韧性和自制性是思想政治教育工作者应努力培养的优良意志品质。

（四）健全的人格

健全的人格是思想政治教育者在个性心理方面必须具备的心理品质。国内外的研究表明，健全人格是各种人格特征的完备结合，综合起来有以下特点。一是内部心理和谐发展；二是能够正确处理人际关系，发展友谊；三是能把自己的智慧和能力有效地运用到能获得工作和事业上的成功。科学的世界观、人生观、价值观是人格形成的核心因素。与社会需要相适应的，良好的气质与性格是健全人格的外部表现，也是思想政治教育者必备的素质。

1.科学的世界观、人生观、价值观

世界观、人生观、价值观是思想的核心层次，也是人格形成的核心因素。人生观就是人们对人生目的、人生价值的根本看法和所持的人生态度。人生目的主要回答和解决"人为什么活着"的问题，人生价值主要回答和解决"人怎样生活才有价值"的问题。价值观则是人们对各种事物和现象的价值进行认识和评价时所持的基本观点。在现实生活中，无论是社会的经济、政治、道德、文化领域，还是个人生活的方方面面，都普遍地存在着价值问题。在价值观中，价值评价是核心问题。价值评价就是人们对客观事物和现象所持有的比较性、选择性的评价，即对客观事物有无价值、价值大小做出判断。人们进行价值评价时，所持的标准和尺度就是价值标准。所持的标准不同，便形成不同的价值目标。价值目标就是一个人活动行为的最终目的，它贯穿于人的一切活动和行动之中，并成为一定行为、活动的动因。人生观、价值观都是在人的世界观的指导下形成的。世界观是人们对整个世界最根本的看法和观点的总和，它包含了人的自然观、社会观、历史观、人生观。人生观是世界观在人生问题上的运用，世界观决定人生观。价值观是以世界观、人生观为基础的，有什么样的世界观、人生观，就会有什么样的价值观。人生观、价值观与人们的心理发展紧密相连，它是人们心理发展的舵手，它规定着人们心理发展的方向，并为心理发展提供根本的原动力。思想政治教育工作者只有树立了科学的世界观、人生观、价值观，才能完善自己的人格。

2. 良好的个性特征

个性特征是指一个人经常表现出来的本质的、稳定的心理特点。个性特征表现在兴趣、能力、气质和性格等方面。思想政治教育者应该具有以下良好的个性特征。一是兴趣要广泛。兴趣人皆有之，不同的是有高尚健康和低级庸俗之分，还有广泛与不广泛之别。人们讲的兴趣，理所当然是讲高尚的、健康的兴趣。因为思想政治教育者面对着文化档次高、求知欲望强、充满朝气而兴趣多样的广大青年和各层次人群，如果兴趣单一，或者这也不感兴趣那也不感兴趣，又如何与他们打交道，如何成为他们的朋友，进而对他们进行有效的教育呢？二是能力要强。身心健康的人其能力是多方面的。作为思想政治教育者，应该具有敏锐的观察力、稳定的注意力、持久的记忆力、深刻的思维力、较强的组织协调力和良好的语言文字表达力。三是气质要高雅。气质是人心理活动和行为的内在素质。它使一个人的心理活动和行为具有个人独特的色彩。人的气质有相对的稳定性，但是随着人们经历的丰富、环境的变化，通过时间的塑造可以使气质发生变化。思想政治教育者应努力使自己具有待人热情、处事稳重、积极进取、机智敏锐、举止文明的高雅气质。四是要有良好的性格。性格是个性心理特征的外在表现。性格是指人对现实相对稳定的态度和习惯的行为方式。思想政治教育者应努力使自己具有为人正直、诚实刚强、勤奋向上、处事认真、乐观开朗、乐于助人的良好性格特征。

（五）网络心理调适能力

思想政治教育者的网络心理调适能力，包括对自己网络心理的驾驭能力和对受教育者网络心理的调适能力。

1. 对自己网络心理的驾驭能力

网络拥有海量的信息和无穷的吸引力，现代思想政治教育工作者必须具备良好的认知能力和情绪素养，并具有坚强的意志，以驾驭自己的网络心理，正确运用网络这一现代社会思想政治教育的载体，不断地丰富自己的知识，优化知识结构，有效地开展思想政治教育。

2. 对受教育者网络心理的调适能力

受教育者不良网络心理会给思想政治教育带来消极影响。现代思想政治教育工作者必须从受教育者的实际出发，引导他们的网络心理需求，加强思想政治教育的导向性；注重他们网络心理需求的差异，加强思想政治教育的针对性；根据网络心理需求满足的自主性，增强思想政治教育的吸引力。网络认知心理过程的动力是网络需求，情绪情感是网络认知过程的调节因素，而网络认知效果的提高则与人的意志和思维模式有着密切的联系。现代思想政治教育要针对网络认知的心理特点，提高网络受众的思想理论学习需求与道德需要，强化网络认知的动力；解决信息超载问题，集中网络认知的目标；加深网络认知信息深度，优化网络认知的思维；弥补网络认知情景信息不足，加强网络认知的情感投入；同时对受教育者因过度上网和不当上网引起的心理障碍或心理疾病，如网络成瘾症等，也要具备鉴别和转介治疗的知识。

二、网络时代思想政治教育工作者心理品质的改善和提高

改善和提高思想政治教育工作者心理品质的途径是多方面的，但是，基本包括外因的促进即教育、培训和内因的修炼即自我修养两个方面。毛泽东早就深刻地指出："外因是变化的条件，内因是变化的根据，外因通过内因而起作用。"本部分着重探讨思想政治教育者心理品质内因的修炼途径。

（一）先天素质是良好心理品质形成和发展的自然基础

先天素质，是指人生下来就具有的解剖生理方面的特点，主要包括神经系统、脑的特点，以及感觉器官、运动器官方面的特点。先天素质也叫天资，它是能力形成发展的前提。先天素质的某些特点，有利于某种心理品质的形成和发展。例如，异常敏锐的嗅觉属于先天素质，这种素质对配制香料的工程技术人员的心理品质能力发展有一定影响，具有这种素质的人比不具有这种素质的人更容易发展相应的感知觉能力。高级神经活动类型是心理素质的重要组成部分，它的不同类型有利于不同心理品质和能力的形成和发展。例如，高级神经活动属于活泼型的人，有较大的知觉广度，能迅速解决问题，因此有利于社交能力以及对多变环境的适应能力的发展，有利于形成乐观、开朗的心理品质。再如，高级神经活动属于弱型的人，一方面表现出工作精力的低界限，另一方面具有高度的感受性、印象的丰富性，有利于创造性思维的形成，因而易于从事精细劳动，并有利于艺术能力的形成和发展。

事实说明，先天素质对于心理品质的形成和发展所起的作用是不能否认的。思想政治教育者能力的形成和发展也离不开先天素质这个自然前提。但是，不能把先天素质的作用夸大到不适当的程度。因为良好的先天素质只是为心理品质和能力的形成和发展提供了可能性，要把这种可能变成现实，还需要其他方面的条件。

（二）学习和实践是心理品质改善和提高的决定条件

心理学的研究表明，知识与能力有十分密切的关系。对任何一个人来说，学习和掌握知识都是培养能力的关键，不仅能启迪智慧，促进智力的发展，而且在活动中能为提高效率直接起定向工具的作用，正因为知识有这样重要的作用，所以没有任何力量比知识更强大，用知识武装起来的人是不可战胜的。

一个人要掌握丰富的知识，接受一定的教育是必要的，获取知识的主要途径是自学。研究表明，即使接受过高等教育的人，从学校学到的知识，仅占一生中获得知识的1/10。思想政治教育工作者要做好本职工作，培养卓越的思想教育能力，就应坚定地走刻苦自学的道路。只有通过自己辛勤的劳动，博采知识园中的百花，才能真正酿造出滋润人们心田的蜜汁。

首先，思想政治教育工作者要学习前人的优秀文化成果和经验。英国哲学家培根说："读史使人明智，读诗使人聪慧，演算使人精密，哲理使人深刻，伦理学使人有修养，逻辑修辞使人长于思辨；精神上的各种缺陷，都可以通过求知来改善。"思想政治教育工作者必须善于学习，刻苦读书，特别要认真学习和研究马克思、恩格斯、列宁、斯大林和毛泽东等无产阶级领袖的经典著作，因为它们能为无产阶级提供观察和处理问题的立场、观点、方法，对人们认识、改造世界有巨大的指导作用，同时，能加强人们工作中的原则性、系统性、预见性、创造性。只有用人类创造的全部知识财富来丰富自己的头脑，才能成为既有扎实的马克思主义理论修养，又有广博知识的思想政治教育者。

其次，思想政治教育工作者要向现实学习，向社会学习。现实和社会是丰富多彩的，新思想、新理论、新知识、新观念、新事物层出不穷。思想政治教育工作者要关心现实，多接触社会，多接触实际，改变旧思想、旧观念。要到创造新生活的群众中，到不断发展变化的现实生活中，吸取现实生活中涌现出来的思想智慧和知识成果。要认真学习党的方针、政策，吸取马克思主义发展中的新成果。同时，还要广泛联系群众，特别是自己的教育对象，掌握他们的思想脉搏，从他们身上汲取养料，使自己不脱离社会、不脱离群众，既跟上时代的发展，又使思想政治教育能够理论联系实际。

最后，思想政治教育工作者要吸取国外优秀的文化知识。思想政治教育要贯彻"面向世界、面向未来、面向现代化"的方针，了解世界动向和思潮，吸取世界各国对自己有用的知识，特别是世界各国思想政治教育和现代管理方面的知识，从而使自己视野开阔，高瞻远瞩。

此外，随着现代社会进入网络社会，思想政治教育工作者必须学习现代科学技术和网络知识，以适应网络社会思想政治教育的需要。

思想政治教育工作者还必须加强实践，参加社会实践就是将学习的东西，通过思考和加工，运用于实际工作。这既是指导实践的过程，也是接受实践检验，进一步修正、充实自己的过程。如果不把学习的理论、知识和思考的结果放到实践中体验和检验，那就不是唯物主义者。实践就是接受群众的检验。实践时特别要注意以下两点。

一是应亲自参加实践。即要自己亲自"下水"，特别是思想政治教育的领导者更应如此，毛泽东在《实践论》中说："你要知道梨子的滋味，你就得变革梨子，亲口吃一吃。"社会实践活动是一个历史发展过程，政治教育工作者要想求得知识的真切、全面，必须反复参加社会实践。瞎子摸象、蜻蜓点水式的实践是不会有多大收获的。

二是实践应有计划、有目的。从事实践活动之前，应根据教育要求和教育对象的思想实际，选准目标，规划实践的课题内容，提出实践活动的具体要求，并且在每个环节进行考察、分析，以便找出成功或失败的原因，为实践而实践是纯粹的形式主义，是不会收到良好效果的。

（三）自我修养是心理品质改善和提高的根本途径

自我修养就是自我教育、自我提高。为什么在同样的环境和条件下，不同的人进步有快有慢，素质有高有低？原因是多方面的。其中很重要的原因，就是能否注意自我修养。

自我修养的过程，就是思想政治教育者政治觉悟、理论知识、思想水平、工作能力逐步提高的过程。如果把它作为一个运动的系统，其主要环节包括学习、内省、体验、提高。

学习是第一步，然后，将学来的东西在自己头脑里思考、加工。理论知识只有经过自己头脑的独立思考，才能变成自己的东西，形成和转化为自己的思想、观点、知识和才能，思考就是人们内在的思想矛盾运动，即对外界汲取的养料进行分析、研究、吸收、转化的过程。

把吸取来的知识和能量改造成自己的东西时，要注意多思，即要注意把理论与实际、书本知识与现状，很好地结合起来，才能做到去粗取精、去伪存真、由此及彼、由表及里，这样不会把吸取来的东西当成教条，而是把它用于实践，从而提高自己分析问题、解决问题的能力。在这个过程中，还要注意不断反思，并用自己的认知指导自己的行动，即按照思想政治教育者应当具备的素质要求，反复进行对照、检查，找出差距和不足。"吾日三省吾身"讲的就是这个道理。美国大科学家富兰克林年轻时曾制定"自我修养十三条"，周恩来在整风运动时也制定过修养要则，可见，中外知名人士都是通过设计自我修养条例，改进自己的思想，达到提高自己的目标。

在思考过程中，除了需要分析、消化学习的东西外，还要加强对自己的品德修养，做到即使在个人独立工作、无人监督的时候也能够"慎独"，不做任何坏事。体验良好的思想心理品质，并将它上升为自己的行为准则，长此以往，就能形成表里如一、心口如一的良好作风。

总之，学习、思考、实践、总结是思想政治教育工作者进行自身修养过程中的四个主要环节，这四个环节互相联系，互相影响，缺一不可。在现实生活中，这四者是互相交织、无限循环的，只有全面掌握这四个环节，才能不断进步。任何一个思想政治教育工作者，都不是在具备了极好的素质修养后才去从事思想政治教育的，他们总是在实践过程中边干边学，不断进取，逐步提高的。因此，凡是重视自身修养的人，一定能够不断提高自己的心理品质，努力成为合格的、优秀的思想政治教育工作者。

第六章 全媒体时代下学生心理健康教育

第一节 网络环境下心理健康教育与思想政治教育的关系

虽然网络思想政治教育与传统思想政治教育有明显不同，但从本质上看，其教育目标、教育的核心任务、教育的基本内容是相同的，网络思想政治教育是传统思想政治教育在信息社会中的拓展和延伸。因此无论是从"思想"与"心理"的关系看，还是从思想政治教育的基本内容看，网络心理健康教育都是网络思想政治教育的题中之义。

一、从"思想"与"心理"的关系看

思想，亦称"观念"，从一般意义上说，思想观念是人脑思想活动的产物或成果，是人们认识的理性阶段，它包括政治、法律、道德、哲学、科技、宗教、艺术等方面。道德是一种观念，道德观念是一定社会为了调整人们之间以及个人与社会之间、个人与社会环境和自然环境之间关系的行为规范的总和。道德强调自觉履行，这是它与其他社会意识形态的明显区别。道德观念反映在个体方面，是指道德品质（也称为品德）。思想和心理是有区别的，主要表现在以下两个方面。首先，二者的内涵不同。思想属于理性认识，而心理既包括感性认识，又包括理性认识，还包括情绪、意志等过程。其次，二者的表现形式不同。思想主要以"观念"形式表现，如世界观、人生观、价值观等，属于社会意识形态范畴，而心理的表现形式有感觉、知觉、注意、情绪、情感、兴趣、性格等，是个体在生理基础上的心理精神状况，不属于社会意识形态范畴。

思想和心理都是人脑的机能，是人对客观现实主观能动的反映。因此，二者又有着密切的相关性。

（一）从思想的形成来看，心理是思想形成的基础，思想又是心理发展的升华

人们在实践基础上对客观物质世界的认识是一个过程，这个过程中首先获得的是感觉，感觉通过经验积累发展为知觉。感知信息在人头脑中形成印象，保存下来并在必要时复现出来即是记忆，这些都是人的心理活动，是人的感性的认识，还未上升到人的思想。这些心理材料丰富、完善，达到一定程度时，便进行心理思维的加工，其结果形成人们的思想，

从而达到对客观事物的本质和规律的认识。从感觉到思想的转化过程中，还必须有人的感情的渗透和意识的参与，否则无法完成这一转化。可见，心理是思想形成的前提，没有这个前提就不可能产生思想。思想是心理的升华，没有这个升华，心理将失去存在的价值和意义。

（二）从心理的发展来看，心理是思想稳定的基础，思想又是心理发展调节的中枢

合理的认识结构、良好的情感体验、坚强的意志品质，这些心理因素都是养育正确思想的沃土。如果认知扭曲、意识薄弱、人格平庸，那么思想就会随波逐流，理想、信念就会摇摆不定，人生观、价值观的大厦就要趋于崩塌。同时，思想对心理有支配和调节作用。思想必须也一定能够控制认知的活动，驾驭情感的起伏变化程度与方向，调整动机目标的确定和意志的指向。所以，思想有调节中枢的地位和作用。如果心理脱离了正确思想的支配，就会失去方向而误入歧途。

（三）从心理、思想、行动三者的关系来看，思想是行动的指导，心理是思想转化为行动的桥梁

思想离不开心理因素的支持，心理活动也离不开思想的主导，在正确思想支配下的心理活动，才具有方向性、自觉性和有效性。

二、从思想政治教育的内容看

思想政治教育有十分丰富的内容。在思想政治教育的基本内容体系中，包括思想教育、政治教育、道德教育、心理教育，并将随着时代的发展不断优化、完善、创新。

思想教育主要是进行世界观和方法论的教育，包括科学的世界观、人生观、价值观教育，艰苦奋斗精神教育，马克思主义唯物论、无神论和科学精神教育，创新精神教育等。思想教育为政治教育、道德教育、法纪教育和心理教育提供价值理念支撑和世界观、方法论基础。

政治教育主要是进行政治理想、政治信念、政治方向、政治立场、政治观点、政治情感、政治方法、政治纪律等方面的教育，具体内容包括党的基本理论、基本路线和基本纲领教育，理想信念教育，爱国主义、集体主义、社会主义教育，形势与政策教育等。解决的是立场、方向和道路问题。政治教育体现了思想政治教育的根本属性。

道德法纪教育是进行行为规范教育，主要是进行社会主义道德和社会主义民主、法制与纪律的教育。道德法纪教育对促进受教育者素质的全面提高起着基础性作用，道德法纪教育是思想政治教育的保障性内容。

心理教育主要是提高受教育者的心理素质，是思想政治教育内容的重要组成部分。心理教育的内容十分丰富，主要包括心理现象与本质的知识教育、心理健康与调适的基本知识与技能的教育、心理疾病的预防与咨询教育等。在思想教育、政治教育、道德法纪教育的过程中，人的心理状况始终起着维持、调节和统摄的作用。因此，综上所述，心理是思想、

政治、道德、法纪等观念的初级形式，是道德形成的起点和前提。

三、网络心理健康教育与网络思想政治道德法纪教育的联系

网络心理健康教育与网络思想政治道德法纪教育之间的联系主要表现在以下方面。

（一）总目标的一致性

网络思想政治道德法纪教育是思想政治教育工作在网络社会借助网络技术，用符合社会发展的思想观念、政治体系、道德法纪等，对学生网民施加影响，其目的是通过教育使广大学生具有正确的人生观、世界观和价值观，培养社会主义现代化建设所需要的"四有"新人。网络心理健康教育注重提高学生的心理素质，促进学生的心理健康，促使学生形成良好的有利于自身发展和社会发展的积极心态，使教育对象摆脱心理上的亚健康状态，培育积极情绪与潜在品质，促进人格的健全发展。因此，无论是网络思想政治道德法纪教育还是网络心理健康教育，都是以"人"的全面发展为其价值追求的，在目标上是一致的，即培养身心全面发展的人才，提高学生的综合素质。

（二）教育内容的互渗性

网络思想政治道德法纪教育比较注重思想方面，网络心理健康教育强调要注重人的心理健康发展，而人的思想和心理常常是互相影响、不能分割的，在教育中，这两类教育也不能彻底地分割开来。学生想要拥有健康的心理状态，就需要有良好的思想品德，因此，网络心理健康教育中要渗透思想政治法纪教育的内容，以帮助学生提高心理健康水平。网络心理健康教育又是网络思想政治道德法纪教育有效开展的重要保证。学生具备了良好的心理素质，才能更有效地接受思想政治法纪教育，如在道德教育中，人们开展道德认知、道德情感、道德意志、道德行为的教育就渗透着心理方面的内容。

（三）教育方法的互鉴性

在教育方法上，网络思想政治道德法纪教育与心理健康教育可以相互借鉴。一方面，学生的行为问题是由心理问题导致的，而学生的心理问题总是和思想问题、政治觉悟、道德问题、法纪无知相伴相随的。所以，要解决学生的不良习惯，必须综合运用思想政治道德法纪教育方法和心理健康教育技术，帮助他们树立正确的世界观、人生观和价值观，形成正确的自我认知。另一方面，在网络心理健康教育和心理咨询过程中，思想政治道德法纪的价值干预是不可避免的。任何一种心理咨询理论和方法，都是用经过科学探讨所形成的基本价值观念，使来访者摆脱自身价值观念的局限性，从而形成新的价值观念的过程。与思想政治道德法纪教育相比，心理健康教育的方法更加柔性化，更容易被教育对象接受，效果也更加明显。因此，将心理健康教育理念与方法融入思想政治道德法纪教育，更容易使教育者与受教育者在心理上、感情上产生共鸣，营造和谐、友善的关系，提高思想政治道德法纪教育的实效。

（四）实践工作的互助性

在实际工作中，网络思想政治道德法纪教育和网络心理健康教育工作是紧密联系的。健康的心理状态是树立正确思想观念的基础，也是拥有良好社会行为的前提，只有提高学生的心理素质，才能够让他们更加理解思想政治道德法纪教育的重要性。可见，网络思想政治道德法纪教育和网络心理健康教育在工作中有一定的互助性。

四、网络心理健康教育与网络思想政治道德法纪教育的区别

网络心理健康教育与网络思想政治道德法纪教育之间是有区别的，主要表现在以下几个方面。

（一）理论基础上存在差异

网络思想政治道德法纪教育以马克思列宁主义、毛泽东思想与中国特色社会主义理论体系、伦理学、法理学以及思想政治教育学原理为理论支撑，旨在帮助学生树立科学的世界观、人生观和价值观。而网络心理健康教育虽然在马克思列宁主义、毛泽东思想与中国特色社会主义理论体系指导下进行，但是，它以心理学理论、精神医学理论、心理咨询的理论与方法、教育学理论为依托，旨在提高学生心理素质，促进其人格的健全发展。

（二）具体目标上存在差异

网络思想政治道德法纪教育主要是从社会层面出发的，由社会或社会群体用一定的思想观念、政治观点、道德规范、法律意识对其成员施加有目的、有计划、有组织的影响，使他们形成符合一定社会或一定阶级所需要的思想品德、法纪观念的社会实践活动。而网络心理健康教育则主要从个人层面出发，是帮助人们预防和消除心理障碍、开发心理潜能、提高心理素质、促进心理健康水平的教育活动。

（三）教育与工作内容上存在差异

网络思想政治道德法纪教育在马克思主义指导之下，力图将学生培养成有理想、有道德、有文化、有纪律的社会主义国家公民，具有鲜明的政治性。其教育和工作内容是政治理论、思想道德修养、法律法规等。而网络心理健康教育则是力图帮助学生学会应对生活压力、缓解消极情绪、完善积极人格、提高生活质量，促进个体的健康成长和潜能开发。网络心理健康教育的工作内容包括积极和消极的两个方面，积极方面是普及心理学知识、培养良好的心理素质、促进全面发展，消极方面是了解心理发展规律、防治心理疾病、保持心理健康。

（四）教育与工作方法上存在差异

网络思想政治道德法纪教育注重教育者主动的施教、说服和宣传，其方法以理论教育和社会实践为主。而网络心理健康教育则多以疏导为主，强调学生自身的主观能动性，采用咨询、会谈、心理测验、心理剧、精神分析等技术性更强的方法，对主动来访的对象进行点对点的干预，通过与学生沟通、讨论等方式改善其心理状况，排除其心理干扰。

第二节 网络群体心理的思想政治教育的功能及发挥

一、思想政治教育对象网络群体的突出特点

网络思想政治教育为了做好网络群体的思想政治工作，必须认清网络群体的特征。思想政治教育对象网络群体有以下突出特点。

（一）自主性更强

与现实社会群体比较，思想政治教育对象网络群体的自主性更强。互联网本身的匿名性、自由性、跨时空性和去中心化等特点直接影响网络群体的互动。由于网络群体成员的社会属性受到网络技术一定程度的屏蔽，学生会因为没有面对面的直接互动和网络的匿名性、主动性、平等性，而更愿意参与到群体互动中，也更能自由地发挥自己的个性。在网络思想政治教育中，学生上网和加入何种网络群体，在群体中如何与他人互动，基本由自己的主观需要决定，是一种主观选择行为。即使现实社会群体中有明确的实体组织与网络群体相对应，如在学校班级的 QQ 群中，学生们看不看群里的思想政治教育信息，也只能由他自己决定。学生还可以自由地组合、分化、迁移各种网络群体。这种自主性的增强，加大了开展网络思想政治教育的难度。

（二）群体的虚拟性与现实性

现实社会群体是现实中的人在具体的时间、地点、情境中交往并形成的现实社会关系。而思想政治教育的网络群体具有虚拟性。首先，接受网络思想政治教育的网络群体成员是虚拟的。网络群体成员之间的互动呈现出匿名性、即时性等。在进行网络群体互动的时候，互动主体各方都不清楚对方的年龄、性别、种族、相貌、社会地位等具体的社会属性。在网络群体的互动过程中，学生更关注互动过程中传达的信息，而很少关注互动主体的社会属性。其次，思想政治教育网络交往的空间和情境是虚拟的。同一行为在不同的情境中具有不同的含义。现实的社会互动往往存在于复杂多变的情境中，如有具体的时间、地点、现场氛围、外部环境等。目前，在互联网中还无法原原本本地再现现实社会中复杂的互动情境，只能通过网络虚拟技术、多媒体技术将主要的互动情境展现出来。例如，开展网络思想政治教育，人们只能创设模拟的会议室、模拟的实践场所等。最后，网络群体成员的关系是虚拟的。由于网络交往的匿名性、间接性、广泛性、虚拟性，网络成员在网络群体互动交往中形成的社会关系也是虚拟的。

网络群体是虚拟性与现实性并存的。网络群体成员都是现实社会的个体，只是戴了数字化的面具罢了。当虚拟群体成员在线时，参加虚拟群体的活动；线下他们可能又是现实群体的成员。有些网络群体成员除了在线参加各种活动以外、有时还会开展网友聚会等现实

社会的活动，这都表现了虚拟群体的现实性。

（三）群体发展的多元化与互动方式的多样化

应该纳入思想政治教育对象的网络群体跟现实社会群体比较，不仅数量庞大而且呈现多元化的态势，每个群体都有不同的群体目标和特点。人们对于网络群体也寄予了更大的期望，希望能够通过网络群体满足自己更多的需求。群体不但目标是多元的，性质也是多元的，积极群体和消极群体共存。网络思想政治教育不但要指导积极群体，而且必须引导、影响和遏制消极群体。

网络群体互动方式具有多样化、网络化的特点。现实社会互动可以进行面对面的沟通交流，互动主体除了使用语言符号还可以使用非语言符号，如表情、语气、音调、手势等形式。在网络群体互动过程中，部分非语言的互动符号通过网络化的符号来表现，如在网络中可以用一个笑脸的图案表现现实社会互动中的微笑。网络群体互动主要是把现实社会互动的内容通过网络媒介表达出来，网络技术和多媒体技术的结合使网络互动符号趋向于多样。学生通过互联网进行互动，除了可以通过文字进行交流之外，还可以借助数字图片、声音、视频等形式。

网络群体中的成员对于群体活动的参与自由度大。由于网络有保存的功能，与现实中的群体经常在固定的时间空间聚集不同，网络群体的成员在什么时间、以什么形式参与群体活动都可以自主决定。成员可以根据自己的实际情况进行群体活动，即使不能与群体保持长时间频繁接触，也可以随时方便地接收到群体的信息。与现实中的群体活动相比较，网络群体虽然形式上松散了，却有效地避免了因为不能及时参与群体活动造成与群体的疏远，从整体上也延续了网络群体存在的时间。

（四）可控性和可塑性减弱

由于网络社会是陌生人社会，学生加入各种网络群体的成本比较低，且一个人可以同时加入多个网络群体，出入网络群体的频率较高，因此，群体内部的关系相对于现实群体更加脆弱。网络的匿名性导致了网络群体成员在参与互动时更加大胆，甚至无视行为规范的存在，因此，网络群体还不够规范，群体内部关系松散，群体凝聚力弱。由于网络群体的上述特点，思想政治教育网络群体的可控性和可塑性比现实社会群体减弱了许多。

二、思想政治教育对象网络群体的心理功能及发挥

在网络思想政治教育过程中，思想政治教育对象网络群体均具有组织、激励、协调、教育的一般心理功能。根据思想政治教育对象网络群体开展思想政治教育的特点，将网络群体分为两大类，即网络正式群体与网络非正式群体。因此，在网络思想政治教育中，不但要掌握网络群体的一般心理功能，还应研究网络正式群体与非正式群体的特殊心理功能，既要发挥网络正式群体的心理功能，又要掌握网络非正式群体的心理功能，以便发挥其积极的方面，抑制其消极的方面。

（一）思想政治教育过程中网络群体的一般心理功能

在网络思想政治教育过程中，思想政治教育对象网络群体均具有组织、激励、协调、教育的一般心理功能。

1. 组织功能

网络群体的组织功能，主要表现在承担社会分工和组织指挥成员活动两个方面，网络群体是承担社会分工的基本主体。任何一个网络群体必须承担一定的社会分工，否则它就没有存在的必要，也没有存在的价值。社会为了自身的生存和发展，必须进行物质生产、精神生产以及劳动力的再生产。各种网络群体都是社会生产的承担者和实现者。网络群体还是群体成员活动的积极组织者和指挥者。它不仅能把游离的个人集合起来，使群体成员产生安全感和归属感，而且能把个人的智慧、能力凝聚为一个整体，通过群体的目标和群体的规范，对个人的活动进行指导，能做出更好的决策，从而能更好地完成群体的任务。

2. 激励功能

网络群体既是个体的有机组合，又是个体活动的舞台和场所。在人类社会，个人只有属于一定的群体，才能生存和发展。网络群体不仅为个体提供了更好的生活、学习、工作及娱乐的条件，而且能够满足成员的安全、归属、社交、友谊、尊重和成就等方面的需要。因此，网络群体对于个体的行为，对于个体的工作和创造，具有激励和促进的作用。网络群体能够给个体提供施展才能、实现自己抱负和人生价值的机会，因而使个人的积极性和创造性能够得到更好的发挥。

3. 协调功能

网络群体是个体的有机组合，也是个体相互作用的产物。在网络群体中，人们可以有更多的交往，有更加协调的现实的或虚拟的人际关系。网络群体能够协调其成员的人际关系，促进群体成员人际关系的发展。从另一个角度看，由于现实群体的存在和群体的作用，人们长期在一起生活、工作，人与人之间不可避免地会产生这样或那样的冲突，而网络群体可以通过协商、对话、制定规范等方式，有效地协调成员之间的关系。

4. 教育功能

由于人的社会化以及人的发展是一个终身的过程，因而，群体将是个体终身接受教育的学校。首先，社会组织可以通过各种群体，包括网络群体对社会成员进行有关规范和制度的教导。其次，网络群体成员之间可以相互学习、取长补短，在知识、能力等方面得到提高。最后，网络群体本身就是一种教育手段。群体的纪律、群体的规范、群体的舆论等，都能够有效地调节成员的行为，激励成员奋发向上，培养他们的组织性、纪律性、责任感、荣誉感、归属感等优良品质。群体中的人际交往和人际关系，还可以使群体成员学会如何与别人交往和相处，使群体成员养成关心人、尊重人、理解人、助人为乐等优良品质。在网络社会，网络群体和现实社会群体一样具有教育功能。

网络思想政治教育要善于发挥教育对象网络群体的一般心理功能。网络思想政治教育对象群体是由网络正式群体与网络非正式群体共同构成的，这两种群体具有不同的特点。因此，在发挥网络群体一般心理功能时，要特别注意发挥网络正式群体的心理功能，并调节网络非正式群体的心理功能。

（二）增强群体凝聚力以发挥网络正式群体的心理功能

既然群体凝聚力对增强网络正式群体的心理功能十分重要，人们就应增强群体凝聚力，以便更好地发挥网络正式群体在思想政治教育中对群体成员的组织、激励、协调、教育的心理功能。

为了更好地发挥网络正式群体的心理功能，在网络思想政治教育过程中，要注意做好以下工作。

1. 要加强网络正式群体与相对应的现实社会群体的互动，以增强网络群体的人际吸引

人际吸引即群体成员由于共同的兴趣、愿望或共同的目标而相互了解、共同活动，形成相互之间的认同。这种心理和行为取向使群体成员之间能形成某种程度的团结，使人们愿意在一起，以增强群体凝聚力。可以通过网络通知、公告组织网友聚会，开展群体成员线下的集体活动。集体活动是增强群体成员相互认识、相互交流、相互了解的机会，减少成员之间的陌生感和误会，有助于增强群体凝聚力，以更好地发挥群体心理功能。还可以组织郊游、参观、访问、联谊、讨论等活动，交流感情，增进了解。

2. 要建立科学合理的网络群体目标，在促进社会发展的同时，满足群体成员的需要，以增强群体凝聚力

一个群体有无凝聚力，在于这个群体能否满足群体中个人的需要。个人的需要是多种多样的，有生理的需要、生活的需要、感情的需要、理解的需要等。在一个网络群体中，成员个人的需要能够得到满足他便热爱这个群体，维护这个群体，愿为这个群体出力，这个群体便对他有吸引力。相反，个人的需要得不到满足，他会觉得这个群体与他无关。因此，各正式网络群体要研究群众的需要，建立既符合社会需要又能满足群体成员需要的目标。只有这样，群体成员才能把群体的目标自觉地作为自己的目标，把群体规范内化为自己的行为准则，群体的凝聚力才会更强。

3. 要创设与外界交流的机会，以感受外部压力，增强群体凝聚力

开展网络正式群体在网络空间和现实社会的交流，如在网上或实地开展班级之间、团体之间的竞赛和校际、厂际之间的交流等，以便各群体发现和认识自己所在群体的差距而奋起直追。

4. 应注意及时客观公平地评价群体成员的学习工作成效

评价群体成员的学习工作成效之后要予以奖励，并尽可能增大群体成员获得报酬奖励的透明度。例如，在网络思想政治教育过程中，对积极发帖参加讨论的、有优秀创作发布的

成员进行表扬、奖励等。表扬和批评一定要实事求是，要及时。对群体成员网络思想政治教育成绩的评定、评奖也要公开、公正。

5. 要合理控制网络群体成员的数量

尽可能按照群体规模的下限控制网络思想政治教育正式群体的成员数量。例如，学校的网络思想政治教育课程必须做到师生互动，上千人的大课堂群体，显然难以正常发挥群体心理功能。

6. 要加强对网络正式群体中的非正式群体的管理

网络思想政治教育正式群体中，客观存在部分现实社会非正式群体与网络非正式群体，支持积极型的非正式群体，教育和引导中间型并改造消极型的非正式群体，有利于增强网络正式群体的凝聚力和网络正式群体心理功能的正常发挥。

（三）调节思想政治教育对象网络非正式群体的心理功能

对于思想政治教育对象正式群体中的网络非正式群体，以及正式群体之外的网络非正式群体，除了非法群体以外，都不能简单地压制取缔，也不能放任自流，而要善于调节网络非正式群体的心理与行为，为实现网络思想政治教育的目标服务。

1. 应深入调查分析，掌握情况

认识网络非正式群体存在的客观性，把网络非正式群体与"政治小宗派""小团体"严格区别开来，更不要将它与非法组织混为一谈。网络非正式群体与"政治小宗派""小团体"的区别在于，"政治小宗派""小团体"是利用组织和正式群体的系统，有目的地进行非组织活动，旨在干扰和改变正确的组织目标和任务，从而达到利己的目的。网络非正式群体虽有可能转化为小宗派、小团体，但它并不就是小宗派、小团体，它是在个体的兴趣、爱好基础上自发形成的，没有明确的群体目标的群体。如果全盘否定网络非正式群体，一味斥责，强行解散，不但不能达到目的，而且会削弱正式群体的社会功能和心理功能。

2. 应合理利用网络非正式群体的特点和心理功能，为正式群体实现自己的目标服务

在思想政治教育中，应利用网络非正式群体成员间的亲密性，引导他们互相帮助，共同提高。还可利用其凝聚力强的特点，把某项任务交给网络非正式群体完成等。

3. 应加强对网络非正式群体的正确教育引导

网络非正式群体中的情感成分较大，思想政治教育者对其横加指责，容易伤害其成员的感情和自尊，因此，应从积极方面加以引导。要深入实际，沟通思想和情感，取得信任，有针对性地进行工作。建立合理的、必要的正式组织，如社团、协会、俱乐部等，引导他们的兴趣，促进网络非正式群体向积极型团体转化。通过融入集体，教育和改造消极型的网络非正式群体。

4. 应重视网络非正式群体中"领袖"人物的工作

网络非正式群体中"领袖"人物的行为对其成员心理有重要的影响。因此，做好"领袖"

人物的工作，发挥他们的特长和优势，调动他们的积极性，并通过他们影响其他成员，在思想政治教育中可以取得更好的效果。

第三节 网络集群行为治理中的思想政治教育研究

一、网络集群行为的概念

目前，在网络集群行为或网络群体性事件的研究中，存在着概念不统一或混淆的现象。

关于网络集群行为，有学者将网络集群行为界定为"在某一时间内，学生自发或有组织地聚集在某一个网络公共场域，由多个学生发帖或回帖等进行网络表达的行为"。还有学者认为，网络集群行为是指"在某一时间内，相当数量的学生聚合起来，以互联网为平台，利用网络新技术，自发产生的不受正常社会规范和伦理道德制约的网络表达和网络狂热行为"。这两个定义强调的是学生群体在网络世界中的言语或行为表达，没有涉及其对现实世界的影响。还有一种说法，网络集群行为是指"一定量的、无组织的网络群体，围绕特定的现实主题，在一定诱发因素的刺激下产生的，以意见的强化与汇聚为特征的，具有现实影响力的学生聚集"。

目前，学者对网络集群的理解有三种倾向。一种认为是正面的，是社会舆论的表现形式，可以促进社会的进步；另一种认为是负面的，是群体性事件的另一种表现形式；还有一种认为是中性的，既有负面影响也有正面作用，需要正确引导。对性质认定的偏差与网络集群行为的外延相关。认为网络集群行为是正面积极的，是将网络集群行为的外延限定在网络的表达行为上，只发挥了舆论作用；其余的观点则把网络集群的外延扩展为与网络媒体相关的所有集群行为。观点的不同也反映了研究视角的不同，持正面和中性观点的是从网络属性出发，将网络集群行为归为网络空间中的一种特定行为；而持负面观点的则从群体性事件出发，主要考察网络在群体性事件中发挥的作用。

综合上述观点，为明确网络集群行为和网络群体性事件的内涵和外延，同时，参照现实集群行为和群体性事件的特征和关系，人们尝试将网络集群行为界定为一定数量的、相对无组织的学生针对某一共同影响或刺激，在网络环境中或受网络传播影响的群体性互动。既包含了网络上的言语或行为表达，也包含了涉及现实行为的群体活动。而网络群体性事件是在网络空间中，由特定事件引发学生关注、讨论和行动，通过形成网络舆论继而影响现实生活的传播过程，可以视为网络集群行为中影响或发展程度较高的子类。包括因网络传播引发、发展或恶化，或是通过网络传播动员或组织起来的现实集群行为。

二、网络集群行为治理中的思想政治教育

治理网络集群行为需要政府、社会共同努力，需要道德的、法律的、行政的手段相结合的综合治理，网络思想政治教育也是一种治理力量。研究网络思想政治教育在治理网络集

群行为中的作用，必须了解网络集群行为产生的原因及演变过程的心理机制，从而有针对性地发挥思想政治教育的作用。

（一）网络集群行为演变的心理机制

研究网络集群行为演变的心理机制，需要探讨网络集群行为产生的心理要素，掌握网络集群行为演变的心理阶段，并分析网络集群行为产生的原因。

网络集群行为中的从众是指个体放弃自身的思想和行为，而跟随他人思考和行动的反应形式，是行为个体对周围的人行为的消极认同和盲目服从，其过程是使个体行为消解于集群行为之中，其结果是个体行为本身价值的丧失。在集群行为中，则表现为对群体压力的服从。当人们面临突发事件或置身于聚合行为中时，常规的处事原则已无法应付眼前的变故，多数人失去了平时的行为准则，判断是非、自我抉择的能力衰减，因而在行为上力求与多数人保持一致，以求得心理上的安全感、支持感和保护感，避免其他人的指责。

易受暗示影响是网络集群行为中人群的主要特征。在网络集群行为中，群体的感情往往表现出冲动性和狂热性，人们的理智会被冲淡，因而，会积极地寻求暗示，不假思索地加以模仿。同时，高涨的激情限制了人们的眼界，视其他刺激于不顾。在高度的暗示下，个人失去了分辨判断能力，极易产生将被暗示的感情转移到直接行为的倾向。

在网络集群行为中发生的感染包括情绪感染和行为传染。情绪感染是指一群人的情感统一起来，使个人放弃平常和抑制其行为的社会准则，个人行动主要由自己的情绪发动。在网络交往互动中情绪容易相互感染，一旦情绪感染使人感情冲动，丧失理智，便会削弱个人的责任感和社会控制，破坏现有的社会规范，表现出一些过火的言论行动。

人们过火的言论行动会影响网络群体的舆论走向，进而形成"群体极化"。在一个组织群体中，个人决策因为受到群体的影响，容易做出比独自一个人决策时更极端的决定，这个社会现象，被称为"群体极化"。"群体极化"假设指出，群体的讨论使群体中多数人同意的意见得到加强，原先群体支持的意见，讨论后会变得更为支持；而原先群体反对的意见，讨论后反对的程度也更强，最终使群体的意见出现极端化倾向。"群体极化"容易演变成网络集群行为。

（二）思想政治教育在治理网络集群行为中的作用

网络集群行为需要综合治理，思想政治教育在预防网络集群行为发生以及在引导、平息网络集群行为中，都可以发挥作用。

1.思想政治教育在引导与平息网络集群行为中的作用

当网络集群行为发生后，行政手段、法律手段、道德手段等都将用来引导与平息网络集群行为。根据网络集群行为形成的心理机制和发展过程，人们认为思想政治教育可起到认知矫正、情绪转化与引导和唤醒理智的作用。

（1）认知矫正作用

由网络集群行为的产生过程可知，网络集群行为的产生是从认知开始的。对某一社会事件的错误认识会引起网络集群议论和认知偏差的趋同。一旦有合适的宣泄时机，就会产生情绪共振，继而爆发网络集群行为。因此，通过思想政治教育进行认知矫正，可从以下几方面教育。

一是普法教育，通过普法教育，使参与网络集群行为的群众学法懂法。提倡遵纪守法，学会运用法律手段来维护自身利益，使自己的行为符合法律要求和道德规范，而不通过偏激行为解决问题。

二是进行正确的世界观和方法论的教育，人们不同的思维模式会形成不同的立场，而人们所持的不同立场会影响他们对于群体行为的选择。思维模式和立场都是世界观和方法论的反映。应教育学生们运用马克思主义的世界观和方法论全面客观地看问题，用一分为二的辩证法看问题。

三是用正确的舆论引导学生，对一些社会现象要引导他们客观地分析，产生积极的情绪反应和行为方式，提高辨别是非的能力。

（2）情绪转化与引导作用

网络集群行为是在大量情绪积聚的情况下经偶发事件的刺激爆发的。因此，要做好以下情绪转化工作。

一是应为学生提供必要的情绪宣泄机会，及时进行情绪疏导，使网络集群成员的情绪在正确的引导下进行宣泄。

二是应借鉴并正确运用危机回应策略，危机回应策略在不同的危机事件中有不同的作用，在企业形象修复理论中提出了五种回应策略，分别是否认、逃避责任、降低事件敌意性、相关措施和道歉。不同的危机回应策略会对公众对于事件的评价产生不同的影响。在危机中，道歉策略与其他策略相比更能有效地保护组织形象，组织对于回应策略的选择会影响人们对危机事件的理解，进而影响随后的行为。思想政治教育要引导危机诱发事件当事人运用道歉策略和采取相关措施策略，来转化学生情绪。

三是要有意识地引导好网络集群中自然产生的"领袖人物"。在网络中意见领袖对于事件态度的改变也会影响他人的态度转变，使网络集群行为渐渐消退。同时，应安排骨干力量对网络集群行为的方向和人们的情绪进行有效的把握和控制，使其破坏力达到最小。

四是要加强信息沟通，及时传达、沟通正常渠道的信息，使网络集群中的不满情绪得以及时疏导。在网络集群行为发生之后，相关责任部门或个体会发表关于事件本身的最新信息，对事件进行权威的解释，使人们了解事件的缘由，理解事件产生的原因，并且在行动中不再盲目跟随，对事件本身的好坏做出自己的判断，行动回归于理性。

（3）唤醒理智作用

网络集群行为发生后思想政治教育要及时跟上，要通过具体事实进行教育和引导。通过网络报告会、论坛、视频座谈会，以及现实社会中与学生谈心、做个别人的工作等多种形式，纠正学生们的不正确社会认知。特别是要有效利用理智思考阶段，唤醒理智，帮助他们分析、判断问题，进行正确的心理沉淀，形成良好的积极的情绪，防止心理反应的"负效应"，防止网络集群行为的再发生以及网络集群行为转化为现实社会的集群行为。

2. 思想政治教育在预防集群行为中的作用

思想政治教育在预防网络集群行为中的作用突出表现为三方面，一是进行社会主义核心价值观培育，二是促进学生的心理和谐，三是提升学生的媒介素养。一旦学生认同并践行社会主义核心价值观，心理和谐了，媒介素养提升了，就会用理智的方法解决存在的问题，就不会去参与非理智的网络集群行为了。

（1）进行社会主义核心价值观培育

《中共中央关于构建社会主义和谐社会若干重大问题的决定》提出了建设社会主义核心价值体系的战略任务，并明确阐述了社会主义核心价值体系的基本内容。马克思主义指导思想、中国特色社会主义共同理想、以爱国主义为核心的民族精神和以改革创新为核心的时代精神、社会主义荣辱观构成了社会主义核心价值体系的基本内容。社会主义核心价值体系的这四个方面内容相互联系、相互贯通、相互促进，是有机统一的整体。

党的十八大明确提出了培育和践行社会主义核心价值观的根本任务，强调要倡导富强、民主、文明、和谐，倡导自由、平等、公正、法治，倡导爱国、敬业、诚信、友善。这十二个范畴凝练概括了国家的价值目标、社会的价值取向和公民的价值准则，是社会主义核心价值观的基本内容。党的十八大以来，以习近平同志为核心的党中央反复强调，要把培育和弘扬社会主义核心价值观作为凝魂聚气、强基固本的基础工程，不断夯实中国特色社会主义的思想道德基础。

社会主义核心价值观是社会主义核心价值体系的内核，体现着社会主义核心价值体系的根本性质和基本特征。社会主义核心价值观清晰地揭示了这个价值体系的内核，确立了当代中国最基本的价值观念，是对社会主义核心价值体系的高度凝练和集中表达。社会主义核心价值观把涉及国家、社会、公民的价值要求融为一体，体现了社会主义本质要求，继承了中华优秀传统文化，吸收了世界文明有益成果，体现了时代精神，是对新时期建设什么样的国家、建设什么样的社会、培育什么样的公民等重大问题的深刻解答。

社会核心价值体系与社会主义核心价值观作为一种社会意识和价值观念，集中反映了一定社会的经济、政治、文化，是统治阶级意志的根本表达，体现着社会意识的性质和方向，不仅作用于社会生活各个方面，而且对每个社会成员人生观、价值观的形成和发展都具有深刻影响。它在提高人们思想道德素质中起着十分重要的作用，其主要功能如下。

一是引领人生目标。社会主义核心价值体系和社会主义核心价值观代表了人们对生活现实的总体认识、基本观念和理想追求，体现统治阶级的意志和国家主流意识形态，对其他形形色色的社会思潮起统摄、规范和导向作用，能发挥思想引领的功能。社会主义核心价值体系在引领人生目标中的作用表现在，马克思主义理论为社会成员确立正确的世界观和方法论，为人们确立正确的人生目标提供理论武器。中国特色社会主义的共同理想是中华民族共同的理想追求，它使人们超越民族、城乡、地域和阶层等多方面差异，增强社会成员的归属感和向心力，直接引领着广大社会成员的人生目标，为建设中国特色社会主义伟大事业而奋斗。

二是端正人生态度。每个人在人生实践中都会遇到义利、荣辱、善恶、苦乐、得失、成败、祸福、生死等人生矛盾，如果能以正确的人生态度对待和处理这些问题，就可以正确把握人生，促进自身的发展。社会主义核心价值体系和社会主义核心价值观能帮助人们用马克思主义的世界观、方法论去分析和处理人生矛盾，用中国特色社会主义共同理想和爱国主义、改革创新的精神去激发生活斗志，使人们满怀希望和激情、热爱生活、珍视生命，树立起认真、务实、乐观、进取的正确人生态度。

三是明确价值取向和评价标准。改革开放和社会主义市场经济的社会条件，使社会成员的价值观普遍发生了变化，价值取向多元化成为社会成员价值结构的重要特征。社会主义核心价值体系建设和社会主义核心价值观培育与践行，能最大限度地形成社会思想共识，取得全社会广泛而深刻的价值认同。这种价值认同的强化，有利于调节人们的各种需要，明确价值取向，在马克思主义指导下，以有利于中国特色社会主义建设为价值取向，以社会主义荣辱观为价值取向和评价标准，弘扬以爱国主义为核心的民族精神和以改革创新为核心的时代精神，做有益于社会，有益于人民的人。

（2）促进学生的心理和谐

人们心理和谐，就不会参与网络集群行为。在我国社会发展关键期，民众的社会心理无论在社会价值观层面还是在社会态度层面，都呈现出积极与消极两种发展态势。自立自强意识的高扬、平等竞争意识的激发、开拓创新意识的培养、成就动机的高涨、政治参与意识的萌生、经济致富意识的认同、求真务实精神的发扬、心理承受能力的增强、心理发展的日趋成熟，主导着构建社会主义和谐社会过程中社会心理的变化和发展，是社会心理变化发展的主流和本质。必须清醒地认识到构建社会主义和谐社会过程中社会心理的消极的一面，有针对性地采取对策，予以调整。这类消极的心理在强势、中势、弱势群体中不同程度地存在，主要有以下几种，一是逐利心理，二是浮躁心理，三是冷漠心理，四是失落心理，五是被剥夺心理，六是怀旧心理。这些消极心理若不及时化解，很容易互相感染，一旦遇到机会，可能形成集群行为。思想政治教育应在加强人文关怀和心理疏导方面下功夫，以预防集群行为的发生。

优化民众社会心理的途径包括两大方面，一是优化社会存在方面，因为社会心理是社会存在的反映，优化社会存在自然可以优化民众社会心理。该方面的途径包括加强物质文明与政治文明建设，完善协调各种利益关系和促进人的全面发展的公共政策并建立强有力的社会支持系统等。二是优化社会意识方面，因为社会意识深刻地影响社会心理，如社会文化建设，能营造人们感受理想和意义的精神家园，对优化民众社会心理有着不可忽视的作用。有针对性地开展思想政治教育，正是优化中国民众社会心理的有效途径之一。

思想政治教育在民众社会心理建设中的直接目标应该是升华积极的社会心理，化解消极的社会心理，以优化社会心理使之与社会发展相适应，从而促进社会的发展和人的全面发展。思想政治教育对优化社会心理是十分必要的，应创新教育理念，建立社会发展和人的全面发展相统一的教育目的观；强化主流意识教育，加强对民众社会心理的引导；加强社会主义核心价值体系的建设，提高民众社会认知能力；注重和谐（妥协）精神的培育，优化民众的社会情感和社会态度；关注不同层次群体的需求，解决不同群体民众的心理问题；进行教育法的更新，提高思想政治教育在优化民众心理中的实效。

第七章 智能手机载体建设在高校思想政治教育中的应用

第一节 智能手机媒体与思想政治教育载体的概念

近年来，新兴媒体尤其是智能手机媒体伴随移动通信技术的成熟商用和互联网全球范围内的普及，以迅雷不及掩耳之势迅速占领了高校校园，当代大学生的学习、生活、交友等多个方面都受到了不可忽视的影响。对新媒体背景下手机新媒体的含义、传播特点和功能的阐释，以及对思想政治教育载体概念的界定，为智能手机媒体成为思想政治教育载体提供了理论铺垫。

一、手机媒体的特征

（一）传播速度更快捷

和传统媒体相比，手机媒体实现了传统纸质媒介束缚的突破，其通过将文字、声音、图片、视频融为一体，给信号接收范围内的用户送去各种即时信息。过去人们在使用互联网时常常会出现页面打开困难、网页清晰度差等问题，随着技术的进步和手机媒体的更新换代，如今信息的传播速度大大提高，人们只需要花费极少的时间便能查询到自己想要的信息，音频、视频的加载速度和清晰度也有所提高。此外，手机媒体具有传统媒体和网络媒体无可比拟的便携性，其信号覆盖率也远远高于其他传播媒体。在新的时代背景下，人们切实实现了足不出户而知晓天下事，只要轻轻动下手指，无论是国内国外大事，还是科学文化知识，都能够随时随地获取。通过手机媒体，人们能够更快捷高效地获取信息。

（二）传播范围更广泛

随着科技的进步，手机外观更时尚、产品功能越来越多样，能够满足人们的各种需求。由于近年来手机上网资费逐步减少、网络服务质量稳步提升，再加上手机便携的特点，越来越多的人选择用手机获取各项信息和处理各项事务。下载资料、交友聊天、休闲娱乐……以手机为载体的交流活动使得信息传播更加灵活、传播范围也更加广泛。

（三）传播信息更丰富

当前，手机和网络已经实现了无线互联，人们已经进入了 5G 时代新时期，手机不再仅仅用于通话，而是集电视、广播、报纸等于一体，成为人们生活、学习和工作中不可缺少的一部分。

手机媒体集众多传统媒体优势于一身的特点，使其信息传播种类更加丰富和全面。一方面，手机媒体信息传播的内容各种各样，经济、政治、文化等信息应有尽有，国内、国外最新资讯随时获取；另一方面，手机媒体信息传播的方式多种多样，人们可以通过各种软件主动提问、查询资料、互动交流、获得解答，也可以留言、为他人答疑解惑，集众人智慧探讨解决之道，从而碰撞出更多思想的火花，获取有益的信息。

二、手机媒体对高校思想政治教育的有利影响

（一）拓宽了高校思想政治教育信息的获取渠道

手机媒体终结了有线宽带联网的传统媒体时代，以一种全新的无线互联形式使手机用户足不出户就可闻天下事，大大提高了人们获取信息资源的效率。高校应充分利用好手机媒体这一教育载体，努力拓宽思想政治教育信息的获取渠道。

高校可以建立起包括教师、学生、政工领导、思想政治工作者在内的庞大的信息网和联络网。思想政治教育者通过手机信息微信、手机 QQ 群、手机微博等与大学生保持畅通的联系，对大学生传递思想政治教育信息，同时也密切关注学生的思想动态，及时获得学生的思想信息并进行跟踪指导。也可以利用手机媒体丰富的信息量和强大的传播能力推行多变互动式的学习小组，定期开展思想政治教育活动，促进大学生进行思想和文化的交流，并引领甚至影响更多的同学加入思想政治教育活动中。

高校应该借助手机媒体，挖掘出丰富、多样的思想政治教育资源，打破以往传统的课堂教育模式，鼓励学生与教师进行一对一的互动，构建双向虚拟交流平台，使大学生在轻松的氛围中，自主地选择学习内容，在主动探索和积极参与的过程中潜移默化地接受思想政治教育。手机媒体的开放性和互动性使受教育者获得了最大限度的平等、自由，充分调动了他们学习的积极性和主观能动性，使受教育者从被动参与转变为主动学习，加深了大学生对世界、自然、社会的感知能力和思考能力，有助于提高大学生思想政治教育的实效性，有利于拓展大学生思想政治教育的理论和实践平台。

（二）提高了高校思想政治教育的效率

思想政治教育成效如何在很大程度上取决于受教育者的信任程度和参与程度。如何降低思想政治教育的信息的传播时间、传播成本，提高受教育者的参与度，一直是高校思想政治教育面临的困境。手机媒体由于操作简单、功能齐全，受广大青少年青睐。思想政治教育工作者应用手机媒体，减少了网络思想政治教育的烦琐操作，突破了电脑设备和技术要求的束缚，以前所未有的可移动性和易操作性，缩减了思想政治教育信息的传播成本，突

破了思想政治教育在时间、空间上的局限性，提升了大学生思想政治教育的自主性，真正提高了思想政治教育的效率和效果。

另外，受教育者是否信任思想政治教育工作者、是否认同思想政治教育活动，是影响和制约大学生思想政治教育质量和成效的关键。手机媒体为教育者与受教育者之间建立起双向互动的虚拟交流平台，通过"人—机—人"的方式，拓展了跨越时空的人际交往环境，有效缓解了受教育者在单独面对教师时产生的压力，使他们放下心防、直抒胸臆，与教育者之间架起了一座沟通心灵的桥梁。

（三）增强了思想政治教育的生动性

1.手机媒体增强了思想政治教育的趣味性

手机媒体的实质就是一个包括文档、图像、视频、声音等多媒体技术在内的新式媒体。大学生经常利用手机拍照接收彩信、微信或者制作录像视频，也可以欣赏或录下各种声音、歌曲。高校同样可以通过这些方式向大学生传递思想政治教育信息，增强思想政治教育的生动性和趣味性，寓教于乐，调动学生的参与热情，提升思想政治教育的魅力和时代特性。

2.手机媒体提高了思想政治教育的感染力

据调查数据显示，多种感官同时作用而发生的认知活动，其认知效果和认知水平较单一感官获得刺激的认知活动有大幅度的提升。手机媒体便是一种能够调动人们多种感官同时感知的传播媒介，通过视觉、听觉等多重感官的相互作用，受教育者可以获得精神上的享受，加深了他们对学习内容的吸收和理解，使思想政治教育的感染力进一步增强。

（四）改变了思想政治教育的方法

手机媒体融合多媒体技术，既可以满足人们对电视广播、报纸等传统媒体的需求，又能利用手机报、手机电视、手机网络、手机微博等新媒体形态实现思想政治教育的传播意图。它能够借助图片、声音、视频来开展思想政治教育宣传，使传统的教育方法从说教式、灌输式逐渐转变为交流式、互动式，提高了思想政治教育的效果。

三、思想政治教育载体及其类型

（一）高校思想政治教育载体的含义及特点

20世纪90年代初，载体一词运用于思想政治教育领域，这一概念既要求符合一般载体的含义，又必须包含思想政治教育领域的特殊要求。综合分析，笔者认为思想政治教育载体是指承载、传导思想政治教育因素，能为思想政治教育主体所运用、且主客体可以借此相互作用的一种思想政治教育活动形式。

在科学技术日新月异，国内外环境日渐复杂的环境下，大学生的思想多元性、素质弱化性都必须引起教育者的重视，必须密切关注学生发展，结合时代发展新背景，在传统思想政治教育的基础上，与时俱进，破冰前行，迎难而上，不断丰富载体形式。教育对象的特定性是高校思想政治教育的鲜明特点。活动的顺利开展，必须依靠一定的载体。高校思想政治教育载体,指的是学校思想政治教育工作者(主体)在向思想政治教育受教育者(客体),进行思想政治教育的过程中,承载和传递思想政治教育内容和信息,能为思想政治教育主体所运用,且主客体可以借此相互作用的一种思想政治教育活动形式。

作为高校思想政治教育载体必须同时具备两个方面:一是必须承载思想政治教育信息,能为思想政治教育主体所操作,其包括思想政治教育的目的、任务、原则和内容等信息。载体作为一种中介工具,总要承载一定的内容和信息,并传递给思想政治教育客体,同时能被实践主体操作,高校思想政治教育的载体也不例外。形形色色的载体都能承载一定的教育信息,但是不能被主体控制和操作的不能称其为思想政治教育载体。二是必须联系主体和客体,主客体可以借此形式发生相互作用的活动,以实现相关信息有效传递。由此可见,教育过程是主客体都在发挥作用,而不是主体或客体单方面的活动过程。一个完整的思想政治教育过程,教育主体和教育客体都是不可或缺的。

总之,必须具备以上两个基本条件,才能被称作是高校思想政治教育载体,也只有对此加以有效的利用,才能更好地开展高校思想政治教育,在日新月异的网络通信技术变化下,切实把准大学生脉搏,对症下药。

(二)高校思想政治教育载体的本质特征

特征是一事物区别于它事物的显著标志,从不同理论角度定义,高校思想政治教育载体会呈现不同的表征。从其内涵上分,具有以下几点。

第一,活动性。活动性决定了高校思想政治教育载体的特殊性。载体的设置和作用发挥的前提条件依赖于教育者和受教育者的直接参与,离开了受教育者的参与活动,载体就失去了存在的价值。

第二,承载性。承载性是指思想政治教育载体承载着信息,如教育目标、教育内容、教育原则、教育任务等。抽象的思想观点、政治观念和道德规范不会被人们主动地接受、内化,人们不会主动地接受那些抽象的思想观点,并乐于将其内化为自己的思想,外化为自己的行动,没有有效的思想政治教育载体,承载、分解、具象这些抽象教育内容,是很难达到教育目标和教育要求的。唯有通过有效载体承载具体化、形象化、生动化的内容,这些抽象的信息才能对客体产生影响,各种信息之间才会实现互动交流。

第三,传导性。高校开展思想政治教育的目的是将社会所要求的思想观点、政治观念和道德要求传导给学生,要求学生内化为自我意识,并以此指导自己的行为。承载性只是为了更好实现目的的手段。

第四,关联性。思想政治教育载体的缺位,会导致教育主客体之间无法有效联系,当教育客体需要教育主体的引导、帮助时,会因为缺乏有效的载体而无所适从,缺乏有效的沟通交流,信息就不能很好地传递,那么思想政治教育载体的传导性也就无用武之地。

第五,互动性。在相互作用的过程中,主体需要借用一定的载体作用于客体,客体也通过一定的载体作用于主体，正是因为二者之间有了载体这个实践活动形式，主体和客体才能真正形成一种双向互动关系。只有在主客体相互关联的基础上，互动性才能成为可能。

第六，可操作性。如何有效地运用思想政治教育载体，教育主体依然是关键。虽然移动互联网的发展和大学生自主意识的提高，导致学生主观能动性越来越强，但这并不意味着教育主体主导地位的丧失。

高校思想政治教育载体的建构，一是有利于校园思想政治教育活动的开展。高等院校培养的人才，专业素养过硬是目标，但思想健康是基础。通过思想政治教育活动，端正学生的世界观、人生观、价值观，为其营造良好的校园文化氛围。通过有效的载体，确保教育活动的顺利开展。二是有利于有效整合教育资源。思想政治教育信息散落在校园中的各个地方。各种规章制度、校园建筑物、学校舆论、校园活动都或多或少包含着思想政治教育信息，载体的构建恰好满足了信息有效传递的条件，通过丰富多彩的信息融入这些活动中，通过丰富多样的活动形式，达到潜移默化的教育作用。三是有利于增强教育信息的实效性。思想政治教育载体随着时代的变化而不断创新，思想政治教育工作仅仅依靠传统的教育载体已经不能完全适应这个多元的信息社会，必须不断选择和运用新的教育载体，发挥现代大众媒介容量大、速度快、双向沟通能力强的特点，强化思想政治教育的实效性。

（三）高校思想政治教育载体的主要类型

思想政治教育的工作是做人的工作，高校思想政治教育的工作是做学生的工作，学生思想品德和道德素质的高低受到社会、媒体、家庭、学校、同辈群体等多方面的影响和制约。面对不同的影响环境，有针对性地选择思想政治教育工作载体，能够达到良好的教育效果。从本书研究的角度，笔者认为高校思想政治教育载体的类型主要有五种。

一是课程教学载体。习近平同志在《在全国宣传思想工作会议上强调胸怀大局把握大势着眼大事努力把宣传思想工作做得更好》中强调"党校、干部学院、社会科学院、高校、理论学习中心组等都要把马克思主义作为必修课，成为马克思主义学习、研究、宣传的重要阵地"。合理利用《思想道德修养与法律基础》课程，丰富教学手段和教学内容，有效整合思想政治教育的师资队伍，净化课堂授受环境，增加课外实践环节，破解思想政治教育理论课是空洞说教的"魔咒"，主流意识高度浓缩的"窘境"，强化其现实的可操作性。

新时期，不仅要求高校教师自身理论素质过硬，还必须具备坚强的党性和坚定的理想信念。在传授科学知识的同时，要把思想理论、道德要求贯穿在课堂教学的内容中，将专业理论教学和人文伦理教学有机结合，专题教学和系统教学配套结合，坚持教书育人，坚持言传身教，在不断提高大学生科学文化素质的同时，不断提升思想道德素养。

二是活动载体。利用各种形式多样的活动，把思想政治教育内容渗透在轻松愉快的活动中，能够让广大师生在参与活动的过程中自觉接受纯洁思想和高尚品德的熏陶。活动载体首先具有不确定的对象性。高校利用各种形式开展校园活动，针对的对象是全体在校学生，但是活动产生的效果好坏是无法全部预见的，也不能确定有多少学生会参与到活动中。其次具有明确的目的性。承载思想政治教育内容的活动，不论以怎样的形式展开，不论活动展开的时间地点如何，明确的一点是这些活动都是围绕党在各个时期的中心工作展开，以学习文件精神和反映社会现实为主题，以全面提高学生的道德素养为根本目的。活动载体的目标越明确，其针对性就越强。再次具有广泛的群众性。大学校园最不缺少的就是一呼百应的热血青年，开展的活动能否有效地吸引学生参与，是活动成功的前提条件。校园活动吸引的学生越多，实效性就越强，离思想政治教育工作想要达到的目的就更近。最后具有实践性。校园活动有很强的实践性，学生能够直接参与其中，至于学生参与活动过后，思想上是否有了量的积累和质的飞跃，同样需要实践来检验。

三是文化载体。以文化为载体有利于增强思想政治教育的吸引力，一切的人都是文化人，一切的物都是文化的产物，校园文化无处不在。高校思想政治教育并非上级领导、文件的传声筒，究其本身而言是理论性强、思想深度高的学科，增强思想政治教育的吸引力和渗透力是教育工作者的当务之急，良好的校园文化为思想政治教育开辟了一条绿色通道。文化具有渗透力强、影响力广、生动形象的特点，校园文化继承了文化的优良传统，且更具有亲和力和可接受性，实际上，大学生对校园文化的接受和认同，都是受到良好文化熏陶的过程。其实校园文化的形式和种类确实太多，读一本书、浏览一条信息，参与一个校园活动都可以说是受到了校园文化的影响。很多文艺作品都蕴含着丰富的思想政治教育内容，比如《红旗谱》《活着》《雷锋日记》等，通常情况下这些文艺作品对人们的影响力会持续一段时间甚至是一生的时间。类型多样的校园文化活动，比如学术讲座、知识竞赛、演讲比赛、歌唱比赛、社团活动等校园文化娱乐活动，对所有参与者无论是智力还是体力上，无论是精神还是行为上都会产生一定的影响。把思想政治教育的内容渗透到这些活动中，一方面会为营造良好校园文化氛围提供条件，另一方面也对大学生是一个很好的宣传教育的过程。

四是管理载体。管理是一种硬约束，每个人的学习生活都离不开管理的制约，学校生活中管理更是必不可少，对学生思想品德的形成是一种他律的过程。教学过程中运用管理载体，必须要把握好度的问题，不能期望把思想教育的全部内容都寓于管理活动中，这样做既不现实，其后果也不堪设想。无论思想政治教育活动针对的对象是谁，其终极目标始终都是思想的内化，而管理活动恰恰是帮助人们思想品德内化的一种外在手段。这种外在手段往往不乐于被接受，但是人们在潜移默化中会自觉地受到这种规范、制度、纪律的约束，促使人们完成理性的反思，并将反思内化为一种习惯。学生们经常会对学校的各种规章制度持抵触情绪，这些表现首先会直接反映在管理活动的过程中。以管理为载体，能够及时地发现问题，快速地对症下药，实事求是地分析可能存在的问题。管理活动这种通过相关的规章制度来制约、规范和协调学生行为的方式，有助于促使学生良好行为习惯的养成。

五是大众传播载体。大众传播载体是一个常说常新的话题，在不同时期有不同的表现形式，众多媒介"过气"之后虽不再是主流传播媒介，影响力有所削减，但是其影响依旧。随着历史的进步和科学技术的飞跃，大众传播媒介从传统的纸质媒体一跃成为"指尖"媒体，只要轻轻触碰手机、电脑的屏幕便可获得一手信息。"第五媒体"的出现，让思想政治教育的大众传播载体更加充盈。

移动扩散能力的强弱，直接影响舆论引导力的效果。新旧媒体之间不是此消彼长的关系。随着新媒体的发展，尤其是手机媒体的成熟，在经历了网络转载纸媒信息、网络先于传统媒体信息、手机媒体信息包罗万象的发展阶段之后，传统媒体和新型媒体，特别是与智能手机媒体朝着相互融合的方向发展，传统大众媒介向移动转型是大势所趋。目前，众多门户网站已经实现了手机 App 移动跨越，党报移动传播转型更是势在必行。"三网融合"借助手机媒体这个平台，实现了"点"对"点"、"点"对"面"的有机结合和多方互动，通过智能手机媒体可以实现一站式的纸媒阅读、广播收听、节目观看和网络搜索。

大学生的生活范围不仅局限于校园，借助网络实现信息的沟通和互动，学生之间的交流更加快捷频繁。纷繁复杂的信息世界需要教育者加以引导、甄别，创造良好的思想政治教育氛围，努力消除大众传播产生的负面影响，在虚拟空间中真正发挥思想政治教育的威力。同时在众多的大众传播媒介中，教育者还需要注意不同媒体的优势互补。报纸、书籍、广播、电视、网络在传播思想政治教育信息的过程中必然有所不同，报纸、书籍对学生的影响更深远，广播、电视的影响更多地体现在视觉和听觉方面，而网络的影响力就在于它的速度。因此一定要综合多种传媒的集合效应，构建广覆盖、立体式的传播网络。

总之，高校思想政治教育的主阵地依然是课堂，在充分发挥各种大众媒介优势的同时，也要注重管理载体、文化载体、活动载体的建设，必须坚守思想政治教育的主课堂，将思想政治教育资源多渠道整合起来，注重传统与新型载体的融合，内容上的互补，方式上的强强联合，时效上的彼此互动，让不同载体发挥不同的思想政治教育作用。根据不同媒体的特点，不同载体的特征，在时间上予以配合，内容互相补充，权威性予以增强。提高实效性，确保信息的完整度和全面性，保证受教育者获得及时、全面、准确的信息。

四、高校思想政治教育智能手机载体的内涵界定

智能手机媒体是承载、传递高校思想政治教育的有效载体，是大众媒介载体中传播速度最快、蕴含信息最丰富、互动性最强的新媒介。高校思想政治教育智能手机载体的指向性十分明确，笔者对其含义的界定是：在高等教育领域内，针对在校大学生的认知特点和心理变化，依托新兴智能手机媒体，承载、传递思想政治教育的内容和信息，用正向、丰富、积极的手机媒体信息引导大学生的思想观点、政治观念，在此过程中，教育者和受教育者能够实现双向互动，并且能为教育者所操作的一种思想政治教育活动形式。手机媒体具备了成为思想政治教育载体的必备条件。

第一，能够承载和传导思想政治教育信息。纵观媒体发展史，手机比任何一种媒体都具备兼容性、整合性和互动性，比任何一种媒体都能拉近人与人之间的距离，比任何一种媒体都能提升用户的自主性。手机媒体除了具备新兴媒体互动性、即时性外，还兼具便携性、强制接受性、多媒体性、覆盖范围广等特点。手机媒体作为一种媒介载体，必然承载着丰富的信息内容。思想政治教育载体具有工具性和中介性，但是最重要的一点是，思想政治教育载体具有很强的目的性。具体的表现形式是，思想政治教育载体的设置与应用就是为了提高思想政治教育工作的效果服务的。通过交互工具宣传、短信传播、手机报发送、主流视频播放等手段，可以有效地将思想政治教育信息，如中央会议精神、国家领导人精神和最新的指导性文件传递给学生，用生动鲜明的漫画、动画、音视频文件激发学生兴趣。

第二，能够为思想政治教育主体所操作。手机的普及，突破了网络思想政治教育对复杂电脑设备操作的局限，降低了工作人员对技术的要求，虽然手机媒体的功能日新月异，但一些简易的软件能够被教育主体很好地运用。事实上，现在很多学校教师都注册了校内网、微博客，活络一些的学生会要求主动关注教师，教师发表的言论、对时事的见解、转载的文章都会对学生起到一种潜移默化的作用，无形中就实现了思想政治教育主体的愿望、目的和认识，同时又能将健康向上的信息传递给教育客体。

第三，必须是联系主客体的一种物质形式，主客体可以借此形式发生相互作用。手机媒体的特点之一就是交互性，彼此互相沟通，拉近人与人之间的距离。从此种意义上说，手机媒体是天然的联系主客体的一种物质形式，主客体之间地位的平等，话语沟通的随意性都能够较好地实现彼此之间的互动。将手机媒体作为高校思想政治教育载体并不是在信息时代赶时髦，而是因为智能手机媒体确实具备了成为思想政治教育的基本要素。

第二节　智能手机媒体作为思想政治教育载体的必要性及可行性

在智能手机成为人们生活必需品的今天，其功能已经不再局限于人与人之间沟通交流，还兼具着共享信息，生活娱乐的功能，它对高校思想政治教育的建设有着潜移默化的作用。作为现代信息传播交流的第五代先进媒介，手机媒体给我们带来了一种新的交流平台和新的发展机遇，智能手机媒体成为高校思想政治教育载体不仅"可以为之"，而且"必须为之"。

一、智能手机媒体作为思想政治教育载体的必要性

（一）思想政治教育载体与时俱进的体现与要求

一方面，手机媒体已经成为大学生必不可少的生活用品。互联网的出现"真正对于社会发生影响作用的是其带来的人与人之间的信息传播与互动方式的变革"，互联网是推动智能手机媒体发展的技术支撑，学生获取资讯的主要方式已经由纸媒过渡到手机网络，手机媒体已经成为信息集散地和民意聚集地，不仅对学生的价值观念、知识储备、技能训练、性格培养、人际互动有着不可忽视的影响，也对高校思想政治教育的发展有着不可估量的作用。高校要重视智能手机媒体的建设、使用、管理、监督，努力使手机媒体为传播先进文化、深入社会主义核心价值观、实现中国梦搭建有效的平台，为高校思想政治教育理顺新思路、扩展新空间、创新新方式提供新的宣传阵地，为当代大学生学习马克思主义、毛泽东思想、中国特色社会主义理论体系的纵深推进创造条件。

另一方面，思想政治教育载体在实践中不断更新发展。随着时代的发展，科技的进步，思想政治教育载体的形式丰富多样，可利用的大众媒介也越来越多。可以说，高校思想政治教育载体的创新是信息时代的应有之义，是与时俱进的体现和要求。思想政治教育的内容在充实、形式在丰富、环境在变化，如果死守僵硬固化的老路，思想政治教育信息的传播将得不到顺利开展，思想政治教育理念的内化将失去生存的土壤，思想政治教育的效果将事倍功半。高校思想政治教育的发展必须利用好智能手机媒体，必须有效引导这个舆论氛围，必须随着时代的发展，技术的进步，走在手机媒体发展的前列，不断更新高校思想政治教育的手段，有效利用智能手机媒体为思想政治教育工作服务。

（二）思想政治教育占领传播阵地和引领舆论环境的要求

其一，占领传播阵地的要求。习近平在全国思想工作会议中指出："意识形态的工作是党的极端重要的工作。"牢牢掌握意识形态工作领导权、管理权和话语权，是巩固马克思主义在意识形态领域的指导地位、巩固全党全国人民团结奋斗的共同思想基础的坚强保障。意识形态领域历来是敌人同我们争夺的主要阵地，尤其对青少年更是如此。1944年人类第一台计算机于美国诞生，随后互联网的发展让计算机和网络遍布全球。计算机给人们的生活、工作带来便捷的同时，也将美国的价值观念漂洋过海植入了中国，西方的价值观念、生活方式、消费方式和"欧美中心主义"深刻影响着我国的马克思主义意识形态。

值得肯定的是当代大学生在祖国尊严、国家利益和民族团结这类大是大非的问题上，表现出极高的爱国主义倾向和高度的社会责任感。在汶川地震、雅安地震发生后，广大高校学生自发组织捐款、捐物、献血、做志愿者，为灾区人民贡献自己的绵薄之力。智能手机媒体是高速兴起的新兴媒体，在学生中的占有率几乎为100%，影响不容忽视。手机领域中马克思主义意识形态的缺位，就急需马克思主义占领手机传媒领域的阵地，建设社会主义核心价值观的手机信息传播阵地，用主流的声音和向上的精神文化抢占手机网络传播阵地。用社会主义核心价值理论体系和中国梦指导高校思想政治教育理论和网络平台的构建，让马克思主义在手机媒体领域"实心"而不是"真空"，不断满足大学生多样化、多层次的精神需求，坚持走社会主义道路，树立中国特色社会主义意识形态，坚定不移地拥护我党的领导。

其二，占领舆论环境的要求。网络中发布的各种假信息和失真新闻为网络谣言滋生提供了温床，假消息会严重损坏媒体的权威性，甚至会危害安定有序的社会秩序，不利于营造良好的社会舆论氛围。负面的传媒信息长期干扰着大学生的价值判断，"噪声"的游离使其兴奋点和注意力都被"杂、乱、怪、奇"的信息吸引，许多网络中"漂浮"的信息还未经学生的理性分析就转化为潜在意识。少数意见领袖，即所谓的公知们有意影响和操纵舆论信息，以牟取自身利益。互联网革新了一直以来的以灌输为主的教育方式，网民是舆情的主体，表达思想的方式更直接、真实、流畅。不可否认的是，网民因其个人素质高低不同，舆情表达也存在差异。包括因网络虚拟化而忽视法律制约和道德规范的手机网民，因现实生活压力而恣意发表言论和散布谣言的手机网民，各种信息良莠不齐，言论应有尽有，有些网络言论不堪入耳，对文字的亵渎，对文明的曲解更是不堪入目，污染了网络环境，影响高校校园，大学生是直接受害者。

充分重视智能手机媒体的舆论导向作用，必须在教育方式上与时俱进，教育内容上贴合现实、贴近学生情感，完善思想政治教育监管机制，净化手机网络环境。除此之外，不能忽视影视作品的健康发展，毕竟思想政治教育观念的渗透，除了条条框框的灌输外，更需要通过文艺作品的演绎和传达。在三网融合的大背景下，手机视频用户规模快速增长。随着智能手机的普及，Wi-Fi资费的下降，手机视频契合了大学生碎片化生活的需求。推动中华优秀传统文化和当代文化精品网络化传播，创作适于新兴媒体传播、格调健康的网络文化作品。弘扬中华民族优良传统、歌颂民族英雄、传播正向价值观念的影视作品，如《长津湖》《水门桥》《八佰》《建国大业》等影视作品，对激发大学生的爱国意识、增强集体观念、强化理想信念、升华大学生的民族自豪感和凝聚力起着重要作用。在手机媒体大行其道的紧迫形势下，高校思想政治教育必须引领网络舆论，给大学生营造一个健康、活泼、向上的环境。

二、智能手机媒体作为思想政治教育载体的可行性

（一）智能手机媒体的功能为拓展思想政治教育载体提供了技术平台

智能手机媒体承载量大、移动能力强、传播速度快、覆盖面广、互动性强的优势，拓宽了高校思想政治教育的教学阵地。高校思想政治教育工作既可以借助手机媒体丰富的信息源，也可以借助传统媒介和传统教育手段，开展思想政治教育活动。又可以大范围地、快速地、主动地向大学生传播正向的思想观念、政治观点和价值理念，对相关理论政策的解读，也可以在第一时间让学生知晓。学生在学习哲学经典、马克思主义经典著作、中国的马克思主义相关著作及文章时，当遇到一些难题和困难，可以随时随地利用智能手机媒体上网查询相关材料，和教师、同学互动交流，智能手机媒体这种得天独厚的优势，为高校思想政治教育内容和手段的不断创新创造了条件。智能手机媒体的发展，催生了各种应用程序，中国知网、维普网等知名学术网站都有属于自己的掌中 App。利用手机媒体的新技术，随时了解学科理论前沿，掌握一手热点资料，有利于提高思想政治教育工作的效率。

学校的中心工作是教学，长久以来，这一中心工作任务并未发生改变，在分数称霸的校园，学校的工作重点始终紧紧围绕课堂教学。大学是一个开性放、社会性、实践性大课堂，仅仅依靠课堂教学并不能满足学生发展的需要和时代的要求，手机媒体集人际传播和大众传播于一体，在很大程度上使信息传播提速、增道、扩路。特别是各种手机应用的开发，各种手机业务的发展，丰富了手机媒体的功能，将刻板的思想政治教育内容以更为形象、生动、鲜活的形式呈现给广大受众，学生乐于学习，愿意接受。在重大节日和热点事件中，教育者给学生群发信息，让学生及时了解相关情况，避免受到不良信息的干扰和误导，增强大学生的思辨能力。借助移动互联网平台，教育者发挥主观能动性，以饱满的激情和对学生真挚的关怀，搭建切实可行的校园手机办公平台，以此来增强该平台实际操作的可行性。

（二）智能手机媒体的特点为增强思想政治教育的针对性奠定了基础

传统思想政治教育的对象通常是群体，很难针对学生的个人情况开展思想政治教育，一是学生个人信息状态有隐蔽性和私密性，难以普遍悉知；二是没有足够的人力物力，一旦学生发生突发情况，往往措手不及。以前的思想政治工作者在实际工作中经常会出现为了某个学生、某件事情跑断了腿、磨破了嘴的现象。手机信息传播是"点对点""点对面"的传播方式，教育工作者发送信息的对象是固定的学生群体，信息发送的内容、结果和效果都可以很好地进行预判，在很大程度上提高了思想政治教育的实效性。智能手机媒体让信息的及时送达、反馈成为可能。随着高速网络的普及，智能手机媒体的广泛运用，即时交互的手机通信软件，网络空间、微博客都可以成为思想教育工作者及时捕获学生思想动态的工具，一旦出现不良苗头，便可以果断出击，及早为学生做好思想政治工作，确保学生群体思想积极健康向上、乐观稳定，让思想政治教育工作更有针对性。手机媒体的个性化传播方式，避免了教育过程中千篇一律的信息传播。世界上每个个体都是独立的，每个学生都是独一无二的。重共性、轻个性的理念方式与新时期广大青年的发展趋势相逆，也不利于创新性人才的培养。教育工作者针对不同的学生个体，利用智能手机媒体采用不同的教育方式，传递不同的教育内容，为学生个性化的发展创造了条件。手机媒体个人私密性让彼此间的交流成为隐藏在手机媒体背后的人—机—人交流，相较于传统的面对面的心理辅导方式，更易于被学生接受。很多学生由于个性腼腆，性格内向，表达含蓄，顾忌多虑不敢向教师吐露内心情感和思想上的困惑，致使很多教师难以全面获知学生情况，不能为学生制定有针对性的个性治疗方案，其结果通常是恶性循环。运用智能手机媒体，通过在线情感交流、咨询、互动能够有效克服上述障碍，为大学生提供一个隐秘的，却能真实表达自己、宣泄内心情感的场所，可以让辅导教师及时了解学生的个人情况，与代课教师、学校相关负责人通力合作，帮助学生攻克难关，真正成长为对社会有益的人。

（三）教育对象的接受习惯使他们对智能手机媒体有着天然的亲近感

移动通信网络环境下的手机媒体已经当之无愧地成为第五媒体，无论是网络还是手机都对青少年有一种难以明说的吸引力。

首先，浅阅读模式符合大学生新时代的需求，正是由于个众对信息的渴求和关注，智能手机媒体才拥有了更大的舞台。手机媒体的个性化特征，App 软件的个性化运用，都让充满好奇心、对信息渴求强烈的大学生欣然向往。生活的压力，繁忙的工作，焦虑的心情，复杂的人际关系导致人们很难有多余的精力接触视线以外的信息，而智能手机媒体的发展，多种新闻应用工具的成熟商用，改变了传统的阅读方式，碎片化的阅读模式让人们随时随地可以了解时事新闻、娱乐八卦、生活趣闻。

其次，自我参与意识滋润了手机媒体在学生中发展的土壤。随着社会的发展，人们的自主意识、独立意识和参与精神都得到了空前的增强。人们更加重视个人价值，话语权增加，人人都想成为公众焦点，这一点恰好迎合了当代大学生敢于表现、善于表达的个性，手机网络的发展为广大青年提供了广阔的发展空间。手机媒体存储的海量信息和及时获取信息的特点，不但扩大了大学生的视野层面，更重要的是正在改变着大学生获取信息的方式，同时解决问题的方式也更快捷、更简单。

最后，智能手机媒体的小体积，隐秘性强是受到学生欢迎的重要原因之一。手机媒体的便携性，改变了过去面对面式的谈话方式，让话语流通的范围更广，内容更丰富，使碎片化时间的生活千姿百态。大学生生活在一个集约化程度、受关注程度和网络高度发达的社会，小错误会被无限放大，这给大学生带来了很大的不安全感。而手机媒体始终不遗余力地保护着用户的隐私。如今很多网络 App 软件，如隐私管理大师、隐私卫士、隐私空间、隐私锁屏和隐私日记等，尽管这些软件还存在一些问题，但是不可否的是，这些软件的开发与运用确实极大程度上改善着我们私人空间被侵犯的现状。手机媒体已经改变了大学生的生活，网络购物、网络交往、网络娱乐、网络学习都可以通过小小的手机实现，方便快捷的一站式服务，吸引的对象不再局限于商务人士、大学生，越来越多的普通人，都真真切切体会到智能手机媒体给人们生活带来的实惠。

总之，智能手机媒体成为思想政治教育载体不仅"可以为之"，而且"必须为之"。这不仅是高校思想政治教育载体与时俱进的表现，是充分发挥手机媒体思想政治教育作用的基础，是满足当代大学生信息需求的条件，也是高校思想政治教育顺应政府要求，全面贯彻党的十八大、十八届三中全会精神的题中应有之义。高校思想政治教育载体必须不断创新，智能手机媒体必须为思想政治教育所用。

第三节 加强高校思想政治教育智能手机载体建设的对策

一、强化思想政治教育智能手机载体的教育理念

（一）以人为本的教育理念

思想政治工作说到底是做人的工作，必须坚持以人为本，既要坚持教育人引导人鼓舞人鞭策人，又要做到尊重人理解人关心人帮助人。高校思想政治教育工作首先必须贯穿以人为本的教育理念，这不仅是坚持以人为本的教育宗旨，也是与时俱进的时代诉求，尤其是在手机网络高速发展的环境中，运用智能手机媒体开展思想政治教育的过程中确立以人为本的教育理念，就是强调高校思想政治教育在新环境中，必须牢固树立以大学生为主体的教育理念，真正做到言传身教，以身作则，无私奉献，以增强学生的积极主动性，提高他们的自我教育能力为目的，不断丰富和创新教育内容、形式、方法、手段。

人的根本属性是社会实践性，只有社会实践才能使人的认识开始发生。人具有自然和社会双重属性，但社会属性决定了人的本质。学生的健康发展，受自身生理、心理和智力条件的限制，外部环境对学生的塑造至关重要。学生在外部环境的影响中，并不是被动接受，而是发挥主观能动性的成长过程。教育者对受教育者的关心、爱护，为他们提供的温馨良好的成长条件，有利于学生的健康发展。

以人为本的教育理念，首先是人文关怀。思想政治教育坚持以人为本，就是要尊重受教育者，尊重受教育者生存、发展、享受和被尊重的权利。手机网络的普及，教育观念不再局限于课本中的条条框框，教育形式不再拘泥于课堂，四通八达的网络把教育观念、内容无形中渗透到学生的思想中，教育者关注的重点，从课堂延伸到课外，从课外扩展到网络。受教育者可以随时提出见解，针对某一话题，主客双方可以各自发声，平等发表言论。通过自由对话，教育者可以了解受教育者的思想动态，给予受教育者支持和引导，让受教育者充分感受到被尊重、被重视、被关注。只有受教育者感兴趣的内容，才有利于思想政治教育活动的开展，才能更好地贯彻以人为本的教育理念。手机网络的发展，各种交互式工具的盛行，为教育者提供了便利。只有以受教育者的客观要求作为衡量尺度对思想政治教育内容和形式进行科学规划，才能最大限度地发挥手机媒介的功效。

以人为本的教育理念不仅体现在教学活动中，更要深入校园管理活动中。教育管理的人性化，要求管理者一切为了学生服务，一切为了学生便利。在学生的日常生活管理中，要急学生所急，想学生所想。时刻关心学生，时刻为学生服务。

以人为本的教育理念，其次体现在民主精神。新时期运用智能手机媒体开展思想政治教育，应该充分考虑到师生之间的平等关系，在不违规违纪的前提下，尊重学生使用手机的

习惯。了解学生使用手机网络的特点，针对网络人际关系特点，给予学生充分的话语权，让学生敢于表达、善于表达、乐于表达。教育者与受教育者之间民主平等的关系，让教育者在运用智能手机媒体开展思想政治教育活动时，尊重学生的观点，尊重学生自由表达的权利，在自我学习和师生相互学习间促进双方共同成长。

以人为本的教育理念，也体现在及时的心理疏导。多元化的信息世界中，学生成长发展的环境不再是一个封闭的、单纯的、纯粹的学习氛围，复杂的舆情信息，多元的价值理念，各种社会的压力，让学生出现各种各样的问题。教育者必须以以人为本的理念及时纾解学生的心理问题。在日常的学习生活中，运用各种手机交互工具，关注学生的个人微博客，网络动态，认真分析每一位学生的精神状态，制作针对学生的个性化档案，定期地和每一位学生谈心，特别关注某类学生，及时提供帮助，让温暖融化学生冰冷的心，让关爱缓解学生内心的焦虑，让关怀免去学生的后顾之忧。

（二）开放多样化的教育理念

网络文明倡导民主、平等、开放、自由的精神映射到当前的大学生思想政治教育，显得十分迫切。网络是一个不同于以往单一传播方式的立体式的传播载体，信息覆盖范围更大，传统点线的教育格局已经不能适应当今学生学习的需求，必须以一种全新的立体式的网格化的教育模式取而代之。科学的开放性的教育理念，除了表现在教育目标、教育内容、教育观念、教育方式和教育过程的开放，更表现为教育要以开放的观念和心态为学生营造宽松、民主、和谐的学习环境，引领学生在学习中探索，在开放的信息世界中获取有益于自身发展的信息。

智能手机媒体庞大的用户基数，奠定了智能手机媒体成为思想政治教育载体的可能性。用马列主义、毛泽东思想和中国特色社会主义理论体系来武装青年学生的头脑，用社会主义核心价值体系引领青年学生思想导向。不仅要开发好"有字之书"，更要注重生活实践中的"无字之书"。信息技术高速发达的时代，让高校思想政治工作迎来了"春天"，但要警惕"春天的过敏性现状"，特别是教育理念的继承与发展。不能因为有危险就不去接受，也不能因为害怕改变就不去改变。思想政治教育理论内容本身多是乏味的、枯燥的。开放的教育理念引导教育工作者积极探索适合大学生思想政治教育的多种方式，吸收各种先进的教育方式和教育内容，借助手机媒体，将一切经典的、时代的、民族的、世界的、现实的、虚拟的资源用于教育活动，激活教育实践。利用手机网络吸收世界上优秀的教育思想和教育方式，为我所用，不断促进大学生自我发展的能力，增强未来的社会竞争力。"在教育上抢到的机遇是最大的机遇，赢得的发展是最具价值的发展，产生的失误也会是最根本的失误。"全球一体化的趋势愈演愈烈，世界各国之间的关系更加密切，在政治、经济、文化等多方面的交流合作愈发朝着深层次、宽领域方向发展，与此同时，人们思想愈加多样化，自我意识也愈加深化。青年学生尤其如此，智能手机媒体多样化的特点，决定了学生接收信息的内容多样化，形式多样化，影响也必然多样化。智能手机媒体本身就具有多样性的特点，思想政治教育的形式、方法、手段，也要重视教育工作者教育理念顺应时代的更新发展，树立超越这一时期教育要求的教育理念。社会是一个急速发展的社会，社会对人才的需求也是日新月异，人的发展对教育的提质也是时不我待，固化的封闭的人才培养模式已经无法满足多样化的人才需求，搭建终身学习的"立交桥"，满足人们多样化、持续性的发展需求已是大势所趋。

多样性教育理念需要教育工作者转变教育观念，"以分论好坏"的评价标准已经不能对学生做出客观公正的评价，不利于学生未来的人生规划。智能手机媒体的广泛应用，让更多的孩子在网络世界中大放异彩，教育工作者应该及时看到这一点。不拘泥于分数，让更多的教育工作者能够充分挖掘学生的潜力，对学生的思想政治教育工作也不局限于某一种刻板的形式，按照学生各异的成长轨迹和人生规划，为学生量体裁衣，制定针对性强、实效性强的"个人终极培养方案"，让每一位学生都能充分发光发亮。

（三）个性发展的教育理念

依据马克思主义唯物史观的原理，个人价值和社会价值并存不悖。个人价值是社会价值的前提，社会价值是个人价值的延续，二者相互依存。古老的中国文化和传统观念是思想政治教育一直注重对学生的社会价值的教育，而忽视个人价值的重要性。个体自由发展的重要性，一直被教育忽视，在一定程度上陷入了"中国式教育"的困境。

马克思主义认为"每个人的自由发展是一切人的自由发展的条件"。因为"全部人类历史的第一个前提无疑是有生命的个人的存在""人们的社会历史始终是他们的个体发展的历史，而不管他们是否意识到这一点"。手机媒体最大的特点就在于手机的便携性和私密性，手机媒体的普及让媒体的接受群从分众成为个众，每个学生都是个性鲜明的个体。在高校思想政治教育过程中坚持个性化的教育理念，是对学生负责，也是当今时代对人才的渴望。个性培养有着哲学上的基础和意义，世界上没有完全相同的两片叶子，自然不会存在两个个性完全相同的学生，思想政治工作者必须用不同的教育方式和教育手段区别对待每一个学生。个性化的教育观念，强调必须承认每个学生存在的差异，要与时俱进，更要因人而异，因材施教。以智能手机媒体的构建为契机，针对个性不同，兴趣爱好不同，条件不同的教育对象，有针对性地、引导性地开展思想政治教育活动，让思想政治教育活动成为契合学生心灵需要的个性辅导，促进每位教育对象的个性化发展。

丰富鲜明的个性化发展是实现社会创新，提高创新能力的源泉。现代教育中鼓励个性张扬，同时也鼓励学生自我发展，为学生自我能力的提升创造一系列的条件。个性化发展的教育理念实质上是以"以人为本"为基础的教育理念，正因为尊重学生，爱护学生，才会为学生提供个性发展的空间。固化的统一的教育模式不利于个性化人才的培养，不同的教育内容、教育手段、教育方式而形成的个性化教育模式，为实现共性化的教育模式向个性化的教育模式转变提供了技术支持。

关注学生的个性发展，不仅要从教育内容、方式和手段上下功夫，更要多关注学生的感受。关注学生的感受，满足学生合理的需求，是教育工作者应该做并且是必须要做的。智能手机媒体的发展为教育工作者的日常工作提供了便利，通过手机媒体网络，教育者和受教育者之间会形成积极的互动，关注学生的内在需求和外在满足是否相一致，关注学生被尊重的需求，自我价值实现的需求。利用智能手机媒体为学生排忧解难，充分发挥智能手机媒体的中介功能，重视学生主观感受的满意程度和情绪反应，为学生营造乐观、积极、向上的生活、学习环境，提升学生的自我境界，让学生在个性发展的同时，能形成以关爱他人为基础，以集体利益为先导的自主个性。

二、优化思想政治教育智能手机媒体的教育资源

（一）利用"手机微博"丰富思想政治教育内容

第一，主动建立"关注"，重视大学生的个性发展。随着大学生的成长进步，他们的思想日趋成熟，意见表达和个性彰显的意愿日益强烈。现代化社会中，大学生面临着毕业就失业的困境，压力大、就业难、高房价、压抑着大学生的个性发展。面对现实，很多大学生不敢放手追逐自己的梦想，压抑的心理容易产生扭曲的个性。手机微博的发展恰逢大学生的需要，思想政治教育工作者需要在整体微博群中，主动寻找自己的学生，主动建立本校的微博，吸引更多学生关注。指导学生班级建立自己班级微博，提升班集体的凝聚力和号召力。释放学生内心，重视其在个人价值上的突破和发展，不再强调整齐划一，得到完全相同的学生反映。"微"发展使高校思想政治教育对学生的影响更加深刻，为每位参与其中的大学生提供了无数的机会，包括学习、就业、创业、心理和生活多方面的机会。要尊重每位学生的话语权，关注学生的意见表达和思想动态。

第二，享受手机微博的过程，满足大学生的情感需要。利用手机微博开展思想政治教育成效的好坏，关键在于教育工作者是否享受运用手机微博开展思想政治教育的这个过程。思想政治教育中的个体价值包括享受价值，享受价值体现在教育工作者在实际的教学活动中，学生要求得以满足，学生专业知识得以扩充，文化素养得以提高时获得的内心的满足感和自豪感。当代大学生的思想观念和思想情感不再局限于个人崇拜或者对某一信念的绝对服从。根据马斯洛的人的需求理论，大学生的情感需求既包括与物质相关的满足感和落魄感，也包括与精神相关的更高层的心理需求。手机微博的世界是一个心灵交流的空间，教育者与受教育者之间不受时间、空间、载体的限制，为大学生情感的充分表达和宣泄提供了广阔的平台，也为思想政治教育的开展营造了良好的教育氛围。

第三，利用手机微博对学生开展"深度辅导"。利用手机微博开展思想政治教育，必须加强对微博内容的"防、堵、疏"，在密切关注学生思想动态和行为举止的基础上，对学生开展有针对性的思想政治教育。就微博中出现的热点话题和突发事件，及时发布校方最新消息，用媒体的权威声音占领舆论的主阵地。利用微博短小精悍的文字，搭配精美动人

的图片，还可以以视频的方式表达教育者自己的观点，不是生硬地、粗暴地堵住大学生的嘴，而是从心灵上拉近距离，以鞭辟入里的文字，深刻意蕴的内涵征服学生，让学生从心底信服，认同思想政治教育宣传的观点、内容，改善师生关系的同时，也为思想政治教育工作创造了宽松的教育环境，在潜移默化中对学生实现心灵上的"深度辅导"。

（二）利用"手机即时通信工具"随时传递思想政治教育信息

即时通信（IM）是一种以软件为执行手段，依靠互联网平台和移动通信平台，以多种信息格式沟通为目的，通过多平台、多终端的通信技术来实现的同平台、跨平台的低成本高效率的综合性通信工具。随着互联网的普及，移动通信技术的发展，即时通信工具呈现出的类型多样化、功能丰富化、对象个性化已经成为人际沟通交往的主要工具之一。

目前主流的即时通信工具包括 QQ、微信、陌陌等，笔者讨论的手机即时通信工具以 QQ 和微信为主。

QQ 是我国自主研发的第一款即时通信工具，原名 QICQ 是模仿国外的 ICQ（I Seek You）而来，意味 Opening I Seek You，后来更名为 QQ。QQ 自诞生以来，就以卡通的企鹅头像，强大的沟通功能，稳定的系统设计、持续的软件更新而备受广大互联网用户的青睐，尤其在大学生群体中引发了共鸣。到目前为止，QQ 不仅是一种即时通信软件，还承接了传输文件、共享文件，QQ 群、QQ 阅读、QQ 游戏、视频通话等多样的系统功能。QQ 群实际上就是一个微型的社区网络。随着手机移动通信技术的不断发展，各种聊天软件不断更新换代，但 QQ 依然是即时通信工具中的翘楚。

微信自 2011 年诞生后，从此把沟通带入了一个全新的时代，改变了人们单纯依靠文字远程交流的模式。微信是腾讯公司推出的提供语聊功能的全程免费的即时交互手机软件。微信与其他即时交互软件最大的不同在于独一无二的语聊功能，就像是对讲机的升级版。沟通方式由语音时代接档拇指时代，成为当下最炙手可热的通信工具。微信中微信圈的关系亲密，在更大程度上保护了个人的隐私。微信的快速发展，也催生了各类微信公共平台。微博是信息共享的平台，而微信是私人网络，朋友圈更新信息的速度取决于微信好友发布信息的快慢，可以掌握每一位好友的状态，信息的可信度更高。在这样的背景下，利用手机 IM 开展思想政治教育，传递思想政治教育信息，不仅可行而且十分必要。

社区网络是由亲情、友情或利益维持沟通连接的，现逐渐演变成具有共同价值观念或者相同兴趣爱好的人们组成的亲密关系，是一种充满人情味的社会网络。即时通信工具的出现，扩大了学生社交网络的范围，高校学生可以根据自我归属感和集体认同感划定自己的社区网络。虚拟社群之所以能够长久发展，不在于群内成员关系的亲疏程度，而在于虚拟社区中的学生能够从他所处的社区中达到互动的目的，以获得帮助、指导。无论在实际生活中还是数字网络中，群体的发展都离不开"领袖"的引领，意见领袖在 QQ 群中的地位十分显赫，往往掌握着话语的主动权。尤其在"兴趣类""特定话题类"和"专业知识领域内"

等 QQ 群中，意见领袖的作用更是举足轻重，群体成员对意见领袖的信服程度也很深。这就急切需要高校思想政治教育工作者利用自身的聪明才智，通过群内信息把握学生的思想动态，与学生"心连心"。

三、加强思想政治教育智能手机载体的队伍建设

（一）重视高校思想政治教育智能手机载体的构建

搞好思想政治工作，是我们党克敌制胜的法宝。以智能手机媒体为依托的各类互联网通信工具为思想政治教育的开展拓宽了路径，这些交互工具契合了当今时代的发展，满足了当代大学生运用高科技手段互相沟通交流的意愿，也是当代大学生学习和生活的必需品，因此，学校高度重视思想政治教育手机载体的构建，既应时代情，又合学生意。手机载体的正常运行需要科学的理论指导，顺应时代的潮流，健全组织领导体制，高校领导要高度重视手机媒体对大学生造成的影响，出重拳，广撒网，支持高校工作者下大力气深入研究手机载体的建设，分门别类地对手机媒体的特点、功能和对大学生、思想政治教育带来什么样的影响开展研究。

在新技术面前迎难而上，不胆怯，不退缩。找出手机媒体与思想政治教育的契合点，将手机媒体广泛运用于现实的思想政治教育实践中。

手机载体的建设离不开大量资金的支持，高校应加强相关的资金和设备投入。利用手机媒体开展思想政治教育，只有软件建设是远远不够的，硬件建设也是不可或缺的重点。高校要配置必备的手机通信设施，实现全校范围内手机信号的广覆盖，为学生创造手机上网的条件。要购置必要的手机终端和信息安全监控设备，加大对学校网站的时时维护和学校贴吧的动态管理，引导舆论导向。与当地的移动通信公司强强联合，吸引一定的社会资源，共同出资出力建设相关教育网站和手机服务平台。

（二）加强高校思想政治教育智能手机载体队伍的培养

党政工干部、辅导员和班主任是开展高校思想政治教育的主力，利用智能手机媒体开展思想政治教育更离不开这些主力的群策群力。我国思想政治教育队伍存在"红""专""又红又专"的三种情况，又红又专的这种理论素养过硬，技术水平又高的队伍毕竟是少数。在第五媒体时代背景下，既要提高教育工作者的理论素养，也要培养运用智能手机媒体开展思想政治教育的能力。

一方面，思想政治教育工作者必须具备过硬的理论素养。古语有云，"师者，所以传道受业解惑也"，传道是教育者的根本任务。教会学生如何做人、做什么样的人，教育工作者需要具备坚实的理论基础。首先，思想政治教育者的工作性质决定了他们必须不断提高思想政治道德素质，坚持正确的政治方向，树立坚定的共产主义理念，始终坚持党的领导，完善自我。其次，思想政治教育工作者需要不断扩充自己的科学文化知识，以广博的知识体系为基础适应当今时代的变化发展，把最新的前沿命题运用到实际工作中。最后，思想

政治教育工作者需要不断提高自身能力。这里专指沟通能力。日渐多元化的时代，学生的变化也让教育者猝不及防。教育工作者需要真正树立以人为本的教育理念，尊重每位学生，保护每位学生的梦想。利用智能手机媒体的各种交互工具，随时随地与学生取得联系，无论线上沟通还是线下交流，都要站在学生的角度思考问题，使巧力而不是用蛮力，做朋友而不是树敌人，在互相沟通交流中，探究学生的真实想法，形成互动的和谐关系。

另一方面，在信息高速传递的今天，思想政治教育工作者必须提高自己的媒介素养。我国受众长期以来尽心尽力扮演着信息接收者的角色，忽视了对信息的分析、研判、辨析和提取。因此，提高思想政治教育工作者的媒介素养十分必要。第一，提高教育工作者对文本的分析、批判能力。智能手机传播的信息并非都是有益的信息，也并非都利于大学生的健康成长。这时就需要教育工作者充当信息"把关人"，透过信息表象，思考产生信息的机制，学习使用和创制信息的方法，深刻理解媒体语言，着重关注语言、意识形态和信息再现问题。第二，提高跨文化沟通交往的能力。全球化是以经济为载体的，其逻辑必然导致标准的统一，面对其他国家将自己的文化精神、思想理念和行为准则悄然渗透在文化产品中，思想政治教育工作者要致力于在一系列教学活动中保持民族的批判精神和传统文化的独立与繁荣。在正确获取信息、分析信息、评价信息和传播信息的基础上，不断增强自身的自主性、判断力和个人责任感来指导自己的行动。喜欢国外的文化生活但不会盲目崇拜，尊崇国外的价值理念但不会照搬照抄，借鉴国外的先进经验但不会全盘接收，保持自我意识独立性和民族文化的自豪感。第三，培养理性的民主意识。面对热点话题和突发事件，思想政治教育工作者要保持头脑冷静，思维清晰，提高对信息的筛选能力和辨别能力，容忍不同意见的表达，尊重个人表达意见的权利，但是要始终站在马克思列宁主义、毛泽东思想和中国特色社会主义理论体系的角度上应对冲突，增强协调能力和解决问题的能力。第四，学习网络语言，运用网络语言，走在学生之前，走进学生之中。和学生的日常交流中，善于运用精练的网络语言、幽默的网络语言符号、生动的网络语言动画，建立和学生的共同语言，为思想政治教育的顺利开展创造条件。

另外，要始终坚持以人为本的教育理念，通过专业的手机媒体知识培养，提升对思想政治教育者运用智能手机开展思想政治教育能力的培养。思想政治教育工作者要熟练使用并且要善于利用各种手机自带的交互式软件、音视频软件和电子阅读软件，将思想政治教育内容渗透到手机软件的每一个角落。

四、完善思想政治教育智能手机载体的监管机制

依托智能手机媒体开展高校思想政治教育工作，离不开行之有效的制度规范。制度化是高校思想政治教育顺利开展的有力保证，是一个发展过程，其主体是众多群体和组织，目的是使这些主体日趋成熟。为了保证高校思想政治教育手机载体的运行顺利畅通，确保思想教育工作者能够运用手机媒体达到预期的教育效果，必须建立相应的制度。

首先，完善权责管理制度。坚持以人为本的教育理念，创新大学生思想政治教育的动力机制，建立健全切实维护大学生权益的权责管理制度、应急预警机制和鼓励机制，思政工作者要各司其职，实行网络导师到岗服务，与个人绩效成绩挂钩，确保手机媒体开展思想政治教育活动时，每一个环节都有专人负责，让更多的教师、后勤、管理人员都能够投入思想政治教育活动中，充分发挥监督、管理的职能，确保手机思想政治教育活动的顺利实施。

其次，重视意见反馈机制。完善手机信息沟通制度，在信息的获取、交换、表达和意见产生的过程中，充分利用反馈的信息，针对学生处理信息的不同阶段采取不同的措施，保证手机活动能取得收益的最大化。注意区分手机网络中学生群体中存在的灌输者、讨论者和发问者，因势利导，有针对性地开展活动，汇集校园舆情信息，积极主动地引导舆情导向，做学生思想的风向标。

再次，制定效果评估指标体系。效果如何是通过学生的思想和行为体现出来的，思想政治教育效果的好坏，直接影响着学生的个人发展。效果评估指标体系的拟定落实，需要根据智能手机媒体的独特性，智能手机媒体对思想政治教育的特殊影响来制定，在评估的过程中，充分尊重学生个体差异性和多样性。对手机媒体开展思想政治教育活动的评估，其目的不是鉴别手机功能，而是要强化手机媒体的导向功能，让学生善于利用手机，以正确的、积极的、向上的态度对待手机信息。

另外，优化监控手段。加强对手机网络中呈现出的不同社会心态的检测评估等网络预警机制，对于手机网络中出现的不良心态及时进行引导，协调校园中存在的不和谐的声音。利用智能手机媒体，加大对学生的心理健康教育辅导，强化思想政治教育效果，在整个过程中充分体现人文精神和心理疏导，各个部门全力配合，优化监控手段，抵制不和谐因素，引导校园舆论导向。

最后，健全思想政治教育手机媒体的法制建设。法律规范是手机载体思想政治教育顺利开展的根本保障。将手机媒体的相关法律运用于高校思想政治教育的日常管理中，借鉴国外高校关于学生使用手机媒体的法律规范，有利于高校思想政治工作者对学生运用手机媒体的管理，减少有害信息对学生的危害，确保学生能够文明使用手机媒体。

第八章 全媒体与思想政治教育相结合的实践探索

第一节 新媒体时代大学生网络舆情引导的依据和途径

在信息大爆炸、新媒体称雄的信息时代，"互联网＋新媒体平台"日益成为社会舆情的敏感区和发源地，其重要性、影响力和渗透力已经远远超越了传统媒体。网络舆情深刻改变和重塑着社会舆论生态，对当代大学生的思想、行为和生活产生直接作用和广泛影响，给青年大学生的健康成长和实现党在新形势下的大学生思想政治教育工作目标造成了不容忽视的冲击。

一、网络舆情改变和重塑着社会舆论生态

（一）网络颠覆了传统的信息传播方式

在信息社会到来和网络时代崛起之前，人们之间的信息传播主要依靠人与人之间的口耳相传、文字交流和纸质媒介等方式，呈现出点对点、单向度、被动性、线性的特征。公众掌握和接收的信息极其有限，个人发表意见、发布信息、传播思想的渠道和平台也十分狭窄，也决定了信息传播速度、传播范围和影响力的局限性与效度。社会舆论基本处于官方掌控和主导的范围内，对于一些不利于社会安定团结和有悖于国家治理的信息，政府有关部门可以轻而易举地进行防范、删除、封堵。然而，网络技术以其层级扁平性、多向互动性和交流开放性等特点，使信息传播和交流实现了自由顺畅、高度共享、即时交互的目标。"事实上，智能手机的出现，已经将我们带入另一个世界。在这个世界，信息不再是稀缺物，很难再成为垄断资源。"网络消除了参与者身份、地位、阶层等个体性的差异，人人都可以自由、简易、快速地在网络上发布信息，也可以根据自己的兴趣、爱好和关注话题发表观点、搜索信息，并与其他用户就共同关心的话题进行广泛讨论、深入交流。这种无障碍的信息传播模式完全改变了传统信息传播的主客体关系，模糊了信息创造者、发布者、传播者以及接受者之间的界限，传统的"我说你听"传播模式被大家都是"言说者"的传播方式取代，权力主导的话语权力体系也被解构了。网络技术发展和网络工具的普及，改写了信息传播的规则，带来了信息传播方式的彻底变革，颠覆了传统的信息传播模式，解除了政府部门

对信息的垄断权和控制权，使得公众信息以及社会舆论大面积形成、大范围传播与产生巨大社会影响成为可能。

（二）网络具有很强的舆论放大效益

在网络上，每个人都可以是信息的制造者、传播者和接受者，并且可以同时扮演多种角色。特别是随着自媒体时代的到来，"随手拍"成为常态，"微博直播"日益普及，公民记者大量涌现，标志着整个社会舆论环境已经从"大喇叭"时代转型升级为"麦克风"时代。在"麦克风"时代，无形无色网络的力量无孔不入地渗透到经济社会的各个领域和人们生活的各个方面。在网络上，一则消息、一句评论或一张图片都有可能引爆网络舆情，只言片语、点滴涟漪可以在刹那间波及全球、辐射全世界，引发网络社会甚至是现实社会的轩然大波和广泛反响。正是凭借着便捷性、平民化、普泛化、自主化和快速性等压倒性优势，网络的强大互动功能推动着信息传播朝着社会的广度和深度扩散与渗透。网络舆论以其跨越时空的强大生命力、渗透力演绎了社会舆论世界和现实生活中的"蝴蝶效应"。更为重要的是，网络的这种舆论放大功能和效应并未止步，而是在持续强化和加剧。

（三）网络日益成为社会舆论的"发酵器"和主推手

随着我国网民队伍的日益壮大，网站、网页的成倍增长，互联网已经成为人们生活不可缺少的重要部分。人们在网上或"指点江山"或"激扬文字"或"隔网喊话"……网络世界众声喧哗，网络舆情风起云涌，网络社会枪林弹雨。在这样多元而复杂的网络舆论生态下，许多与公众切身利益相关的社会热点难点问题，尤其是社会关注、百姓关切的消息一经"上网"，就会立刻被无所不在、无时不在的网民迅速"围观""转载"和"追踪"。评论者有之，爆"内幕"者有之，添油加醋者有之……网络上关于某一现象或特定问题所给予的关注、所形成的讨论也随之向现实社会渗透、扩散和影响。很多社会舆论事件往往发端于网络信息，许多现实生活中的集体行动或群体性事件最初都是在网络中酝酿和发酵。可以毫不夸张地说，"自媒体时代，是每一个人只要有简单的条件（有电脑或手机，能上网，会发帖、跟帖，会发微博等）就拥有了个人能够使用和控制的媒体，就可以随意向外界披露信息和发表意见，就相当于手中有了'麦克风'"。而网民中有较大影响力或极大影响力的意见领袖，甚至掌握着"核按钮"，产生舆论聚变和裂变，最后酿成舆论海啸。网络对社会公共生活与社会舆论生态的影响随着时间的推移而愈加明显、日益深刻。网络不仅完全改变了信息传播的方式和形态，而且彻底颠覆了社会舆论的生成机制和演变格局，一跃成为社会舆论的"发酵器"和推手。

二、网络舆情的新特点及其对当代青年的影响

由于网络打破信息传播主体的一元化和垄断性地位，网民既不是传统意义上的"受众"，更不是人云亦云、毫无主见的"应声虫"，而是集信息的挖掘者、发送者、接收者、加工者、使用者于一体。每个网民对网络事件的围观、点赞、转载或评论，都有可能直接影响网络舆情的发展方向，甚至是对现实社会的影响。网络舆情表现出与传统社会舆情大相径庭的新特点。

（一）网络舆情内容丰富但复杂化

网络的开放性为求知欲极强的当代青年打开了知识宝库的大门，网络海量的信息和形式多样的服务功能给当代青年带来了极大便利的同时，也面临着许多问题和挑战。一方面，由于网络公共理性发育不足，尚未形成规范有效的网络参与秩序。网民对网络信息的关注往往止于表面，通常按照自己既有的思维去认识、了解，容易忽略甚至不愿相信事件背后的真相。另一方面，当前正处于社会利益结构重大调整的转型时期，各种社会问题层出不穷，各种社会矛盾趋向激化，各种社会情绪此起彼伏。得意者、得益者、得利者可以在网上尽情潇洒，失意者、失败者、失利者也可以在网络上找到属于自己的"领地"。在网络这个对任何人、任何事几乎都可以畅所欲言的虚拟空间里，既有积极健康向上的意见，又有消极偏激虚假的蜚语，既有理性审慎、科学严谨的态度，又有无理取闹、无中生有的"奇葩"。由于大多数青年尚处于世界观、人生观、价值观从幼稚到成熟转型的关键阶段，极易受到外界思想观念的影响。良莠不齐的网络信息，在使网络舆情趋于复杂化的同时，也深刻影响着青年的价值判断和价值选择。

（二）网络舆情传播迅速、难控性强

当碰到新奇的情况或一个热点事件发生时，网民可以在第一时间于微信朋友圈、微博、QQ群、社交网站等网络平台中发表看法、高谈阔论，尽情享受、挥霍网络赐予的言论自由，使其形成网民关注的焦点，使得个体零散的意见快速聚合，不同见解或意识形态的舆论剑拔弩张，就在这种汹涌澎湃的舆论"拉锯"中，迅速形成初具规模的舆情声势。在网络知名人物、"意见领袖"和主流媒体等介入后，网络舆情对事件的影响力度将以指数级倍增，影响范围将呈波浪状向外扩散、放大，很快就形成了"滚雪球式"的传播效果。例如，"切糕"事件、"鸟叔"之风、恶搞风靡等大都源自网络，继而在各领域引起共鸣，舆情之势直奔现实社会。缺乏理性和价值观的引导，个别的、局部的甚至是不真实的问题，经由网络传播，可以轻而易举地演变为全局性、社会性的问题。但问题并未仅限于此，"网络舆情形成后，与现实社会中的舆情交替传播，相互影响，对社会生活中的方方面面产生深远影响。特别是对公共决策、民主政治、社会伦理道德和文化安全等方面产生正面或负面影响"。与其他舆情形态相比，网络舆情具有突发性、多元性、交互性、扩散性和偏差性等特点，个人主观判断、情感直觉和情绪化意味浓厚，因此极为容易出现非理性和群体极化的倾向。这对网络舆情的可控性提出了挑战，也使青年网络舆情引导增长了难度。

（三）网络舆情成为思想文化渗透的重要手段

敌对势力"西化""分化"我国的战略图谋始终存在，更利用网络无孔不入的条件，在"无边际"的虚拟社会中大胆积极地扩大鼓吹"马克思主义过时论""社会主义失败论"，大肆宣扬"中国威胁论""意识形态终结论"等,从文化、思想、价值观念及政治制度等方面,制造出许多干扰我国社会主义主流意识形态的"杂音"和"噪声"。一方面,西方敌对势力利用其在网络技术发展方面的主导地位和网络无边界、无国界的特点,通过各种如影视、音乐、游戏、娱乐等文化渗透的方式抓住人们的眼球,极力宣传其所谓的"民主""自由"和"人权"意识形态,并试图通过文化渗透、思想诱惑、制度嫁接等手段,不遗余力地夺取我国社会主义主流意识形态的舆论宣传阵地。另一方面,随着改革开放的全面深化和社会利益格局的深刻调整,部分社会成员出现利益受损,一些消极腐败现象多发易发,风险社会的到来助长了人们的压力感、危机感和焦虑感。这种特殊的网络舆情渗透和攻击行为具有很强的隐蔽性、渗透性和欺骗性。它通过制造吸人眼球的话题,策划轰动网络事件,进行蛊惑宣传、造谣欺骗和煽动攻击,企图以潜移默化的方式影响或动摇青年对中国共产党的信任、对中国特色社会主义的信心。于是,网络中到处充斥着各种居心叵测、似是而非的思想、观点,个人主义、功利主义、享乐主义逐渐渗透网络,形成非主流意识信息洪流。青年作为社会生活中思想最为活跃、热情最为高涨的群体,自我意识极强、表现欲突出、对新生事物充满好奇心,一旦进入互联网的"自由空间"的界域,在无人监督的情况下,个人道德防线和自律防线很容易崩溃,继而成为西方敌对势力思想文化渗透的"俘虏",导致部分青年出现思想迷惘和价值取向紊乱。进而造成社会主义主流意识形态渗透受到冲击,诱发中国特色社会主义理论、制度和道路信任危机。

三、大学生网络舆情引导的基本策略和实现途径

（一）抢占网络舆论阵地，牢牢把握网络舆情引导权

当前,社会意识形态领域的竞争、斗争和博弈日趋复杂,各种思想文化交流交融交锋此起彼伏。网络作为各种社会思潮宣扬和兜售其"价值秘方"的重要市场,是各方势力竞相争夺的敏感地带。在网络社会,一些热点话题和敏感问题极易被居心叵测的人利用,通过歪曲事实、挑拨离间、添油加醋等手段,造成"波涛汹涌"的网络舆情。网络舆情对青年大学生的思想、思维、性格、道德和日常行为的影响与日俱增。从这个意义上讲,互联网已然成了宣传思想战线和意识形态领域争夺人心、争夺大学生的主战场。要赢得未来必须赢得大学生,而只有贴近网络,方可赢得大学生。对此,高校各级党委、各个部门和思想政治教育者必须牢固树立阵地意识,及时跟上互联网发展的步伐,做好官方网站、官方微博的建设和应用,积极促进传统媒体和新兴媒体融合发展,通过创建校务微信、思政专家微博、公众微信平台等方式,全面进军新媒体舆论场,主动抢占网络舆论阵地、网络舆论空间,做到平时"润物细无声",重大问题不缺位,焦点问题不迟钝,关键时刻不失语,牢牢把握网络舆情引导权、主动权。

（二）加强预警机制建设，正确引导网络舆情走向

由于网络信息良莠不齐,因而在网络世界里,既能"乱花渐欲迷人眼",又如"黑马激

起万里尘"。网络在给人们带来便利的同时，也对网络谣言、网络暴力的产生蔓延起到推波助澜的作用。网络谣言扭曲事实真相、颠倒是非黑白、混淆舆论视听，而网络暴力则会破坏社会正常秩序、颠倒社会主流价值。由于"00后"大学生网民年龄偏小、认知受限、经验不足，缺乏鉴别网络谣言、抵制网络暴力的定力，极其容易为网络谣言所误导、为网络暴力所俘获。这些"网络病毒"毒性极强、危害极大，并且具有隐蔽性和传染性，一旦"中毒"即被毒害思想、侵蚀灵魂、腐蚀情操，导致大学生道德崩溃、精神颓废、信仰缺失、心灵物化，进而侵蚀社会的主流价值观和道德观，最终掏空国家和民族长远发展的精神根基。因此，做好大学生网络舆情引导工作意义非凡，关键是要建立一套反应灵敏、响应快速、运转顺畅、应对有力的网络舆情预警机制，建设完善网络舆情收集、分析、研判、应对工作机制。通过经常性、不间断获取网络舆情信息，全面分析、科学甄别，合理研判网络舆情中苗头性、倾向性问题。宣传思想战线和青年工作者要增强政治鉴别力、政治敏锐性、政治敏锐度，对涉及政治立场、社会思潮、重大问题等网络舆情，要及时迅速捕捉热点焦点，掌握全面、准确、详细的信息，做到率先发声、权威发声、引导发声，努力抢占舆论先机、舆情制高点，通过主动回应社会关切、满足大学生网民关注心理，引导网民在互动参与、真诚对话和理性讨论中发现事实真相、辨明是非曲直，消除公众的疑虑和不安，稳定和安抚网民情绪，杜绝网络谣言的产生和扩散，引导网络舆情从无序、混沌的状态朝着正常、有序、可控和建设性的方向发展。

（三）掌握基本规律和方法艺术，提升对大学生网民的网络舆情引导力

在复杂多变的网络舆论生态中，"舆论导向正确的刚性要求，与讲求良好的传播效果和引导效果的柔性做法，力求实现和谐统一"。而要达成这种统一，必须要以熟悉网络舆情形成特点、传播规律和掌握驾驭网络舆论的艺术，提高防范和化解网络舆情危机的能力与水平。一是要深入研究大学生网民的网络心理、行为习惯、网络偏好，以及大学生网络沟通、联络、交流和聚集方式，通过主动设置议题、利用舆论领袖、增强人性化关怀等手段巧妙、灵活地引导网络舆情，做到网络舆情引导有方、有术、有力、有效。二是要贯彻尊重包容、平等互动的原则。宣传思想战线的同志和广大思想政治教育工作者与大学生网民进行对话、交流，要坚持理性的精神和谦卑的态度，抛弃高高在上、盛气凌人的姿态，用真诚、坦诚、热诚赢得大学生网民的认可、信任和支持，建立起与大学生网民有效沟通和良性互动的长效机制，努力实现对大学生的引导、吸引和凝聚。三是要善于用大学生的语言、大学生的思维、大学生的逻辑以及大学生乐于接受的方式与大学生网民进行交流，准确掌握大学生普遍关心、高度关注的现实问题，对接大学生网民多样性、多元化的网络需求、心理问题、思想困惑，广泛运用微博、微信、手机媒体等新媒体工具，认真做好解释说明、分析论证和网络舆情引导工作，引导广大学生树立网络文明意识，帮助大学生培育积极向上的价值观。

（四）激发网络的正能量，进一步强化社会主义核心价值观对网络舆情的引导功能

做好大学生网络舆情引导工作，必须要高扬社会主义核心价值观的旗帜，传播"好声音"，激发正能量。一方面，要依托网络技术和网络平台，在网络上设论坛、定主题、立专栏，讴歌真善美，鞭挞假恶丑，传递真善美、传递向上向善的价值观，引导大学生树立和实践正确的利益观、权利观、道德观，自觉抵制庸俗、低俗、媚俗之风，增强道德判断力和道德荣誉感，向往和追求讲诚信、尊道德、守戒律的生活。另一方面，要根据当代大学生的特点、兴趣和爱好等，把文学、影视、音乐、艺术乃至生活，赋予网络的表达形式和展现途径，把社会主义核心价值观的内涵和要求活灵活现、淋漓尽致地充分镌刻在网络作品之中，做到春风化雨、润物无声，最大限度地增强广大青年对社会主义核心价值观的价值认同、情感认同和理论认同度，不断提升社会主义核心价值观在网络舆情中的影响力、渗透力和主导力。

第二节　新媒体时代背景下高校共青团工作模式创新

一、新媒体时代背景下高校共青团传统工作模式面临新挑战

在中国网民构成当中，知识层次较高的高校大学生是网民构成中普及率最高的群体之一。高校完备的互联网基础设施建设与个人电脑、平板电脑和智能手机在高校大学生中的普及，从技术层面消除了现实物理世界和网络虚拟世界的边界，青年大学生的上网活动在变得随时随地、随心所欲的同时，也客观上增强了他们对于互联网的黏性与依赖性。"身在校园，心在网"成为对青年大学生工作对象的最生动描述。如今，高校中占主体的"00后"团员青年是在网络伴随下成长起来的一代，新媒体与网络空间已经成为他们生活中不可或缺的一部分，也已成为他们获取信息的最主要来源。高校团组织传统工作模式，如板报宣传、主题团日、面对面的宣讲讨论等形式，虽然曾经在引领学生团员成长、服务青年团员、提升参与者的感性认识等方面起到不容置疑的促进作用，但随着网络与新媒体时代的到来，高校共青团传统工作模式正面临诸多新的挑战。

（一）新媒体的自由性和选择性对高校共青团宣传教育职能的挑战

互联网的发明和新媒体的应用引发了全球的信息化浪潮，它不但超越了民族、国家和语言等界限，而且打破了时间和地域上的限制，正以其对时空的绝对和相对抽离而改变着整个世界和人类社会。一方面，新媒体与网络空间是一个限制极少的虚拟空间，但又具备海量存储功能，如谷歌，号称有 80 亿的存储页面，百度号称有十几亿的存储页面。在这个大熔炉里，任何组织和个人都可以随意在网络上写博客、发帖子、写留言、发表评论，宣传自己的思想，表明自己的观点，宣泄自己的情绪。另一方面，网络上的内容繁杂多样、丰

富多彩，信息良莠不齐，不乏色情、迷信、暴力甚至反动的内容充斥其中，特别是某些非法组织和反动势力，通过极力利用一些社会问题和现实矛盾在网络上蓄意制造是非、非法传播谣言，以吸引人们的猎奇心理来达到他们的非法目的。由于监管技术的不完善，新媒体与网络的自由性和选择性削弱了信息的可控性。当团员青年置身于新媒体与网络空间，面对良莠不齐的海量信息时，难免会造成思想困惑、认识模糊、行为偏差，干扰和破坏了共青团思想政治教育与正面宣传教育的效果。

（二）新媒体的开放性和交互性对高校共青团吸引凝聚职能的挑战

以互联网为主体的新媒体平台是一个全球性的开放、互动系统，它既无地域中心也无空间边界，并且具有无限的扩张性和随意性，在平台上的任何一个网点所引起的"涟漪"都会快速波及全球、辐射全世界。新媒体尤其是互联网开放性和交互性的优势和特点消除了时差和距离的障碍，为人们的自由交流和交往提供了便捷通道，使之日渐成为青年宣泄情绪、交流思想、沟通感情的重要场所。

（三）新媒体应用的广泛性和便捷性对高校共青团组织动员职能的挑战

发布号召、召开会议、布置任务、组织活动等是共青团组织动员青年的传统模式和工作法宝，在共青团组织团结带领广大青年投身革命、建设、改革和发展的实践中发挥了统一思想、凝聚人心、集中智慧和汇聚力量的重要作用，然而，当新媒体以其独特优势和魅力吸引越来越多青年目光的时候，这些传统方式的作用便显得捉襟见肘了。因为新媒体在移动互联网时代具有广泛覆盖、快捷传播、多点沟通、直接互动和广泛影响等特点和优势，具备了很高的传播效率和极强的快速组织动员功能，所以正逐渐成为一种全新的号召动员和组织行动的新方式。如今，手机网民占全体网民的九成以上，而新媒体是手机与互联网的最重要媒介，成为网民关注社会热点问题的重要方式。

（四）网络的虚拟性和匿名性对高校共青团服务大学生成长成才职能的挑战

竭诚服务青年大学生成长成才是高校共青团组织的一项基本职能和重要任务。网络具有身份虚拟性、地位平等性和交往匿名性等特点，许多青年大学生可以在网上交流娱乐、表达需求、展现自我和反映问题等，许多在现实中无法实现的需求却可以在互联网上得以暂时满足。但是，网络又是区别于现实的虚拟世界，如果青年大学生过度依赖网络和沉溺网络，对他们的成长成才极为不利。一是网络的虚拟性会使青年大学生容易放纵自己的行为，导致道德和法律意识的淡化；二是网络夹杂着消极颓废、低级趣味和庸俗无益的内容，一些意志不坚定的青年往往经不住诱惑而难以自拔，以至于价值判断迷失，是非观念混淆；三是长期习惯于人机对话，会导致青年大学生精神世界空虚、社交能力低下、集体意识淡漠；四是青年大学生过度依赖网络，会弱化甚至丧失自主学习、独立思考和调查研究能力。例如，学校要求学生在假期进行实地调查研究的基础上提交一份社会调查报告，许多大学生习惯于在网上"搜索—复制—粘贴"而敷衍塞责。鉴于此，如何通过网络、利用网络来服务青年大学生的成长成才是新形势下高校共青团组织必须深入研究和认真解决的重大课题。

二、高校共青团新媒体工作的平台构建

（一）明确定位，打造品牌

作为移动互联网时代的新型媒体平台，共青团新媒体官方平台发展迅速。目前，各省市、地区、企业共青团新媒体官方平台正在或已经取代报刊、广播、电视台、官方网站等传统媒体官方平台的部分功能，成为未来宣传媒体的主流。但共青团新媒体官方平台仍存在定位模糊、品牌不强的问题。共青团新媒体平台面对的用户大部分为当地居民，同时它的一举一动也被其他社会媒体关注着。正是这种受众的多样化，使得部分共青团媒体对新媒体官方平台的定位不准确，未着眼于服务人民，也抓不住社会的主流和人们普遍关注的事物，发布内容大多依赖于网站网页报道转发，不具有时效性，也未形成品牌权威。

共青团新媒体官方平台并不是传统媒体的"移动版"，而是新媒体时代下一种新的媒体平台。由于发展时间较短、自身定位模糊等原因，许多共青团新媒体官方平台内容大体重复，基本上是以简单的信息通告和转发其他热门文章为主，仍有较大的潜力可供挖掘。

定位是新媒体平台建设和发展的核心。找准平台的定位可基于三个方面的考虑：受众是谁、能为受众做什么和渴望达成什么效果。而对于共青团新媒体官方平台来说，受众主要是当地的人民群众，新媒体平台运营的主要功能是进行有效信息分享，最终目的是通过对共青团新媒体官方平台的建设，使人民的生活工作便利化、快捷化，同时实现信息的快速传递交流。明晰定位后，依据新媒体平台的特点设定推送计划，在第一时间发布当地讯息，树立官方平台的权威性。新媒体时代下的"三微"即微视频、微博、微信，在大众群体中扮演着重要的角色。

而当前微信显然以后浪之势后来居上，作为集社交娱乐、信息共享、生活服务等多种功能为一体的综合性平台，几乎成为人们日常生活的必备工具。共青团官方平台特别是官方微信公众平台应致力于建设成为传播地区文化信息、开展群众思想教育与服务人民生活的主流媒体。坚持思想性与娱乐性并重、服务地区与服务人民并重、立足当地与放眼社会并重的原则。

1. 提升推送内容质量

首先，在推送信息的内容上，管理者必须要有清晰的定位。在这个碎片化信息的移动阅读时代，读者的目光在一篇文章上或一条微博上的停留时间可能只有几秒，如果不能在短时间内清晰明了地向读者展示这篇文章的价值，读者的注意力就会稍纵即逝。为了抓住读者的眼球，微信公众号和官方微博首先得了解受众的需求，并进行精心的定位和策划。

2. 增强地区的品牌竞争力

地区的品牌建设以提升自我为主要途径，也不可忽视形象建设与媒介传播的力量。在这个信息化的移动互联网时代，共青团新媒体官方平台的辐射范围远远不止本地，受众范围

也从本地居民扩散到社会公众，共青团新媒体官方平台已经成为地区树立形象、提升口碑的大势媒体。在新媒体平台的运营中，运营者应该始终将本地的品牌形象放在突出位置，用新媒体平台这个"传声筒"将地区的美"说"出去。

3.合理利用"贴近策略"

这里所说的贴近不仅指内容上贴近人民大众生活，更是指言说方式上的贴近。新媒体平台是社交媒体的衍生物，主要通过手机这一移动媒体传播信息，且读者多利用闲暇时间展开阅读，所以如果推送的内容对读者而言没有贴近感，读者就不会点开这条信息，那这条推送的有效价值就没有发挥出来。由于共青团新媒体官方平台的功能定位要求，仍需推送一些具有严肃性、时政性的内容，因此，如果能将严肃的内容进行"软化"，将会达到事半功倍的效果。传统纸质媒体"居高临下"式的信息传递方式易使人产生距离感，而微信公众平台、官方微博平台推送的文章若以"朋友交谈"的形式进行信息传播，将会更容易使人接受。适当利用网络用语与时下网络热词也能激发读者阅读的兴趣，但不恰当地使用网络语言也会给媒体带来不良影响。

（二）创新板块，革新形式

随着新媒体的蓬勃发展，当今的共青团新媒体也迅速发展起来，并且已取得了一定的成就，拥有大量的粉丝及用户。但是，因为共青团新媒体面向的用户多为年轻人，而年轻人接受的信息更新速度快，并且接收渠道多样，所以需要更为丰富独特的板块，以吸引用户关注和互动。在信息更新速度极快的当下，新媒体只有将自身的板块创新，将传达信息的形式革新，才能在多样化的平台中占据一席之地。

但是如今大多数的共青团新媒体仍旧采用一般化的板块模式，发布的也多为固定的新闻消息，很难吸引用户的眼球，缺乏可读性。同时，各共青团新媒体也有同质化倾向，板块内容大同小异，缺乏创新和自身的风格。共青团宣传不是只为理论政策的单向灌输，更重要的是取得良好的宣传效果。因此宣传工作不能一味灌输，而是要改革创新，讲究技巧和方法，需要会用、善用策划。因此，一个共青团新媒体应当加快创新的脚步，在传达最基本消息的前提下，采取多样化的形式，帮助用户接受和了解相关内容，并以此达到信息的最大传递。

现在，我们就来谈一谈关于共青团新媒体的创新板块以及革新形式方面的问题。

1.创新板块、革新形式的必要性

（1）带给用户更好的使用体验

一个好的有意思的板块不仅可以吸引人们的关注，也能带给用户更好的使用体验。如"青春南京"的微信公众号，设立了一个"苏青U+"的板块。

该板块主要包括的也正是"青年之声"的内容，但是这与普通的"青年之声"的板块并不一样，该板块还加入了"阅读悦青春""青春纪念册"等下属板块。

（2）能更好地传达出共青团的消息

很多用户在一开始可能都不是太了解关于团学的东西，但是只要将共青团的消息通过创新有趣的方式传达出来，就能够更好地帮助用户去理解这些相关的消息，用户也能在不知不觉中接受到这些正能量的东西。

（3）能整合更多的社会资源，服务于用户和社会

通过板块的创新，与更多的社会团体联合，实现信息的共享，能够使用户了解更多与自身休戚相关的东西，让用户与该新媒体平台保持紧密的联系。

（4）更好地开展网络宣传和舆论斗争

利用新媒体平台可以更好地开展网络宣传和舆论斗争。通过新媒体矩阵大力推送网评文章，不断扩大网评员影响力；通过 HS、游戏、动漫、视频等新型的网评形式，不断提升对青年的感染力，均起到了较好的思想引导和舆论斗争的效果。

2. 创新与革新的方法指导

（1）打造特色，增强识别度

现今的共青团新媒体在自我建设时确立的板块大多是相似的，从而出现"千校一面"的现状，很难给人一种眼前一亮的感觉。

因此，一个好的共青团新媒体应该结合自身的特色、文化内涵、地理环境等设置特色栏目，延伸新媒体内容的宽度和广度，提高内容的质量和水平，从而突出自己的特色和亮点，打造个性鲜明的官方平台。

通过这些创新性的板块，这些共青团新媒体能更好地体现自己的特色，让人耳目一新，同时也为用户提供了便捷的资讯，更好地服务于用户。

（2）了解并借鉴各优秀的共青团新媒体平台运营方式

正所谓"知己知彼，百战不殆"，因此，在进行创新之前要先了解其他共青团新媒体的运营现状，学习借鉴其优秀的模板，把优秀的东西为我所用，同时也要切忌一味地仿照，在借鉴的同时应该加入自己独特的东西。

（3）结合用户的需求

由于共青团新媒体的大部分用户均为年轻人，因此在进行板块创新时也应当充分考虑到用户的需求，为用户提供一定的便利。

（4）听取用户的想法

共青团新媒体是要为用户服务的，因此发布的东西就要符合用户的需求，什么样的东西才是用户所喜欢的，这当然是用户最清楚。所以，一个平台要进行创新、革新就必须听取用户的建议和想法，只有这样做出来的东西才能符合用户的口味。而在听取用户的想法之时，也可以采取有奖采用的方式，将一切的建议公开透明，采取投票或者类似形式，调动用户参与其中，共同构建一个优秀的共青团新媒体平台。

（5）加强与其他共青团平台或者社会组织的联合

一个平台需要发展，是需要借助外部力量的，在与其他平台或者是社会组织联手时，可以在最大程度上实现资源共享和用户共享。只有当资源流动起来，信息来源广泛，用户才会有更强的黏附性。

在这里将联合分为两类：一是共青团新媒体平台之间的联合；二是高校新媒体与社会组织的联合。如上文提到的"四川共青团"微信平台与"志愿四川"服务平台联手，为用户提供有关志愿的资讯动态以及志愿活动。

这两种联合方式都可以运用到板块的创新以及形式的革新上来，通过联合加强自身媒体的影响力，是一个很好的途径。

（6）多开展有趣的线上线下活动，加强互动

无论是公众号还是微博或者其他的平台开发公司都给运营者提供了很多用于支持活动的插件，比如投票、抽奖、答题等。因此，运营者应该好好利用这些活动来吸引用户，加强与用户的互动。

要做好一个活动需要一个完整的策划，更需要一个新奇的有意思的点子。只有当这个活动的点子足够吸引人，才能使这个活动充分发挥价值。但是，一个优秀的活动并不是那么容易构思并且实践的，很多的高校新媒体往往止步于活动的初始阶段，即这个活动应如何构思。在平台所拥有的活动方式大同小异的前提下，只有将活动内在的形式和内容进行创新，才能吸引用户。

那么，到底要办什么活动呢？这正是运营者的苦恼之处。在这里，有个很好的方法，就是参考其他运营者的优秀活动，化为己用。例如，有的共青团新媒体做有奖征文，我们也可以做给摄影作品或者绘画作品征集名字的活动；有的共青团新媒体采取线上交友的活动，我们也可以在同地区进行线下见面交友的活动。

3.抓住发展机遇，改革创新

抓住机遇，这机遇主要是两方面的，一方面是技术机遇，另一方面是时间机遇。

（1）技术机遇

随着各种新媒体媒介的快速发展，各种直播平台以及第三方平台给新媒体的发展提供了很好的活动基础。共青团新媒体可以结合实时热点并借助这些平台组织多种多样的活动，比如微博直播、发起投票、话题讨论、有奖转发、随手拍、征集意见等，通过线上互动活动，活跃气氛，扩大官方平台的影响力。"直播"这一新媒体形式正在不断地升温。直播不仅能吸引用户，还能更好地传播各种活动，为活动造势，吸引人们参与其中。

活跃平台最好的方式就是定期举行活动。而这最重要的就是活动的创新，这就需要运营者时刻去发掘去寻找活动的点子。把活动与各种新的媒体技术结合起来，无疑是一个很好的方向。

（2）时间机遇

创新活动板块，还要抓住时间机遇。对于新媒体来说，应当不遗余力地抓住各种节日的时间节点，适时地开展各项活动，只有这样才能吸引用户。这个时间点可以是各种重要的纪念日，也可以是如中秋、国庆、情人节这样的节日。同时，各项主题活动也可借鉴各种节日来推进活动开展，例如在"学党史、感党恩、跟党走""弘扬长征精神、决胜全面小康""争做向上向善好青年"等主题教育活动开展时，突出重要时间节点，抓教育引导。

（三）加强互动，注重反馈

新媒体的平台构建中，很重要的一环就是加强互动，注重反馈，因为新媒体和传统的纸质、广播、电视媒体对比起来，最显著的特点就在于，新媒体平台极其注重互动传播。简单来说，新媒体平台的推广、构建，不光是一个新媒体平台自己的努力就能够做好的，新媒体平台的用户，在这一环节中也做出了极其重要的贡献。举个例子来说：微信公众号的运营，每天在微信公众平台上的推送，有很大一部分浏览量，是来自用户转发的朋友圈，而不是直接登录公众号阅读。也就是说，在推广自己的内容、构建平台的过程中，加强与用户的互动，注重用户体验的反馈，能够直接获得用户的青睐，从而转化为有效的浏览量，同时，用户的评论、转发也是鉴别一个新媒体平台成功与否的重要标准之一。

从一个新媒体平台的构建角度来说，新媒体平台的运营是由共青团组织或者团组织内的人员在运行，这和网络上的其他一些新媒体平台，如一些微信营销号，一些微博大V又有很大的不同。这个平台的运营，不仅要考虑到这个平台自身的宣传推广，对内容上会有很多不一样的要求，作为一个受众群体主要是与共青团相关的用户的平台，这个平台发布的内容，在很大程度上能够对这所高校的思想和舆论造成影响，所以，这也是团建工作很重要的一环。因此，近年来，全国各地各大高校的团组织，都十分重视这一平台的构建。那么，既然有这么多特殊的要求，高校新媒体平台构建里面，对于加强互动，注重反馈，自然也就和普通的新媒体平台不同，也有很多独到的地方。

1.加强互动

首先，作为一个团中央的微信公众号，必不可少的需要发一些可能用户不是那么爱看，但是又相对重要的内容，就比如一些团学动态，一些思想引领的东西，和那些时下流行、轻松搞笑的内容比起来，这些内容显然不是那么受广大学生欢迎的，但是这些弘扬正能量、进行思想引领的内容确确实实是对用户有益也是更需要被阅读的内容，因此，加强这些内容和用户的互动，无疑是十分重要的。

2.注重反馈

实际上，交流互动在很大程度上就是注重反馈。但是，一个真正受到大家欢迎的新媒体平台，在注重反馈这个环节上，就不只是交流互动时的附属这么简单了。一个成功的团建公众号，在有自己的内容，把握住自己的中心主旨，围绕团建工作开展的前提下，一定要时刻注重用户的信息反馈。从某种程度上说，就是不断地吸收用户的意见建议，改善自己，使自己的内容更能得到用户的满意和喜欢，套用一句智能手机制造行业中极其流行的话说，就是不断努力优化用户体验。

另外，不定期地举办一些交流活动，和其他微信平台交流，注重其他公众号的反馈，也是其在注重反馈方面很重要的工作，通过与其他公众号交流，可以不断吸收新的运营思路，从而更好地提升自己，尤其是和那些在高校中办得很不错的公众号一起交流，更能收获到很多很有价值的反馈。

关于微博的新媒体平台构建，微博是一个实时性、互动性特别强的平台。简单来说，微博能够在任何时候跟用户进行交流，将消息第一时间传递到用户的视野中。因此，在微博上对用户的交流特别重要，经常在微博上面发布一些微博抽奖、微博互动、点赞、转发、评论，是最常用也特别有效的方法。及时加强和用户的互动，包括在微博上发布话题，引起用户讨论，很多微博的营销号都是依靠这些方法直接就成了热门微博账号，也就是人们所说的微博大 V。从这个角度来说，在微博平台上加强和用户的互动，或者说作为一个及时性的快餐式媒体平台，互动本身就是这个平台发展构建的根本。我们甚至可以在不违反主旨的情况下，跟用户开玩笑、打趣、转发很多有趣的内容，在互动中吸引用户的眼球，并以此慢慢地积累粉丝数。微博只需要通过大量内容的发送，就可以直接起到让用户看到自己发送的内容的效果，因此，这种情况下我们的微博平台如果能够经常推出让用户眼前一亮的话题，都不需要担心用户是不是会看到，起到的互动效果会特别显著。在这种情况下，我们的微博平台更容易潜移默化地传递我们的价值观，起到我们一个团建新媒体平台的价值引领作用。

在注重反馈方面，微博更是有极大的发展价值，微博上由于存在一个私信系统，任何人在关注你的微博平台之后，都可以给你发送私信。里面的内容很多就是用户希望看到什么，这是一个较好的，反映用户呼声的渠道。另外，微博下面的评论也是特别重要的信息，注重评论信息的反馈，可以很清楚地知道，最近用户对这个平台的满意度，哪个活动成功，哪个活动不成功。这绝对是一个必须要注重的信息，也会对新媒体平台的构建起到很重要的作用，同时在微博平台发微信公众号的内容，也可以很好地让微博的互动和反馈对微信平台起到正面积极的作用，影响深远。

总而言之，不断加强与用户的交流互动，有利于拉近与用户的距离，提高用户的积极性，将参与热度直接转化为宣传力度。注重反馈，不断完善自己，提升用户体验，则是一个新媒体平台保持自己活力的根本，两者相互作用，共同为一个成功的新媒体平台的建设提供强有力的支撑。

第三节 新媒体视域下创新高校校园文化建设的原则与对策

高校校园文化是高校在长期的办学实践和发展过程中逐步创造、不断积淀而形成的具有自身特色的一种特殊类型的社会文化形态，它是高校办学思想、育人理念、理想追求、教学实践、管理机制、行为规范的总和，是高校发展进步的精神基石、动力源泉和核心竞争力。随着21世纪的到来，特别是新媒体的广泛应用和日益普及对高校校园文化建设产生了新的影响，赋予了高校校园文化新的内涵、特征和发展趋势，通过新媒体传播大量互联网信息等正在逐渐影响着师生们的学习和生活，对高校校园文化的建设既带来了新的机遇也迎来了新的挑战，研究和加强新媒体视域下高校校园文化建设意义深远、势在必行。

一、新媒体对高校校园文化的影响

新媒体具有音乐、收音、录音、照相、摄像和上网浏览和发送信息等众多功能，随着移动互联网时代的到来，新媒体视域下的高校校园生活更容易在网络的海量信息中搜索到自己需要的学习资料和生活信息，真正做到了"足不出户，尽知天下事"，极大地方便了师生的学习生活，大大拓展了他们的视野。在当前中国特色社会主义事业蓬勃发展的新时期，新媒体的广泛发展有利于社会主义主流思想的传播和正能量的传递，能很好地帮助学校开展德育教育，帮助学生树立正确的世界观、人生观和价值观，直接或间接地促进着中华民族伟大复兴的中国梦的实现。但是，由于整个世界意识形态及思想环境的多样化和复杂化，特别是西方国家亡我之心不死，通过各种途径尤其是新媒体途径加速其腐朽思想和错误价值观的传播，特别是个人主义、拜金主义和享乐主义的输入，使人们对个人利益的要求成了社会生活的基本动力，久而久之，大大地削弱了社会主义核心价值观的主导地位，导致了部分教师和学生缺乏爱国主义、集体主义、责任心、奉献精神等，相反投机主义和个人主义却一度盛行，严重摧毁了社会主义核心价值体系。另外，由于大多数的学生处于一个思想尚未成熟的阶段，认知体系比较片面，没能拥有一个辩证全面看待问题的态度，导致负面的思想弥漫了整个大学校园，比如之前的"学生为教师撑伞"事件，被一些媒体的恶意炒作，影响了整个校园主流文化发展。

新媒体对高校校园行为文化的影响。大学作为人们心中的"象牙塔"，是培养高层次人才的摇篮，学习是大学生的第一要务，课堂是教师传递知识的主阵地。以往师生的课堂都只局限在三尺讲台上的黑板和粉笔，但随着新媒体应用日益普遍，促使高校的教学方式和学习方式等多种校园行为文化发生了深刻的变化。多媒体、视频、图片等技术在课堂上得到广泛应用，课余时间学生们也可以在网络上查阅下载学习资料，甚至通过网上寻找答案排疑解难，极大地方便了师生的学习和生活，大大提高了学习的效率，彻底改变了传统单一枯燥的学习方式。另外，新媒体视域下校园网络的日益发展和新媒体技术的迅速普及，突破了不同国家、地域、民族之间的制度、观念、语言和风俗等传统束缚，把整个世界连成为一个小小的"地球村"，世界的时空界限变得日益模糊，几乎消除了社会交往的"社会藩篱"。在大学校园，人与人之间的交往非常频繁，各种活动的组织，恋爱的发展和交际的拓宽都离不开新媒体技术传播，以往人与人之间单纯的书信和面谈已经不能满足现代人交流的需要，特别是随着智能手机的出现和普及，还有 QQ 和微信时代的到来，人与人之间的交往打破了时空的限制，提高沟通的效率，降低了沟通的成本。但同时也让人与人之间的交往增添了许多的陌生，交往中缺乏了真感情的流露，变得敷衍甚至虚伪。

新媒体对高校校园制度文化的影响。随着新媒体在校园新闻中的广泛应用和迅速发展，使得在传统媒体意义上建立的校报、广播站等逐渐退出了校园文化的中心地位，取而代之的是跟新媒体技术息息相关的一些新兴机构，如校园网、官方微信、官方微博、网络电视台、易班等，这些管理机构正在出现并发展壮大，已经成为校园生活及新闻宣传不可或缺的文化重要平台。这些平台的产生一方面是为了更好地服务学校的教学工作，打破了传统的教学模式，丰富了教学手段和形式，拓展了教育渠道和途径；另一方面是为了保证社会主义核心价值体系得到正确的传播，加强正能量的输送，更好地帮助师生树立正确的"三观"。在这些平台产生的同时，相应的管理制度也应运而生，逐步形成和丰富了适应于新媒体环境的制度文化。加强对这些平台的监督和引导以及对新媒体制度文化的建设，才能保证校园文化的主流思想得到发展，保证学校成为社会主义人才培养的基地。

二、新媒体视域下创新高校校园文化建设的原则

随着新媒体发展步伐的不断加快，加强对新媒体视域下高校校园文化建设是绝不容忽视的重大问题。新媒体确实给师生们带来了很多的方便，改变传统的教学模式，提高了学习和交往的效率，但是也带来了很多负面的影响，如果我们不能很好地引导和规范新媒体技术的应用，不仅影响青年大学生的健康成长，而且关系到我国高等教育事业的科学发展。移动互联网和媒介融合时代，繁荣发展高校校园文化需要牢牢把握以下几项原则。

（一）坚持传承和发展相统一

高校校园文化是高校在长期办学实践的过程中，经过历史积淀而逐步形成的一种特殊的社会文化形态，这种积淀的过程既是传承的过程，也是发展的过程。新媒体的快速发展和普及应用，开辟了高校校园文化建设的新领域。一方面，高校作为创造知识、培育人才的重要摇篮，是传承优秀传统文化的重要平台。高校校园主体可以结合各自学科的不同理念、专业特点、办学特色和历史传统等，运用新媒体手段积极传播中华文化的历史价值、优良传统和知识体系，充分展现高校校园文化的独特魅力和发挥其引领社会风尚的功能。另一方面，新媒体的出现使得发展高校校园文化比任何时候都显得更为重要和迫切。高校应按照高校校园文化的独特价值和发展规律，充分发挥高校师生的思想文化创造活力，广泛运

用新媒体打造更多的校园文化精品,推动高校校园文化在传承中创新、在创新中发展,使高校校园文化成为我国社会主义文化"百花园"中的一朵艳丽奇葩。

(二)坚持开放与融合相统一

高校校园文化是一种依托于社会文化又区别于社会文化和其他亚文化的相对独立的文化体系,它随着社会文化的发展而变化。媒介融合的加速,新媒体的应用普及,促使高校对外联系互动的渠道、方式和形式变得日渐丰富且推陈出新,对外开放的广度越广和深度越深,变得越来越便捷、快速而富有效率,构筑出一种全新的文化交流和传播方式,赋予了高校校园文化建设新的内涵和发展方向。高校校园文化与社会文化之间的融合程度、趋同性、互动性日臻明显。例如,高校学者在其微博上发布其对某个社会问题或事件的看法和意见,可以在瞬间把信息传达到其"粉丝"和其他用户手中,广播、电视、报纸等传统媒体纷纷跟进,就会在现实生活和网络社会之间掀起对这一问题或事件的轩然大波。因此,在移动互联网和媒介融合时代,高校校园文化建设应该坚持开放性和融合性相统一,努力借助新媒体的强大力量,积极吸取和借鉴一切社会优秀文明成果,古为今用、洋为中用,让高校校园文化绽放绚丽光彩。此外,新媒体对经济社会发展和人们生产生活的影响已经远远超越了纯技术或某一学科的研究范式,必然要求对人才培养和科学研究的理念与模式进行调整,这是社会生活网络化、信息化在高等教育领域中的新确证和新影响。高校应适时调整学科设置和专业结构,敢于打破学科间的壁垒,更加注重不同学科之间的融合与渗透,增设新媒体应用、管理和对经济社会发展影响方面的课程,积极搭建产学研一体化、跨学科融合研究等各类平台。

(三)坚持多元化与主导性相统一

高校校园文化对青年大学生的成长成才具有潜移默化的熏陶作用,对于社会主义文化发展进步及社会风尚具有明显的导向和引领作用。在移动互联网和媒介融合时代,高校师生不仅可以随时随地利用各种终端在网络上开博客、发微博、玩微信、聊QQ,参与各种讨论,进行信息交流,甚至在网络上开展各种商业活动,铸就了一种全新网络社会文化。这种文化作为高校校园文化的重要组成部分,致使高校校园文化更加多元化:一方面来自高校不同学科、专业和办学理念的差异和历史传统的不同,形成形态各异、种类万千的文化风格和品位;另一方面来源于媒介融合造就网络文化的多样性。尽管高校校园文化具有多元化的特征,但是,我国高等教育的性质、根本任务和社会主义办学方向,决定了高校校园文化建设必须坚持主导性,即必须坚持马克思主义指导思想在高校校园文化建设中的主导地位,用社会主义核心价值体系引领高校校园文化繁荣发展,善于占领网络信息传播和网络舆论的制高点,毫不动摇地坚持用社会主义荣辱观引领网络舆情,引导青年大学生知荣耻、明是非、识美丑、辨善恶,坚决抵制庸俗、低俗、媚俗之风,积极营造文明和谐、健康向上的高校校园文化环境,使网络成为宣传党的主张、弘扬社会正气、创造先进文化的重要阵地。因此,坚持多元化与主导性相统一，是新媒体视域下高校校园文化建设必不可少的一个重要原则。

三、新媒体视域下创新高校校园文化建设的对策

今天，我们正处于移动互联网和媒介融合时代，媒介融合是以计算机技术、移动通信技术和互联网技术等多种技术相融合为基础，众多传播媒介汇集一体发挥多种功能的媒介传播形态。随着媒介技术、媒介业务的融合程度不断加深，新媒体获得迅猛发展，这对校园文化产生了巨大的影响。为了更好地营造积极向上的校园文化氛围，在坚持"三统一"的原则上打破传统思维，根据新媒体发展的规律和校园文化建设的特点寻找新的对策。

（一）完善新媒体应用管理制度，营造积极向上的校园文化环境

首先，新媒体在大学校园的广泛应用是社会进步的体现，是高等学校发展的需要，但是新媒体带来的各种思想广泛传播给健康校园文化的塑造带来了很大的冲击，这需要我们在思想上重视新媒体这把"双刃剑"，使之在校园中更好地服务我们的学习和生活；另外，也需要我们警惕新媒体带来的负面思想冲击校园健康生活，加强对新媒体应用管理制度的完善，使风险得到有效管控，积极营造高雅和谐的校园文化。其次，新媒体视域下西方资本主义国家宣扬的各种拜金主义、享乐主义和个人主义思想迅速传播，大大削弱了学校开展德育教育的积极影响，学生的健康思想受到了侵蚀，这需要对信息源头进行监管，筛选、过滤健康的思想，阻止、隔离腐蚀的落后文化，同时建立师生互动的公共平台，并且做到身份公开、信息交流真实，及时发现和过滤各种庸俗、反动和低级的信息，尤其是西方敌对势力进行渗透活动而发布的有害信息，建立起校园网络文化的安全"防火墙"，必要时运用技术、行政和法律手段及时制止。最后，学校层面要加强对新媒体管理人员进行教育培养，完善新媒体管理人员的选拔、管理和考核制度，使之成为一名校园文化主流思想的传播者，同时相应新媒体平台如校园新闻网站、官方微博、官方微信、易班等需要在相关教师指导下开展工作，规范他们的日常管理制度，把好新闻报道的出口关，提高他们对信息的认知能力，减少负能量的传播，保证整个校园文化积极向上。

（二）加强媒介素养教育，增强文化自信

媒介素养教育就是指导公众正确理解、建设性地享用大众传媒资源的教育。为了更好地运用新媒体技术，使之成为我们学习和生活的好帮手，必须要加强师生的媒介素养教育，也就是增强师生对网络媒介的认知能力、对网络信息的解读和评估能力、创造和传播能力、利用网络媒介信息发展和完善自我的能力。只有加强媒介素养教育，才能保证校园主流文化健康发展，保证青少年学生的身心不受西方不良思想的腐蚀，保证学校的各项教学工作沿着社会主义方向正常运行。在提高师生的媒介素养教育中必须坚持"引进来"和"走出去"相结合战略。"引进来"即引进一些新媒体教育的专家和学者，通过学术论坛、交流会、报告会等形式教会学生如何提高自己对信息的辨别能力，如何抵制不良思想的腐蚀，做到更好地运用新媒体技术服务我们的生活和学习；"走出去"即通过引导学生走出校园，走

入社会，用心去了解新媒体技术的发展对社会带来的利弊，认真去揭露西方腐朽思想通过新媒体技术毒害人们心灵的真面目，只有坚持"引进来"和"走出去"战略，才能真正提高师生的媒介素养能力，才能帮助学生树立正确的"三观"，才能真正了解中华民族五千年的灿烂文化，从而增强了对社会主义文化建设的自信心。

（三）传播社会主义核心价值观，维护社会的正能量

网络具有开放性、自由性和无边界性的特点，在给人们带来方便和快乐的同时，也为各种谣言和错误思潮的传播"插上了翅膀"，是一把锐利无比的"双刃剑"。面对世界范围思想文化交流交融交锋形势下价值观较量的新态势，面对改革开放和发展社会主义市场经济条件下思想意识多元多样多变的新特点，积极培育和践行社会主义核心价值观，对于巩固马克思主义在意识形态领域的指导地位、巩固全党全国人民团结奋斗的共同思想基础，对于促进人的全面发展、引领社会全面进步，对于集聚全面建成小康社会、实现中华民族伟大复兴中国梦的强大正能量，具有重要现实意义和深远历史意义。由于现在青年学生处于一个思想尚未成熟的阶段，再加上对网络媒介的认知能力、对网络信息的解读和评估能力、创造和传播能力、利用网络媒介信息发展和完善自我的能力都较为薄弱，往往容易被社会上一些负面思想的侵蚀，对问题的理解停留在表面，缺乏对新媒体商业属性和政治属性的分析，进而导致主流思想传播受到阻碍，负能量在校园粉墨登场。"网络垃圾"毒害大学生的思想、侵蚀他们的灵魂、腐蚀他们的情操，动摇青年大学生的主流价值观和道德观，甚至扭曲马克思主义主流意识形态。社会主义核心价值观是社会主义核心价值体系的内核，体现社会主义核心价值体系的根本性质和基本特征，反映社会主义核心价值体系的丰富内涵和实践要求，是社会主义核心价值体系的高度凝练和集中表达。党的十八大以来，中央高度重视培育和践行社会主义核心价值观。习近平总书记多次做出重要论述、提出明确要求。所以新媒体视域下的校园文化建设一定要坚持社会主义核心价值观，维护社会正能量，教会学生从历史和现实的角度去批判西方不良文化，教会学生懂得如何抵制负能量的传播，教会学生如何掌握中华文化的优秀成果，要让学生懂得今天西方国家利用新媒体的技术在极力推行文化殖民主义，实行文化霸权主义，必须提高对西方国家不良思想的警惕，坚定共产主义的理想信念，保证整个社会正能量的传递。

随着新媒体时代的到来，各种网络信息充斥着整个校园文化，影响着社会主义建设者和接班人的教育，这不仅迫切需要高校尽快打造一支具有良好媒介素养和新媒体技能的校园文化建设者队伍，更需要校园文化建设者们能够进一步统一思想、形成合力，坚持"三统一"原则，完善校园文化管理制度，加强媒介素养教育，保证社会主义核心价值观成为高校文化建设的主流思想，只有这样，大学校园文化才会更好地迎合移动互联网和媒介融合时代，并呈现出勃勃生机，社会主义现代化的建设才能拥有可靠的保证。

第四节 新媒体时代下大学生思想政治教育载体建设的思考

一、健全新媒体教育和技术服务平台

相比广播、电视、报纸、杂志等传统媒体，新媒体具备很大的优势，更能适应现代人快节奏的生活方式，更能满足大学生追求个性、求新求变的思维方式，成为舆论的新载体。个人化、组织化的网站、论坛、微信、微博等，成为无法在现实生活中抒发情感的群体发泄的场所，因此得以迅速广泛传播。当代大学生个性突出，强调个性张扬、自我实现，新媒体便成了他们实现这种心理诉求最快捷的途径。因此，新媒体载体的建设和适当技术控制对大学生的思想政治教育非常关键。

（一）加强校园新型主流媒体建设，抢占教育高地

面对新的媒介环境，习近平总书记强调："要运用新媒体新技术使工作活起来，推动思想政治工作传统优势同信息技术高度融合，增强时代感和吸引力。"为贯彻落实这一要求，我们应正确看待新媒体网络传播的社会影响力，清醒认识我国互联网尤其是主流网络媒体的现状，在此基础上采取有效措施，加强新媒体网络建设，尤其是符合当代大学生生活学习习惯的主流媒体终端建设，形成舆论引导新格局。

所谓主流媒体，就是那些能起主导作用，能为其他媒体设置"议程"，社会影响较大的媒体，它们覆盖面广、规模大，并且经得起时间的考验。在我国，我们把新媒体主流媒体定义为那些依托传统的主流媒体，在新媒体传播平台上发挥影响力、引导舆论的重点新闻网站。

1. 加强思想政治教育专题网站建设

习近平总书记在网络安全和信息化工作座谈会上强调要"建设网络良好生态，发挥网络引导舆论、反映民意的作用"，为新媒体凝聚社会共识、引导社会舆论方向和团结社会各方力量都做了方向性指引。由此来看，加强高校思想政治教育网站建设势在必行。大学生的思想和行为都具有自身的规律和特点，不同于一般思想政治教育对象。高校要贴近学生、贴近实际，充分利用互联网开展大学生思想政治教育。网络信息资源的实时共享和传递的快捷，让大学生接受思想政治教育的覆盖面更大，教育内容更为生动而具体。因此要主动占领网络思想教育阵地，建立思想政治教育专题网站。

当前，各个高校都建有符合学校实际、展现学校校风、体现科研和人才培养特色等的校园网，但专门的思想政治工作专题网站建设还不完善。高校应该以学习马克思主义理论、弘扬社会主义核心价值观为导向建设并推广，结合新媒体环境下大学生思想需求，在网页版面设计、栏目设置等方面都贴近大学生实际的专题思想政治教育网站，开辟主流网络思

想政治教育阵地。一些高校以思想政治教育为专题建立的网站独具特色，如天津师范大学的"新空气"网站、西北工业大学的"红土地"网站、沈阳工业大学的"铸魂网"，还有中国大学生在线、青海大学思政网"昆仑骄子"、"学习强国 App"等，高校可以学习、借鉴。

2. 建立手机信息交流平台

首先要建立校园 App 信息交流平台。随着智能手机的广泛使用，大学生几乎人手一台智能手机。App 是安装在手机上使用的软件，它的引入打破了时间和空间的限制，利用 App 开展大学生思想政治教育范围覆盖面更广，也更易于被学生接受。可以建立符合学校实际的校园官方服务 App，将咨询和服务融为一体。因其具有本地化、个性化的特点，大学生可以随时随地了解学校各方面信息。App 在设计开发上，要以大学生需求为前提，可以提供学校简介、成绩查询、各种通知等与大学生学习、生活方方面面相关的功能，除了在学校 App 中提供的咨询与服务外，还可以增加时事政治、理论学习、心理健康、校园文化活动等思想政治教育的内容，师生间开展交流互动，使思想政治教育更加立体化。同时，要建立手机短信信息交流平台。在没有数据网络覆盖的情况下，手机短信是更为常用的交流方式。手机短信可以一对一互发，也可以群发。高校思想政治教育相关部门，例如宣传、学工等部门，可以在"五四""七一""十一"等纪念日编写一些思想政治教育短信，也可以编写一些生活提醒、人生励志、心理疏导的短信群发给学生。这样既能达到教育的目的，又能让学生感受到学校的关爱。一些性格内向的学生不敢当面跟教师进行交流，也可以通过编辑短信将生活中的困惑、思想状况、心理问题直接发送给教师，让短信成为师生沟通情感的纽带，及时纾解大学生的困惑，将思想隐患及时排除，引导大学生形成积极向上的思想。思想政治教育工作者要注意运用恰当的教育方式方法，在交流过程中要做到平等、真诚、亲切，消除不必要的交流障碍，让大学生在平等对话中、在互相尊重中能够敞开心扉，从而进一步了解和掌握大学生的思想状况和心理状态，潜移默化地引导大学生树立正确的世界观、人生观和价值观，从而达到思想政治教育工作的目的。

（二）运用新媒体融合技术，创新教育方式

1. 聚合多终端融合技术于传播过程，强化内容传播的多端同步

"终端随人走，信息围人转。"媒体融合的发展涵盖终端的融合，各类信息利用终端出口进行 N 次传播，呈现出信息传播海量化的态势。媒体融合背景下，多种媒介形态并存，传播方式多种多样，传播渠道不断增加，给传统的高校思想政治教育传播方式带来挑战和机遇。高校思想政治教育要充分融合媒体的多种形态，创新思想文化的传播形式和传承载体。习近平总书记强调，要"推动党的声音直接进入各类用户终端，努力占领新的舆论场"。高校思想政治教育文化的宣传离不开终端的适配，只有促进高校思想政治教育多种终端的融合，才能形成载休合力，促进教育内容的海量传输，增强竞争力。作为终端融合的典型，同样是宣传主流文化的载体，中央广播电视台的做法值得高校借鉴。中央广播电视台为应对

媒体融合环境下带来的信息传播方式的变革，明确提出了"台网并重、先网后台"的发展战略，持续推动"三台三网"的加速融合，形成总台和新媒体的"一键触发"机制，实现"1+1+1 > 3"的传播效果。高校思想政治教育面对信息传播方式变革带来的多种信息终端出口，应该构建"贯通多终端、统一管理"的内容处理模式，形成高校思想政治教育内容"一个终端，多渠道分发"的传播形式。例如慕课平台、翻转课堂、微课等学习平台，学习资源通过这些不同的媒介载体终端向学生输送教学内容，形成共享机制。高校思想政治教育应该注重融合与创新这些学习端口，形成一体化的资源传播渠道，做到"多种终端、一键同发"，从而提升教育内容传播的原创性和即时性，以教育客体喜闻乐见的形式进行内容传播。

2.构建新媒体思想政治教育矩阵格局，实现教育效果最大化

媒体融合的发展不仅带动了各网络平台的功能创新，还促使平台数量呈现爆发之势。抖音、快手、今日头条、人民日报、微信读书、央视影音等网络移动平台在信息传播、抢夺用户上竞争激烈，不断开拓新功能。高校思想政治教育内容的传播不仅要和这些平台抢夺学生的关注，还需要与平台竞争信息覆盖率，这无疑构成巨大挑战。对此，高校思想政治教育要改变传播方式、创新传播手段，利用媒体融合带来的传播优势，一方面开拓如"学习强国"等思想政治教育类 App，并在受教育者群体中充分推广；另一方面要积极与其他信息传播平台融合，实现"借船出海"，借助现存的多种平台，推送思想政治教育内容，促使多平台的落地。同时，要构建网络思想政治教育的矩阵格局。矩阵格局对网络思想政治教育具有重要意义，应根据不同平台和不同青年社群的特点制订教育方案，形成有针对性的新媒体矩阵。媒体融合背景下的矩阵是指依托互联网数字技术和多种媒介载体组成的，具有系统性、同一性、动态性、自由组合、立体性等基本特征的动态媒介系统集合，包括微博、微信、慕课、数字电视、手机电视、客户端、虚拟社交以及 HTML5 等。媒体融合的矩阵既是平台矩阵、渠道矩阵，也是内容矩阵、传播矩阵，它能够依托多种网络平台对高校大学生进行思想引导、内容制造、主流传播、文化演绎和舆情监控。高校思想政治教育要发挥矩阵作用，就要依托互联网数字技术充分融合多元化的网络平台和教育内容，运用多种媒介，结合教育主体、客体、环境的动态发展，实现优势整合，增强教育内容的影响力。例如，教育内容在传播的过程中，同时以微信、微博、微视频、客户端、网站等多种网络平台为媒介，促进教育内容传播在时间和空间上互补，从而使教育内容的传播形成动态的价值系统，发挥"1+1 > 2"的矩阵作用，实现教育效果的最大化。

二、强化媒体平台内容和技术控制手段

（一）设置合理的"议程"

在大学生思想政治教育中，充分利用新媒体议程设置的强大功能对大学生进行正确引导显得至关重要。首先，要掌握新媒体的发展规律，抓住参与者特别是大学生新媒体参与的心理特点，设置有效的新媒体议程，做到先入为主。其次，要加强专业知识学习和新媒体

信息处理能力，在面对新媒体疑难问题时能凭借自身权威的分析予以引导，并在面对海量复杂的舆论信息时能厘清思路、找准矛盾、化解纷扰，争做"意见领袖"；同时在议题设置中，一定要坚持真实、无偏见，在反映社会现实的同时，引导正确的新媒体舆论，而不是恶意炒作毫无意义的个别事件或纯粹阐述个人观点，这对加强大学生思想政治教育引导具有深远的影响。

（二）舆论引导"领先一步"

传播学认为，媒介引导舆论是一个不断设置媒介"议题"的过程，在这一过程中，媒体特别是目前影响范围广泛的新媒体应该主动关注社会热点问题、实现舆论监督、疏导舆论险情。各大媒体只要一发现问题的苗头，就必须做到舆论引导"领先一步"，即马上整理背景信息、梳理事件过程、分析事件原因、警告事件后果和危害，并制定防止此类事件再发生的对策等，而这一切必须在媒体与受众建立了稳定信任关系的前提下才能在极短的时间内完成。

大学生思想政治教育要做好舆论引导，承担巨大的社会责任，就必须在日常工作中进行必要的舆情监控。实际上，舆情只能监测或掌握，而不能实施控制监管，如果真的完全控制民意则是对民意的践踏和法律的侵犯。舆情监测的目标不是监督并控制民意，而是采用技术手段，达到了解社会民情，挖掘民意，从而辅助国家决策，为科学决策与和谐社会建设更好地服务。大学生思想政治教育在主要对大学生群体进行新媒体引导的过程中，只有紧扣社会热点，在舆情监测的基础上，提前就大学生关注的热点问题进行议题设置，无论是对信息的发布还是舆论的正向引导，在"领先一步"的前提下都会有效避免舆论事件发生后封堵补救的被动与尴尬。

（三）设置舆情"观察员"和"消防员"

从传播学的角度来讲，新媒体的开放性使传统的"把关人"和"意见领袖"等角色有所淡化，但是淡化并不意味着消失。在这种群体交流的互动空间里，"把关人"和"意见领袖"等角色的作用是不容忽视的，因此设置新媒体传播舆情"观察员"和"消防员"是十分必要的。

大学生思想政治教育在运用新媒体进行引导的过程中完全可以借鉴这种模式，"观察员"及时关注新媒体信息在大学生中的流动与反映，既能及时发现大学生关注的兴奋点和接受的易入口，可以及时切入有针对性的教育内容，也能及时发现并收集、整理负面的新媒体信息，由"消防员"分门别类做出相应的处置，这既能提高新媒体引导效率，也能提高引导质量。

（四）加强内容的技术监控和过滤

有人认为，由于技术上对网络的硬性控制暂时是跟不上的，所以互联网成了一个自由主义的乐园。但是哈贝马斯指出："科学技术的合理性本身也是控制的合理性，即统治的合理性。"就新媒体的技术控制而言，必须制定全局性的具有超前意识的发展目标和相关产业政策，既要控制新媒体技术的不规范发展，又要不断完善新媒体管理技术，以保证新媒体技术的科学性和有效性，从而建立一个功能齐全、全局协调的安全技术平台，为我国新媒体监督提供更加强有力的支持，为新媒体环境下大学生思想政治教育引导提供技术保证。

在习近平新时代中国特色社会主义思想的指引下，我国通过最新科技手段，在防止和过滤不良信息、打击网络违法犯罪等方面，取得了一些成果。很多软件可以在服务器入口防堵不良信息，过滤负面言论，封杀涉及色情、暴力等的有害信息，保持互联网健康、积极向上的主流舆论。例如，可用这种方法清除各大论坛上的不良信息和垃圾信息，但要把握好度，对论坛关键字和关键词过滤得太严格可能会漏掉一些受众应知而未知的重要信息。新媒体防火墙技术就是一种用来加强新媒体之间访问控制的特殊媒体互联设备的技术。它对两个或多个网络媒体之间传输的数据包和链接方式按照一定的安全策略进行检查，来决定新媒体之间的通信是否被允许，其中被保护的媒体成为内部媒体，另一方则成为外部媒体或公用媒体，它能有效地控制内部媒体与外部媒体之间的访问及数据传送，从而达到保护内部媒体的信息不受外部非授权用户的访问，进而过滤不良信息的目的。只有建立和完善媒体安全防护、信息过滤、信息适时监测与跟踪、路由路径控制等系统技术，构建有效的媒体技术防控体系，才能真正把控媒体内容的正向性和可用性，才能为真正占领新媒体新阵地并拓展大学生思想政治教育新空间创造基础条件。

（五）建立合理有效的新媒体应急预案

"凡事预则立，不预则废。"合理有效的预案可保证在危机发生时获得最大程度的主动权，新媒体传播舆情危机的应对也不例外。《国家突发公共事件总体应急预案》在制订新媒体传播舆情应急预案时，通过分级设置，每一等级都由不同级别、不同范围的力量参与危机应对，根据危机的等级，调动与之对应的资源和力量进行危机化解。一个优秀的预案就是一本好的操作手册，对危机发生时的具体处理步骤，都应做明确而细致的规定。但预案大多是原则性规定，缺少具体的操作指导和演练。要做到预案求实，不仅要有危机发生后应对各种可能情况的多套行动方案，更要通过教育、培训、演练等手段，提高领导者的指挥能力和职能部门的应变能力。

针对新媒体传播速度快、范围广和大学生好奇心强、对信息高度敏感的特点，要未雨绸缪，事先制订新媒体舆情危机应急预案，绝不能只做事后诸葛亮。建立了新媒体应急预案，舆情危机发生后，就能立即启动应急预案，让不同级别、不同范围的力量从不同的角度参与危机应对，及时、准确发布有关信息，澄清事实、解疑释惑，主动引导网上舆论，维护大学生群体的思想稳定，最大程度地避免、缩小和消除突发新媒体事件造成的负面影响，营造良好的舆论环境。这将有助于争取在最短时间内解决危机。

三、以新媒体思维发挥传统教育载体合力

传统思想政治教育模式具有稳定性和权威性，沿用传统的方式灌输内容给大学生群体，进而达到对大学生思想品德的塑造和优秀人才培养的目的。但是传统的思想政治教育模式也有较为明显的不足。具体表现为受限于时间和空间、传播范围辐射面小、受众接收效果较差等方面。因此，要生成新媒体时代下的新型载体合力，强化大学生思想政治教育的目的性。新媒体平台提供了更全面、更丰富的教学内容，大学生媒介素养需要系统学习和提升。教育者能够在新语境下阐发清晰的逻辑观点，通过新媒体环境下整合高校思想政治教育的内容体系和知识框架，生成载体合力，搭建完善的高校思想政治教育工作平台，实现高校思想政治教育育人效果的最大化。

（一）转变课堂教学讲授方法，科学设计教学内容

高校思想政治教育工作创新开展需要马克思主义理论作为指导，树立阵地意识，巩固意识形态的主流地位，转变课堂教学讲授方法，提高新媒体对大学生思想政治教育的重要性和紧迫性认识，将新媒体的优势和特点自觉地融入大学生思想政治教育工作体系中，用正确的立场、观点和方法弘扬时代主旋律。

课堂教学是大学生接受思想政治教育的主要传播渠道。大学生正处于知识学习、经验积累的关键时期，他们具有发散性思维，课内外活跃程度较高，对外部环境充满了新奇，能够深层次地思考、研究和解决问题，具有一定的判断能力。传统的课堂理论讲授已无法满足当下学生的需求，被动的灌输理论课程、填鸭式的教学手段很难激发当代大学生的学习兴趣。大学生思想政治教育载体应该扬弃传统的封闭和被动的教学模式，而转入主动的引导、师生互动开放的教学模式。高校教育工作者可以根据大学生思维特点、学习方式和课程的教学目标进行整体考量，科学设计教育教学内容，通过新媒体网络技术和音频、视频、图文等技术手段的综合运用辅助课堂教学。教育工作者结合教学大纲灵活调整课堂讲授方法，将抽象的理论概念设计成为生动的教学模型，将枯燥无味的理论宣讲适度转化成大学生感兴趣、易于接受的网络话语课程，通过发挥新媒体传播作用，逐步提升大学生思想政治教育开展成效。网络话语的生成和运用，既是网民的话语沟通特点和表达方式，又是大学生在虚拟与现实之间交错的生活方式。对大学生要做到因材施教，实现课堂互动，重新设计教学内容，提升课堂讲授质量，激发学生的学习动力，转化学生的学习成果，高标准地完成学科规定的教学任务量。

（二）发挥社团影响力，加强校园文化建设

新媒体时代大学生社团活动组织和策划愈加富有特色，丰富了校园文化的形成。积极向上的校园文化能够净化大学生的心灵，培养大学生健康的学习生活习惯。新媒体时代高校先进的教育理念和不断发展的科学技术源源不断地为校园文化注入新的活力，教育工作者应重视社团影响力的发挥，定期组织社团主题活动，如科技主题、红色主题、环保主题等学生社团活动，融入思想政治教育的相关理论知识、学科知识，寓教于乐的同时提升了学生社团的影响力。高校教育工作者可以进行校园文化功能补充和完善，将数字化、网络化、信息化教育内容融入社团活动日常设置，根据计划和进程科学设计活动内容，做好组织和

保障工作。不断完善校园文化基础设施的全方位建设，特别是要加大高校智慧校园建设对人、财、物的保障性投入。这些举措为大学生社团组织工作开展提供了更加有力的保证，同时也有助于锻炼和提升大学生课外学习能力，调动了大学生参与社团活动的积极性和创造性，使学生能够通过参与社团活动获取课堂外的文化知识和操作技能。营造健康的校园文化和和谐的校园氛围，有助于有效发挥新媒体在高校思想政治教育过程中的功能。高校应让新媒体教学与传统教学互补互助、协调发展，发挥新媒体在大学生社团活动中的引导作用，整合有效资源，通过精心组织的社团活动扩大影响力，让健康和谐的校园文化融入大学生日常生活，提升大学生的思想品格和人格魅力。

（三）搭建新媒体网络沟通桥梁，强化"平等对话"育人作用

搭建畅通的网络桥梁，高校教育工作者应该积极整合新媒体资源，创造优质内容，改进方法创新，将新媒体的使用延伸到大学生的实际生活当中，通过与学生进行平等对话，实现生活上的深入交流、学业上的悉心指导、信仰和理想的认同，进而融入大学生的圈子。通过网络桥梁进行即时沟通，引导大学生在虚拟世界中放下戒备、敞开心扉，将真实想法和情绪展现出来。大学生思想政治教育工作者通过新媒体平台引导大学生树立正确的理想信念，进行良好的人际交往，形成积极向上的学习态度，拥有丰富多彩的日常生活内容，进一步通过新媒体平台为大学生"答疑解惑"。高校思想政治教育工作者可以科学运用网络搭建虚拟互动平台，找出学生存在的学业问题、思想问题、情感问题等，并进行总结分类，探索科学有效的解决办法，有效化解大学生的思想负担。通过网络平台加强师生互动和相互了解，创造和融入对大学生有利的生活和成长空间，才能把高校育人工作落到实处。教育工作者在媒体网络教育引导中要注重把控网络舆情，做好网络监管和反馈。高校可以组成专兼结合、反应灵敏的网络评论员队伍，采取"宜早不宜迟、宜疏不宜堵、宜解不宜激"的策略和"区分性质、讲究策略、把握时机、冷静处理"的要求。运用技术手段辅助营造健康的新媒体环境，通过专业队伍加强网络信息的监管，保证网络信息的安全性、即时性以及网络桥梁的畅通无阻。

第九章 全媒体时代下的高校思想政治教育方法的机制构建

第一节 促进与社会主义核心价值观的融合

一、优化思想政治教育的经济环境

良好的经济环境是开展思想政治教育的基础条件。大力优化经济环境，为思想政治教育顺利进行创造好的经济条件，是新时期思想政治教育的重要任务。首先，要全面深化改革，大力发展生产力，不断提升我国的综合国力。这是从宏观上优化思想政治教育经济环境的根本举措，因为生产力是我国社会全面发展和人的全面发展的基础，也是开展思想政治教育的基础。所以要坚持全面深化改革，加快发展社会主义市场经济，为新世纪思想政治教育奠定稳定的经济基础。其次，要建立社会主义市场经济新秩序。良好的经济秩序是经济又好又快发展的必备条件，也是思想政治教育有序进行的前提。在混乱的经济环境中，人们的经济行为必然是无理性的，其思想道德素质也容易出现多方面的问题。因此，必须加强市场经济建设，建立统一开放、竞争有序的市场体系，理顺各种经济关系，努力营造建立在法制基础上的市场经济新秩序，为我国经济活动的良性运行以及经济伦理乃至整个道德的生长创造良好的条件。最后，要坚持效率优先、兼顾公平的分配原则，在全社会建立和谐的利益关系。物质利益与人的思想品德紧密相关，人们在社会生活中的行为及其支配行为的思想，受到物质利益很深的影响。在分配不公、收入差距突出的社会里，教育对象的思想问题必然日趋严重，思想政治教育也将困难重重。因此，必须坚持以人为本，加大社会保障制度建设，大力协调利益关系，努力缩小收入差距。优化经济环境主要依靠社会宏观管理部门和全社会的努力，但思想政治教育本身对此也负有责任，可以大有作为。思想政治教育通过调动广大群众的积极性、主动性和创造性，使其更好地参与社会主义现代化建设，以促进生产力的发展；通过提高广大群众的思想素质，规范其经济行为，更好地促进社会主义市场经济新秩序的形成；通过帮助人们正确处理国家、集体和个人之间的利益关系，促进合理的利益关系的形成，等等。思想政治教育不能消极坐等好经济环境的出现，而应以自己特有的方式参与优化经济环境的活动，从而进一步推动思想政治教育的环境向良好的方向发展。

二、优化思想政治教育的政治环境

政治环境对教育对象的思想品德和思想政治教育的影响突出，优化政治环境对思想政治教育具有至关重要的意义。从长远来说，优化思想政治教育的政治环境，就是要加强社会主义民主和法治建设，全面推进建设法治社会。当前要重点抓好以下几方面工作：一是坚持和完善社会主义民主制度。要坚持和完善人民代表大会制度、共产党领导的多党合作和政治协商制度，扩大公民有序的政治参与，保证人民依法参与民主选举、民主决策、民主管理和民主监督，尊重和保障人权。只有这样，才能从制度上保证人民的主人翁地位，为思想政治教育创造根本的政治条件。二是坚持依法加强社会主义法治建设。要"在中国共产党领导下，坚持中国特色社会主义制度，形成完备的法律规范体系、高效的法治实施体系、严密的法治监督体系、有力的法治保障体系，形成完善的党内法规体系，坚持依法治国、依法执政、依法行政共同推进，坚持法治国家、法治政府、法治社会一体化建设，实现科学立法、严格执法、公正司法、全民守法，促进治理体系和治理能力现代化"，从而为人们法治意识的树立和思想政治教育的发展创造良好的法制环境。三是推进政府机构改革。要转变政府职能，改进管理方式，精简机构，提高效能，建设一个行为规范、运转协调、公正透明、廉洁高效的行政管理体制。机构合理的政府及高效廉洁的政府行为，既是经济又好又快发展的基本条件，也是思想政治教育顺利进行的基本保证，必须按照党中央的要求大力推进政府机构改革，加强廉洁政府建设。四是加强反腐倡廉和党政干部思想道德建设。要采取多种措施加大反腐败斗争的力度，遏制腐败的蔓延；要加强党政干部思想道德建设，提高党政干部的思想道德素质，使其以模范行为影响社会成员，从而形成良好的党风、政风，进而在全社会形成良好的社会风气。五是妥善处理各种社会矛盾，保持社会的稳定和发展。要提高政府应对突发事件的能力，及时稳妥地处理各种突发事件和纷繁复杂的社会矛盾，维护社会安定团结，促进社会发展，使思想政治教育在健康稳定的政治环境中顺利进行。

三、优化思想政治教育的文化环境

文化环境对人们具有潜移默化的影响，人们往往在不知不觉中受到其熏陶和感染。这一特点要求我们加强文化环境的优化，以使其对人们产生更积极的影响。优化思想政治教育的文化环境，一是要在文化建设中坚持社会主义核心价值体系，即坚持马克思主义的指导思想，树立中国特色社会主义共同理想，弘扬以爱国主义为核心的民族精神和以改革创新为核心的时代精神，倡导社会主义荣辱观，使社会主义文化建设始终保持正确的政治方向，发挥公民思想道德素质的作用。这是对思想政治教育文化环境最根本的优化，只有这样，文化环境才能发挥强化思想政治教育影响的作用。二是要努力促进各项文化事业的发展。

各项文化事业是文化环境的重要因素,在满足教育对象的精神文化需求的同时,必须大力发展各项文化事业,努力提高其水平,从而营造健康的文化环境,为思想政治教育创造良好的文化条件。三是要在社会主义核心价值观指导下加强群体文化环境建设。企业文化、校园文化、乡镇文化、社区文化、军营文化等群体文化是社会主义文化的重要组成部分,是一种亚文化环境,对生活于其中的人们有着直接的重要影响。必须大力加强企业文化、社区文化等群体文化建设,为思想政治教育营造良好的小环境。四是要抓好文化市场的建设和管理,优化文化市场环境。我国的文化市场在丰富人民群众的精神文化生活、促进社会主义精神文明建设方面发挥了重要作用。但目前也存在一些突出问题,这些问题损害了青少年的身心健康,对思想政治教育造成了一定冲击。因此,要大力加强文化市场的建设和管理,如制定和完善有关政策法规,规范文化市场行为;大力扶持健康的文化产品和文化服务,完善文化市场;坚持"扫黄打非",净化文化市场等,从而为思想政治教育营造良好的文化市场环境。总之,加强社会主义文化建设,营造良好的文化环境,既是社会主义精神文明建设的迫切要求,也是优化思想政治教育环境的基本内容。

四、优化思想政治教育的大众传播环境

大众传播环境是思想政治教育的重要的环境因素,对思想政治教育的影响起着强化或者削弱作用。近年来,我国大众传播环境在塑造人们的精神面貌方面发挥了积极作用,但也存在一些不容忽视的问题,对思想政治教育造成一定的干扰。因此,必须采取措施优化大众传播环境。加强大众传媒的建设与管理,使其成为弘扬主旋律的坚强阵地,各级党委和政府应加强对报刊、广播、电视等大众传媒的监管,使其始终弘扬主旋律。坚持"用正确的舆论引导人""用高尚的道德塑造人",加强正面宣传,树立先进典型,倡导新的风尚,以形成积极的舆论环境。大众传播要加强对舆论的评析和监管。大众传媒根据社会发展要求旗帜鲜明地宣传社会主义先进文化,倡导什么,反对什么,应明确清晰,毫不含糊;要敢于剖析现实生活问题和矛盾,实行舆论监督;要引导人们理性地看待社会现实,不断增强受教育者的精神免疫力。采取有效措施优化网络及新媒体环境。制定有关网络及新媒体的法律法规,依法加强对网络及新媒体的管理;建立网络及新媒体道德规范,积极开展网络及新媒体道德教育,引导和规范人们的网络行为;要建立健全"红色网站",开辟思想政治教育新阵地,使其作为思想政治教育的重要手段;要运用技术、行政和法律手段,坚持不懈地开展网上"扫黄"工作,严防有害信息在网上传播,等等。只有这样,才能优化网络和新媒体环境,使网络和新媒体环境成为思想政治教育的促进因素。引导媒体加强自律。这一工作的关键环节,是要加强媒体从业人员尤其是把关者的思想政治教育,提高思想政治素质,使他们扮演较强的"教育者"角色,为人们提供健康的精神食粮,努力避免舆论导向偏离社会要求和公共利益的倾向。这是从源头上优化大众传播环境的举措,必须下大力抓好。

五、优化思想政治教育的家庭环境

优化家庭环境可从多方面进行，这里着重从家庭环境的主导者——家长的角度进行论述。一是要提高家长的思想政治素质，增强其责任感。家长的世界观、人生观、价值观会通过日常言行举止潜移默化地影响孩子。因而家长必须不断提高自己的思想道德素养，树立正确的世界观、人生观和价值观，为孩子树立榜样，对孩子施加良好的影响。二是家长要特别重视子女的思想品德教育。目前不少家长只盯着孩子的学习成绩，而忽视孩子其他方面的发展，因此形成的家庭环境不利于孩子的健康发展，应给予纠偏。立人先立德，家长应关心子女的全面成长，不仅要关心孩子的智力发展，更要重视孩子世界观、人生观、价值观的培养和良好行为习惯的养成。三是要倡导民主、科学的家庭教育方法。目前不少家长管教子女的方法存在严重问题，有的家长对孩子期望过高，为达到自己的期望，往往采取强制、粗暴打骂等方式管教孩子，其结果是在精神上摧残子女，易引起孩子的逆反心理；有的父母对孩子过分溺爱，要求不严，在某种程度上损伤了孩子自立、自主、自强的精神和能力。针对这种情况，应加强对家长的教育，引导他们从孩子的特点出发，有针对性地对孩子施教，尊重孩子，与孩子平等沟通，宽严适度，为子女的成长创造一个民主、和谐的家庭氛围。

六、优化思想政治教育的学校环境

学校是青少年活动的主要场所，优化学校环境对于加强青少年的思想政治教育，促进其健康成长具有极其重要的意义。一方面，要加大投入，美化校园物质环境。学校物质环境与学生的学习和生活紧密相连，对学生人格的形成和良好行为习惯的养成具有重要作用，应加大其建设力度。要按照实用性、艺术性、思想性相统一原则，加大资金投入，加强学校硬件设施建设，绿化、净化、美化校园，营造整洁、美观、舒适的校园环境，为思想政治教育的开展创造有利的外部条件。另一方面，更要采取有力措施，加强校园精神文化环境建设。一是营造良好的课堂教学环境。教师要精心备课，创造性地开展课堂教学，营造对学生具有吸引力的课堂教学环境，充分发挥课堂思想政治教育主渠道的作用。二是树立全员育人意识，营造积极向上的育人氛围。要帮助教职员工树立教书育人、管理育人、服务育人的意识，引导他们自觉将本职工作与培育"四有"新人紧密联系起来，以形成全方位育人方式。三是加强班风、校风建设，营造有利于学生健康成长的班风校风，强化学校思想政治教育的影响。四是大力开展丰富多彩的第二课堂活动。要根据学生的要求和特点，广泛开展学术报告会、辩论赛、科技竞赛、文体竞赛等课外活动，营造浓厚的校园文化氛围，使学生在活动中健康成长。

七、优化思想政治教育的社会组织环境

优化社会组织环境，最重要的是要创造民主、公平、具有凝聚力的工作环境，最大限度地发挥员工的工作积极性、主动性和创造性。组织领导者要具有民主意识，发扬作风，注

意发挥员工在单位决策、执行及监管中的作用，使员工对组织产生较强的归属感，积极工作，充分发挥自己的聪明才智；在涉及员工切身利益特别是职务晋升、工资、福利等事项上，应做到公开、公平和公正，严格按照程序办事，做到在规章制度面前人人平等。要在党组织领导下，充分发挥工会、共青团和妇联的作用，广泛开展多种活动，营造富有凝聚力的工作环境。

八、优化思想政治教育的社区环境

自 20 世纪 90 年代以来，社区在加强城市管理、服务人民生活、促进社会进步方面的作用越来越突出。要大力优化社区环境，更好地发挥其促进社区居民健康发展、推进社区思想政治教育工作的开展。一是加强社区党组织和居委会建设，使其成为社区发展的核心，成为优化社区环境的基本建设。二是坚持开展以文明家庭、文明居民为主题的精神文明创造活动，使社区居民在创建活动中感受文明、净化心灵、升华思想，从而在社区形成积极向上的浓厚氛围。坚持贴近实际、贴近生活、贴近群众的原则，从居民的需要出发，多为居民办实事、办好事，讲文明，让居民感受到温暖，从而增强社区的向心力。努力开展丰富多彩、健康有益的社区文化活动，拓宽居民的知识面，提高居民的文明素质。总之，要采取切实措施优化社区环境，以促进教育与环境、教育对象与环境、教育者与教育对象的和谐互动，从而提高思想政治教育的实效性。

九、优化思想政治教育的同辈群体环境

同辈群体对青少年成长的影响既有积极的一面，又有消极的一面，学校应采取措施加强对同辈群体的引导，优化同辈群体环境。首先，重视并积极引导青少年同辈群体，创造条件满足青少年的成长环境。如有的独生子女感觉孤独、无聊，因而在同龄群体中寻求支持；部分青少年因在学校中无法满足发挥自身特长的需要，而自行结成各种兴趣团体。因此，思想政治教育要高度重视同辈群体，加强对青少年同辈群体的引导，使其积极健康地发展，以满足青少年的成长需求。要帮助青少年树立正确的交友意识，培养其社交能力，鼓励其积极主动地与同龄人进行交流，引导他们学会用批判的态度去分析和评价活动于其中的同辈群体对自身发展的意义，促进青少年在共同的学习生活中交知己之友，交知心之友，交志同之友，交德高之友。其次，加强对同辈群体的分类指导。在现实生活中，存在着不同性质、不同类型的青少年同辈群体，因而，需分类指导。应鼓励同辈群体积极发展，并创造条件充分发挥其作用，以促进青少年成长；对于中间型群体，要注意发展其健康因素，抑制其消极因素，引导其不断向积极型群体转化；对那些传递反文化的破坏型群体，尤其是青少年犯罪团伙，要用法律手段加以制裁，同时加强对他们的教育、引导和改造，使其扭转认知，回归社会。再次，加强对同辈群体核心人物的教育引导。同辈群体的核心人物对整个群体的性质和发展有重大影响，因而应对核心人物进行重点教育，帮助他们树立正确的世界观、人生观、价值观，从而带动同辈群体向符合社会要求的方向发展。最后，家庭、

学校、社会应相互配合，共同促进同辈群体健康发展。家长要关心子女的交友状况，引导子女交好友、参与健康的同辈群体活动。学校要培养青少年正确的世界观、人生观、价值观，积极引导青少年的群体行为，使其形成亲社会行为，从而促使青少年同辈群体健康发展。社会应加强对青少年同辈群体的教育管理，如建立各种业余学校和心理咨询机构，以满足青少年的多层次需要；有关方面要为青少年开展健康有益的同辈群体交往创造机会与条件，特别是学校和社区，要通过组织各种兴趣小组、社团活动，建设各种青少年学习活动场所，为青少年的健康发展创设良好的空间环境。

第二节 实现理论与实践的创新机制研究

思想政治教育内容应具有强烈的政治性。思想政治教育内容必须与社会发展的方向相一致，体现一定社会发展的目标并为达到这一目标服务；必须反映统治阶级的根本利益和意志，为统治阶级服务。在我国，思想政治教育是党和国家事业的重要组成部分，是通过培育"四有"新人为中国特色社会主义建设服务的，因而其内容一定要与党的路线、方针、政策相一致，充分体现党和人民的意志，要坚持马克思主义的指导地位，坚持用中国特色社会主义理论体系教育人民，注重社会主义共同理想的培育、民族精神与时代精神的弘扬以及社会主义荣辱观的教育。

思想政治教育内容应具有明确的目的性。思想政治教育的目的决定思想政治教育的内容，思想政治教育内容是思想政治教育目的的具体体现，明确的目的性是确定和实施思想政治教育内容的基本要求。思想政治教育的根本前提是人们的思想道德素质促进人的全面发展，思想政治教育内容的确立和运行，都必须符合和体现这一根本目的，为达到这一根本目的服务。

思想政治教育内容应与时俱进，不断革新，始终体现先进性。思想政治教育内容的确定和实施不仅要考虑教育对象的思想实际，应具有较强的现实针对性；而且要考虑教育对象精神世界发展和社会发展的长远需要，具有明确的导向性。确定和运用思想政治教育内容，一定要立足现实，面向未来，充分考虑社会的发展对未来新人的期望和要求，与社会发展趋势相一致。

由于受到家庭、学校、社会、大众传播环境等外部因素的影响和自身认识能力、知识、经验等内在因素的制约，思想政治教育对象的思想和行为千差万别，呈现出具体多样性特征。教育者一定要把握这一特征，针对教育对象的个性特点、思想实际、知识水平、接受能力等，确定和实施思想政治教育内容，以确保思想政治教育内容的可接受性。首先，要从教育对象的内在需要出发，选择最佳"突破口"和适宜的教育时机确定和实施教育内容。进行思想政治教育，最根本的是要满足教育对象精神世界发展的需要，促进其全面发展，因而思想政治教育内容的切入点要准确，既要贴近教育对象的思想实际，也要关注其长远的发展需要，有助于促进其健康成长。其次，要从教育对象现有的个性发展水平出发，针对其心理发展水平确定思想政治教育内容。思想政治教育内容如果超出教育对象的心理发展水平，就会使他们失去努力的基础和动力；如果落后于教育对象的心理发展水平，就起不到引领其发展的作用，因而教育内容一定要与教育对象的心理发展水平相适应。最后，要从教育对象的思想成熟度出发，确定思想政治教育内容的起点和基调。要以教育发展为目标，提出略高于教育对象现有的发展水平、教育对象通过努力可以达到的目标要求，以更好地促使教育对象将教育内容转化为个体意识，激励其努力向这一目标迈进。

随着社会的发展和教育对象的变化，思想政治教育内容在不断地变化发展，其时代性特征突出。确立和实施思想政治教育内容应与时俱进，紧紧把握时代的发展脉搏，及时反映社会发展实际和人的思想实际，不断增强教育内容的时代性。思想政治教育内容应富有时代感，要顺应时代发展新要求，解答时代发展新课题，使教育内容体现时代精神；要善于运用充满时代气息的思想和精神来教育、说服和激励教育对象，向教育对象传达新信息，传授新知识，传递新观念，传播新思想。思想政治教育内容应注重现实性。只有敏锐地、及时地反映鲜活的现实社会生活，思想政治教育内容才能具有生命力和说服力。因而应根据国内外形势发生的深刻变化，在教育内容中有针对性地融入全球化、信息化、市场化等现实内容，有计划地拓展新的教育内容如全球意识、经济伦理、生态伦理，使之始终与时代发展保持一致性；要坚持贴近实际、贴近生活、贴近教育对象的原则，注意结合教育对象在学习、工作、生活等方面遇到的现实问题开展教育，问答他们关注和关心的问题，帮助他们解决迫切需要解决的问题。

注意运用系统论方法不断优化教育内容结构。系统论方法是指用系统的观点研究和改造客观对象的方法，这一方法要求人们从整体的观点出发，全面地分析系统中要素与要素、要素与系统、系统与环境、此系统与他系统之间的关系，从而把握其内部联系与规律性，以达到有效地控制与改造系统的目的。

运用系统论方法对思想政治教育内容进行整体构建，优化思想政治教育内容系统结构，要遵循以下原则。

整体性原则。整体性原则是指在确定和实施教育内容时，必须使思想政治教育内容系统各要素相互联系、协同作用，使教育内容成为具有良好功能的系统。整体性是就思想政治教育内容的总体而言的，即教育内容系统必须是涵盖各种内容要素的一个整体，不能有要素缺失。整体性原则是针对教育对象的多样性及其思想的复杂性要求的。教育对象的多样性要求思想政治教育内容必须广泛地适合对所有教育对象进行教育，必须是一个由多种要素协同作用的有机整体。同时，教育对象的思想往往是复杂多变的，任何一个教育要素都不能涵盖其思想的全部，都难以解决其复杂的思想问题；要有效地解决其复杂的思想问题，全面提高教育对象的思想道德素质，就必须运用多种内容要素，发挥"合力"作用。这也要求思想政治教育的内容必须以整体的形态存在。

思想政治教育内容系统由不同具体要素所组成，但其功能并不等于各个要素功能的机械相加。各个要素通过合理的排列组合方式，可使思想政治教育内容系统整体的功能大于各个要素本身功能机械相加的总和，使其产生某些要素未有的新功能。因此，在确立和实施思想政治教育内容时，要树立结构思维，从整体着手进行综合考察。不仅要考虑哪些要素是符合要求的，更重要的是要使教育内容系统各要素结构合理，从而优化教育内容系统结构，最大限度地发挥思想政治教育内容系统的功能。

协调性原则。协调性原则是指在确定和实施思想政治教育内容时，必须充分注意教育内容系统各要素之间以及内容系统与外部环境之间的相互联系和相互作用。思想政治教育内容系统各要素之间是相互联系、相互作用的，只有使各要素之间相互促进、协同发展，才能使其各自的功能及内容系统的功能得到更好的发挥。例如，在进行思想政治教育时，世界观、政治观、人生观、法治观、道德观教育及其具体教育内容不能相互抵触，而应相互补益相互促进；各教育阶段教学内容应注意合理衔接和有机协调，避免教学内容的无序。同时，关于教育内容系统是开放的，它通过与其所处的环境因素的相互联系、相互作用而发挥其特有功能。因此，确定和实施教育内容，一定要注意使教育内容与各种环境因素密切联系，协同作用，从而将其有效地传导给教育对象，充分发挥其作用。

层次性原则。层次性原则是指在构建思想政治教育内容系统时，要注意到其层次性；在开展教育时要根据不同受教育者的具体情况实施不同的教育内容。思想政治教育内容系统由不同层次的要素所构成，世界观、政治观、人生观、法治观、道德观教育等组成思想政治教育内容系统，同时它们各自又由一些具体要素所构成。如人生观教育包括理想信念教育、人生价值观教育、生命价值观教育等；这些具体要素有的又包括更小的要素，如生命价值观教育包括认识生命的教育、尊重生命的教育、生命意义教育、人生幸福教育、死亡教育等。这种体现内容及其要素领属关系、从属关系和相互作用的结构形式，就构成了思想政治教育内容系统的层次性。坚持层次性原则，就是要把握这种层次性，有重点、有针对性地对不同教育对象实施不同层次的教育内容。只有这样，教育内容的整体功能才能得到更好的发挥，思想政治教育也才能取得更好的成效。

进行理想信念教育，就是要引导人们特别是共产党员和先进分子树立共产主义的远大理想和坚定信念。第一，要使人们认识到实现共产主义是历史发展的必然趋势。共产主义理想不是乌托邦，不是凭空猜测，而是建立在对人类社会历史发展规律，特别是资本主义社会基本矛盾运动规律的科学分析基础之上的，反映了历史发展的必然趋势。第二，要使人们认识到共产主义的实现是一个漫长而曲折的历史过程。马克思指出："无论哪一个社会形态，在它所能容纳的全部生产力发挥出来以前，是绝不会灭亡的；而新的更高的生产关系，在它的物质存在条件在旧社会的胎胞里成熟以前，是绝不会出现的。"社会主义社会的充分发展和向共产主义社会过渡需要经历很长的历史时期，当代资本主义的灭亡也是一个长期的过程。第三，要引导人们在建设中国特色社会主义的进程中为实现共产主义而奋斗。共同理想是实现最高理想的基础和必经阶段；实现共同理想，必须以最高理想为根本方向。共产主义远大理想与中国特色社会主义共同理想，辩证统一于人民为实现共产主义而奋斗的全部历史过程之中。我们必须始终坚持远大理想与现实奋斗相统一，既要树立共产主义远大理想，以高尚的思想道德要求和鞭策自己，更要从社会主义初级阶段的实际出发，脚踏实地为实现中国特色社会主义的共同理想不懈努力。

第三节　提高思想政治教育工作者的理论水准

新媒体的泛化性和多向性将信息权威在教育者身上得以弱化，带来了高校思想政治教育工作者的"权威危机"。传统的大学生思想政治教育模式是以信息的可控性为前提的，教育信息一般通过教育者进行严格的筛选和整理后灌输给大学生，按照教育者的意志预先设计模式进行，这种教学方式具有明显的单向性，教育主体一直扮演着权威者的角色。但是，在新媒体平台上，信息具有多向性，这使得学生和教师可以同步获得所需信息，学生还可能借助新媒体轻松地获得比课堂教学更全面、更丰富、更有趣的知识，这就使得大学生对教师讲授的知识依赖程度大大下降，给思想政治教育工作增加了难度，对思想政治教育工作者的素质提出了更高的要求。此时很多教师往往处于信息劣势的境地，存在新媒体技术意识淡薄、缺乏接受新鲜事物的敏锐性、观念更新不够等不足之处。对瞬息万变的海量信息，往往会感到力不从心，从而失去宣传、教育、解释的优先地位。以高校思想政治理论课教师为例，有些教师对新媒体的接受和学习程度较差，不能在教学中引进全新的新媒体观念，还是习惯于将马列主义、爱国主义、社会主义等教学内容枯燥乏味地灌输给学生而忽视了学生对新媒体的内在需求，从而影响思想政治教育的效果。

新媒体时代对高校思想政治理论课教学理念的影响主要体现在两个方面。第一，现代技术本身的特点对教学理念的影响。以互联网为例，互联网自诞生之日起，就以其时间的无限性与空间的延伸性彰显着一种开放、自由以及平等的创新精神和技术理念，这种理念必然延伸到高校思想政治理论课的教学之中。第二，新媒体的广泛使用对大学生思维特点、价值观念以及行为方式产生巨大影响，这种影响进一步对高校思想政治理论课教学理念的创新发挥巨大作用。因此，大学生思想政治理论课理念创新应体现在以下几个方面。

一是虚实互补理念。虚拟社会的形成与发展不断丰富人类自身的发展内涵，使人类虚拟发展成为人类本质的必然组成部分。因此，正确处理好虚拟社会与现实社会的关系成为重大的理论课题。虚拟社会与现实社会是人类生存与发展的必然组成部分，这两大社会的和谐发展促进人类本质的实现。我们不能因为人的基本生存和需要离不开现实社会，就以现实社会取代和压制，甚至否决虚拟社会，因为虚拟社会已经不可置疑地成为一个客观存在的社会场域；同时，我们也不能以虚拟社会取代和消解现实社会，更不能远离现实社会，因为人的物质需要、情感、亲情等需要在现实社会中完成。再加上虚拟社会只有在现实社会基础上才能健康有序地发展，那种离开现实社会追求在虚拟社会生活的人，不仅不能发展自己，反而会限制自己的发展，导致自己畸形地发展。高校思想政治理论课教师在利用新媒体技术与手段时必须正确把握虚拟与现实的关系，将虚拟与现实的和谐互补作为高校思想政治理论课教学的首要理念贯穿于高校思想政治理论课教学的各环节。

二是平等交互理念。新媒体使教师的权威地位开始动摇，传统教学中教师与学生的不平等地位以及单向灌输式教学理念受到巨大挑战。这种挑战主要基于两方面依据：第一，现代信息技术的发展突破时间与空间的限制，使大学生的思维能力、创新能力得以提升。大学生通过网络等载体可以自由获取大学科学文化知识以及其他各种信息，这导致在某些情况下教师与学生观念的冲突甚至教师的信息量不及学生。第二，新媒体上的资源作为一种公共资源具有共享性，任何人都有在新媒体平台上进行构建和创新的机会。面对这一挑战，高校思想政治理论课教学工作者必须与时俱进，树立平等交互理念。

三是双主体理念。双主体理念是在现代建构主义教学观与现代信息技术相结合的基础上提出的一种高校思想政治理论课教学理念。

现代建构主义强调学习的主动性、社会性和情境性。现代建构主义教学观强调，教师不是知识传授的载体，也不再是知识权威的象征；教师应该以学生学习为中心，重视学生对各种现象的不同理解和看法，并以此为依据对学生的做法进行调整，这时教师便由知识灌输者变为学生学习的组织者与指导者。这种建构主义教学使学生的主动性、积极性和创造性得以充分发挥。新媒体技术为现代建构主义教学理论的落实搭建了良好平台，其中最典型的就是网络教学。它游离于传统教学的物质空间之外，减少了传统教学对学生的肉体与精神的束缚，增加了更多的虚拟因素。

"它强调以学生为主体，通过多样丰富的媒体呈现真实的环境创设、不受时空限制的沟通交流，正在改变传统教学中教师和学生之间的关系，使学生能够真正成为知识信息的主动建构者，从而呈现出常规教学所没有的优势。"教师在现代建构主义的指导下，利用现代信息技术的优势，可以科学合理地进行课堂教学内容、方式的创设与选择，从而有利于学生的自我学习。

四是个性创新理念。高校思想政治理论课教学个性创新理念的提出是基于新媒体技术对大学生产生的影响的积极回应。高校思想政治理论课教师要积极响应这一趋势，树立个性创新的理念。第一，高校思想政治理论课教师必须尊重大学生的个性意识与创新精神，努力发掘他们内心深处的思想火花。第二，高校思想政治理论课教师须对大学生的个性意识与创新精神进行积极正面的引导。第三，高校思想政治理论课教师必须积极探索适应新时期大学生个性特点的教学内容和教学方法，使教学内容具有选择性，学习方式具有多样化以及学习形态具有多维化。

五是巧思妙想制订方案。一是方案制订过程更趋便捷化。高校思想政治理论课方案的制订过程是资料的获取、选择和重组的过程；是高校思想政治理论课教师把握学生思想动态和思想疑惑的过程；是教师根据所有的资料和学生的思想问题进行目标确定和方法选择的过程。新媒体技术的应用在很大程度上克服了传统的教学方案制订过程中的时空限制、经费不足、图书资料有限以及资料陈旧等问题。教师可以利用电脑的易操作性去实行网上备课，可以利用网络信息资源以及网络图书馆花较少时间和精力去获取最新信息，还可以通过手机等新型交流工具及时了解学生的思想动态，从而大大提高了教学方案制订的效率，使教学方案制订更趋便捷。

六是方案涵盖内容更趋合理化。高校思想政治理论课教师在选择方案的内容时必须达到以下要求：第一，"全"，即教师所选取的内容不能零散，残缺不全，而应该是围绕既定目标形成体系；第二，"准"，即方案的内容必须具备客观性，既符合高校思想政治理论课教学的规律和特点，又符合社会和大学生发展的客观需要；第三，"精"，即方案所涉及的内容抓住主要矛盾，突出重点，具有针对性；第四，"快"，即所选内容必须及时有效地反映现代信息技术的应用，为高校教师达到以上要求提供了前所未有的机会。教师可以利用网络搜索相关的网络书籍和资料，尤其是前沿的知识；可以获取社会热点问题以及学生关心的诸多焦点问题；可以及时了解学生的认知结构与认知需求，从而使自己的教学更具突出性；现代信息技术的反馈功能也使教师及时根据反馈信息去调整、丰富自己的教学内容。

如果将现代信息技术的交互性、灵活性、开放性、共享性以及协作性与高校思想政治理论课方案实施相结合，可以产生更具时效性的方案实施模式，主要有以下几种。

一是基于多媒体教室的课件型教学实施模式。这种教学实施模式是以教师为主导以课件为前提的演示式教学实施模式，也是当前被教师普遍采用的一种教学实施模式。教师在教学之前利用丰富便捷的网络技术，通过多种网络软件把思想政治理论课的教材内容制作成教学课件。课件的内容与传统的备课一样必须包括教学目标、教学内容、教学难点和教学案例分析、教学阅读书目以及教学课后思考题等。同时，这种课件要求集图文声影于一体。在具体的课堂教学中，教师利用计算机和学生进行交互，多媒体与教学内容的结合给学生呈现出一幅生动活泼的画面，有利于激发学生的参与意识和学习意识。

二是基于传统媒介与现代媒介有机结合的混合型教学实施模式。在传统的思想政治理论课教学中，教师利用板书向学生传递教育信息。为达到较好的教学效果，教师必须具有真实的现场感投入，必须通过板书、仪表、手势、语言、声音等艺术去活跃和丰富课堂教学。

但是传统教学中信息传递量小，而且教师也不可能时刻想出新花样去吸引学生的眼球。新媒体的应用，可以在很大程度上克服这一弊端。现代媒体通过图文声影的合理配合，不仅为学生创设了一个图文并茂、图像并举、能动会变、形象直观的教学情境，而且可以根据学生的喜好和课堂教学的需要及时调整多媒体的呈现方式，把学生的积极性和主动性充分地调动起来。网络教学并不是没有弊端，网络教学使学生和教师、学生和学生之间的隔离成为可能。这样就缺少了人与人之间的情感投入、情感互动以及情感交流。因此，传统媒体教学和网络媒体教学是非替代性的关系，必须使两种教学密切结合，有效整合传统教学模式和网络化教学模式的优长，建构一种混合型教学模式。

虚拟课堂型教学模式：在虚拟课堂型教学模式中，师生无须见面，教师和学生人手一台电脑，通过网络介质进行知识的传授和讲解。学生可随时根据自己的观点去向教师提问并就相关问题和教师进行探讨。同时，学生可以在接受这一教师的教学时接受其他课程的教育和学习。以 QQ 教学为例，教师通过创建一个 QQ 群把选修这门课程的学生添加为成员。教师通过语音、视频以及发送文字的形式去教授这门课程，学生可以在 QQ 群里提出问题和看法，也可以通过 QQ 与教师进行"一对一"的交流互动而不打扰其他同学的学习和思考。教师把思考题以及考试考核重点通过邮件的形式群发到各个学生邮箱中。学生则在规定的时间内把教师布置的作业发到教师的邮箱。这种教学使教师和学生都处在平等的地位，教师成为教学的主导者，学生成为教学过程的主体者，从而使双方的参与意识相对提高，教学效果得以充分体现。

基于新媒体通信工具个别辅导教学实施模式：新媒体技术的发展和普及，为高校思想政治理论课个别辅导教学模式的建立和实施提供了契机。比如，现在有很多大学通过 QQ 进行个别辅导教学。教师通过 QQ 就可以深入了解每个学生的学习情况和学习问题。教师可以以"朋友"的姿态在 QQ 上和学生进行一对一交流，了解学生的家庭情况、生活学习以及面临的种种困惑，从而使问题的解决更具针对性。教师还可以就国内外或国家政策和学生进行探讨，对学生进行积极引导，这比单纯地灌输教师的观点更具时效性；同时，教师和学生可以通过发送节日贺卡、动漫以及电影；通过微博相互关心关注；通过微信进行全方位沟通交流。

第四节 积极构建和谐的教育氛围

新媒体的快速发展，极大地影响着人们的思维方式、交往方式和生活方式，也从根本上改变了大学生的认知方式，对高校现有的思想政治教育模式提出了巨大挑战。传统的"一支粉笔、一块黑板、一本书"的面对面灌输式思想教学模式存在着方法单一、时空有限、教育对象和信息有限、教育形式单调等诸多弊端，与日新月异的社会脱节。教育者所讲与学生平时的所见所闻相差较远，甚至脱节，而且教育者不重视学生的自我体验和情感调动，能打动大学生的地方比较少。在新媒体环境下，学生的主体意识会被极大地调动起来，他们大胆进行交流，毫无顾忌地表达着自己的内心情感和所思所想，具有很强的主体意识与表达愿望，他们不再只是单方面地接受思想政治教育工作者的外部灌输，而是渴望平等、双向地互动交流，自然而然也要求教育模式向更加民主和自由的方向发展。这对高校传统的以单向灌输的教育模式产生十分激烈的冲击，形成了巨大的冲击与挑战。

和大家分享两个案例：

第一个案例是：

南昌某高校女大学生李某，长得挺漂亮。她有许多网友，大家都聊得很好。渐渐地，她发现和其中一个男生特别投机。一次不太在意的见面，却让女孩更加心仪，因为她发现男孩比想象中好很多，从此网恋就变成了现实中的恋爱。长时间相处后，女孩发现男孩有许多像她这样从网上骗来的女朋友，男孩一直在欺骗她。这仿佛晴天霹雳，李某心里接受不了这样的事实，没有心思做任何事，甚至要割腕自杀。

第二个案例是：

有个学生来自某市农村，父母都是普通农民，该生家庭条件比较差，性格也比较内向孤僻。入学后，班主任用"沟通小纸条"的形式收集了每个学生的爱好、兴趣和内心需求，对该生的了解是其敏感并希望在大学四年学有所成，将来回报家庭和社会。在开学的前几个月里，这名学生学习表现较好，能够按时上课、完成班主任布置的任务。但是渐渐地，他开始不按时到课，出勤率越来越差，即便出现在课堂上，也常常是哈欠连天，精神萎靡。问他原因，他只说环境不适应，身体不舒服。教师向同学和班干部了解，大家普遍反映这位同学不爱与人交流，对集体活动非常不热衷，对班级没有归属感、荣誉感。教师对他提要求，他往往答应得比较好，但是很少付诸行动；班干部和教师几次与他面对面交流谈心，他都爱理不理，言不由衷，没有收到什么效果。在这种情况下，班主任听说他比较喜欢上网，很多时间都用在 QQ 聊天上，因此也耽误了学习与班级活动。班主任决定从他的爱好入手，尝试用网络聊天来改变他。班主任首先向其室友打听到他的 QQ 号码，并在发送请求信息时写出了自己的真实身份，却不料他久久没有通过好友验证。班主任知道这是他对班主任心存抵触，不愿意与班主任交流。但班主任并没有当面揭穿他，而是用 QQ 和他的室友们经常进行沟通交流，使他知道以这种方式和班主任交流，可以无拘无束地分享他们生活学习中的任何困难与问题，并得到班主任的真心理解与帮助。过了两个星期，该生主动要求加班主任为好友。最初的几次聊天，班主任没有和他过多地深入交流，只是关心他的身体状况，提醒他天气变化注意增减衣物，多给家里打电话报平安等。接下来的几次交流，班主任把自己的大学经历包括现在工作中的一些心得向他进行了介绍。他很惊讶地发现班主任并不是学生们眼中那个高高在上、无所不能的"完人"，而只不过是个普普通通、有血有肉、有感情和思想的普通人，一个可以做他们良师益友的人。慢慢地，他与班主任深入交流了很多问题，包括他的家庭、他的学习成长历程、他在大学里遇到的不顺心及不适应等，班主任都耐心地倾听、安抚与解答。后来，他和班主任坦陈，他之所以最近心情不好，常常逃课，是因为他喜欢上了网上的一个女孩，但是他怕女孩不喜欢他，又不敢和人家表白。原来，这才是他的心结所在。

班主任告诉他，每个人在青春时代都会有感情的萌动，这是再正常不过的现象，老师也曾经有过，而且不止一次。此时，这个学生给班主任发来了害羞、惊讶加调侃的表情，并对班主任表示理解。接下来班主任进一步告诉他，你刚刚进入大学，身体和心理都还不成熟，所谓的恋爱其实只是对异性的一种倾慕之情，而且网络具有很大的虚拟性和不现实性。你在网络里认定的"女神""神仙姐姐"可能在现实生活中并不是你理想的对象，只是由于网络把她过度美化甚至神化了。但是生活总是不完美的，我们要正视这一点。我们要热爱生活，真诚地与人交往，融入集体，找到自己的位置和归属感，最重要的是要搞好学习，早日成才。等到自己学有所成的时候，也成了一个成熟、有魅力、有担当的大男人，那个时候，你的举手投足都会迷倒很多优秀女孩，你也会最终发现真正适合你的另一半。他听了班主任的话表示需要静下心来想一想。一个学期后，这名男生仿佛换了一个人，上课精神十足，班级及院系活动积极参加，并且他是一个运动健将，还代表班级参加了校级运动会并取得了不错的成绩，得到了全班同学的赞扬和敬佩，这也更增加了他的信心，使他能够更加勇敢、自信地完成自己的大学生活乃至今后的人生。

专家分析：第一个案例中，女大学生的这种网络心理障碍属于情景性忧郁，她把自己真实的感情给了一个并不真实的人，真正相处以后，发现他根本没有网上那么优秀，感觉也不像在网上那么好，只是虚有外表而已，更没想到男孩是一个专在网上欺骗女孩感情的人，因此造成心理障碍甚至想要自杀。而从男孩的角度来看，这也是一种网络心理障碍。他经常欺骗网上的女孩，说明他在平时生活中就存在着自卑心理，这样的人特别希望得到关注。他们虚有一个好的外表，在网上把自己说得天花乱坠，其实是一无所有。网络是虚拟的，它可以让人们随意幻想，有些男孩把自己想成白马王子，女孩想成白雪公主，过度的幻想就产生了病态心理。不难看出，新媒体的"互动性"和"虚拟性"容易引发大学生心理信任危机和人格障碍，确实是一个值得我们关注和警惕的问题。

第二个案例中，男大学生因为现实条件，导致自身不是很自信，现实里不愿与他人多做交流，却在网络上花费很多时间。老师观察到这一点，想到通过网络与男孩进行沟通，从而慢慢的打开男孩的心扉，帮助他找到了自信，使其更加积极的面对今后的生活。

从以上两个案例可以发现，新媒体的发展对人们的生活有着极大的影响，教育教学过程中，教师合理的利用新媒体能够更有效的帮助学生解决心理问题。

第十章 全媒体时代下的高校思想政治教育的影响

第一节 对高校思想政治教育的影响与启示

人生观、世界观、价值观形成的重要时期就是大学阶段，大学生乐于接受新鲜事物，但是也容易被社会上一些不良的思想影响，容易迷失方向。微博、微信是大学生进行交流思想、宣泄情感的一个平台，但基于网络时代的信息真假难辨，大学生很容易接收到错误的信息。

高校教师在之前的传统思想政治教育中的地位是至高无上的，是绝对权威的，但是微环境改变了教师至高无上的地位。信息时代思想政治教育工作者工作方式和教学内容已经跟不上时代的发展，也缺少网络上面最先进的信息和热点。这样教育者也失去了原有的优势，所以思想政治教育者一定要适应时代的发展，加强网络时代信息的储备和教学新形势的学习，提高素质，不断适应大学生的变化需求，随时准备应对新时期的挑战。

微博、微信的出现对传统的思想政治教育工作方式是严峻的挑战，仅仅靠着马克思主义理论课以及传统的教学内容和教学方式显然已经不能适应新的形势。微时代的信息传播迅速，大学生可以根据自己的兴趣关注各类学习网站，进行自我教育，也可以互相对话进行交流。大学生已经不再被动地接受教育者的灌输，而是变成了自觉主动地学习。利用微时代的优势，创新工作方法，适应新时代的发展是思想政治教育应该首要解决的问题。

在新媒体条件下，高校思想政治教育工作受到诸多因素影响，呈现出多样性和复杂性的特点。因此，要加强新时期大学生思想政治教育就必须充分分析、深刻认识目前大学生思想政治教育的现状与机遇，总结归纳其存在的问题与面临的挑战，特别是要对新媒体对大学生思想政治教育的影响进行深入分析与进一步明确，这样才能有的放矢，有针对性地做好新媒体时代的大学生思想政治教育工作。

一、新媒体时代下高校思政理论课教学的途径

新媒体在改变人们的生活方式和思想观念的同时，对高校思想政治课教学工作也提出了更高的要求。新媒体技术对大学生的思想观念、学习方式和生活习惯都产生了重大影响，这就要求高校思想政治理论课教师要顺应时代的发展，进一步加强和改进高校思想政治课

的教学。

（一）树立教师—学生双主体型教学新理念

教学理念的更新是新媒体环境下构建高校思想政治课创新教学体系的突破口。新媒体环境下，思想政治课教师一方面应该充分认识到大学生思想、行为发生的变化，主动迎接挑战；另一方面要转变观念，变被教育者从"被动接受"的角色为"主动参与"并进而成为"教学主体"，把思想政治课"居高临下"的灌输转变为平等的交流互动，在教师—学生双主体平等的交流参与中，通过隐性的潜移默化的教育，将思想政治课的教学内容渗透给学生。在树立教师—学生双主体型教学理念时，首先要尊重学生，肯定学生的主体性地位；其次，要尊重学生的自主创新精神，让学生充分参与教学，发表自己的思想和见解。

（二）思想政治课教师要有新媒体思维

教师的新媒体思维，简言之，就是自觉学新媒体、懂新媒体、用新媒体的思想意识。教师要清醒地认识到，新媒体是当今最活跃、最先进、普及最迅速的社会生产工具和生活方式。理念创新是一切创新的先导，要保持思想的敏锐性和开放度，勇于打破传统思维定式，努力以思想认识新飞跃提升思想政治课教学质量。思想政治课教师要充分认识新媒体的巨大作用，敏锐把握新媒体发展趋势，打破"怕新媒体、躲新媒体、恨新媒体"的思想羁绊，将驾驭新媒体的能力作为教学能力的重要部分。

（三）加强政治理论课教师对新媒体的合理利用

以数字杂志、数字报纸、数字广播、手机短信、移动电视、网络、数字电影、触摸媒体等为表现形式，依托数字技术、互联网技术和移动通信技术在新的技术支撑体系下出现的新媒体，不断影响着人们的思想观念和行为方式。随着思想政治教育现代化趋势的日益彰显，如何利用发展迅猛的新媒体载体，有效开展思想政治课教学成为新时期思想政治课教学的重要课题。思想政治理论课教师作为党的教育工作者，不能在新媒体这个阵地上失声，缺位。教师不仅要深刻了解新媒体的特性，还要适应新媒体时代，学习和运用最新技术成果，真正把握新媒体的特点和规律，积极主动运用新媒体，正确利用新媒体加强思想政治课的教学质量。

（四）大力推动思想政治理论课新媒体教学平台

新媒体具有速度快、信息容量大、互动性强的特点，新媒体时代确保了师生沟通更加实时、互动，师生之间可以随时就各种问题进行自由而充分的讨论，表达意见和建议，新媒体使师生之间拥有了无阻隔的互动形式。各高校要在条件允许的情况下开展"信息扶贫"，加强新媒体基础知识的普及，当前的重点在于创新基于新媒体平台的思想政治理论课教育的方式、方法，充实思想政治理论课教育的内容，让更多的师生能运用新媒体进行互动，进而促进教学效果和提高学习质量。

（五）充分利用新媒体的技术和手段，激活学生学习的主体地位

提高学生学习的主体地位是提高教学质量的关键所在。在传统的教学模式中，课堂是学生学习的唯一场所，这就直接导致教学资源的单一性和知识传递途径的单一性，也难以调动学生学习主动性和积极性，因而不能培养和激发学生的学习兴趣。新媒体是借助网络的媒介平台，思想政治课教师可以借助新媒体发布教学内容、布置课后作业、开展课外讨论等。此外，高校思想政治课也可以通过新媒体加强师生之间关系，随时和学生进行交流，借助新媒体在课堂教学之前了解学生对教学内容的了解，激活学生学习的主体地位，不断增强高校思想政治教育价值导向功能和育人功能。

（六）培训教师新媒体的运用能力

在新媒体时代，手机短信、博客、网络论坛以其灵活、快捷的特点，日益成为一种崭新的思想政治教育载体并显示其独特优势。高校政治理论课教师应通过各种新媒体工具，提升教育的亲和力和感染力，切实了解学生在学习、生活中存在的困难和问题，及时掌握其思想变化，使学生及时分清是非曲直，认识到自身的不足和缺陷，在互动交流中进行问题的解决、情感的交流。基于新媒体平台的政治理论课教学不仅要具备扎实的理论功底，还需要提高自身的新媒体素养，熟悉常用软件的基本功能等网络技术，能够有效获取、加工和利用信息。

教师是教学的实施者，是高校教学水平的保障者。教师应用新媒体的水平会进一步影响教学。管理部门要把提高运用新媒体的能力纳入思想政治课教师学习和培训体系，帮助思想政治理论课教师提高新媒体应用能力，包括计算机网络运用能力、信息需求发布技术运用能力等。必须大力提升他们的新媒体素养，增强他们的新媒体认知能力、信息解读能力、新媒体运用能力，学会在新媒体时代下加强教学工作。

二、新媒体时代下高校思政理论课教学的评价

新媒体对推动高校思想政治理论课教学的主客体，内容选择、授课方式以及解析路径方面提出了挑战，那么传统的教学评价体系也应有所创新。也就是说，在新媒体环境下，教学评价内容不仅要基于现实课堂教学，即课堂生活是否体现出师生间平等对话和沟通，课堂氛围是否民主和自由，授课内容是否贴近日常生活，解析途径是否立足于个体发展与社会发展的融合。同时，还需要建立和创新相应的辅助课堂教学的评价机制。

（一）建设高校红色网站及其主题鲜明的评价机制

在开放的互联网面前，信息庞杂多样，既有大量进步的、健康的、有益的信息，亦有不少反动的、迷信的、黄色的内容。互联网已成为思想政治教育工作的一个新的重要阵地。

基于现代社会交往渠道的扩展和交流工具的科技化，高校思想政治教育越来越多地认同网络的作用和影响。思想政治理论课教学效果最基本的体现是学生的理论程度有没有提高，退一步说，有没有激发起学生对思想政治、世界观、人生伦理等方面的理论知识的强烈求

知欲和探索欲。这种求知欲首要表现在学生课后是否会点击、浏览、研读网站上的经典文献。作为教师，应对网站上这些内容经常点击，将其作为必要的辅助资料推荐给学生，鼓励学生走进网站阅读经典文献，然后在适当时机一起交流心得。在这样的前提下，学生对网站的点击和阅读次数，阅读经典文献后与教师探讨体现出来的理论深度，应当纳入课程教学效果的考察之中。

（二）建立辅助思想政治理论课的教师微博的评价机制

教师微博促进了高校思想政治理论课教学方式的改进，增强了思想政治理论课教师对即时事件、热点问题的研究深度，并加深了思想政治理论课的实效性。对教师而言，在博客中将教学思维和教学内容的动态性发展予以公布，学生可以及时与教师沟通问题，反映心声和见解，同时教师也在坦诚交流的基础上帮助自己有意识有系统地反思与研究教育活动，总结经验，发现新问题，及时跟进学生的意识状态，思想动机、心理发展，提升思想政治理论课的授课水平。

三、新媒体时代大学生思想政治教育的影响

在新媒体环境下，大学生思想政治教育在主体化和客体化、国际化和民族化、社会化和主体化、科学化和现代化等诸多方面的发展呈现出纷繁复杂的新趋势。

（一）主体化和客体化双向互动

高校思想政治教育就是教育者对受教育者有目的地施加影响，受教育者能动地接受教育的过程，在这个过程中，主体与客体之间是一种相互影响、相互作用、相互推动的双向互动的过程。

一方面，这是个主体积极教育的过程。高校思想政治教育的主体就是从事思想政治教育的教师。主体的职责和作用是从事思想政治教育，并起到塑造人格和培养受教育者科学思维的作用。在思想政治教育过程中，教育者处于矛盾的主要方面、占主导地位、发挥主导作用。教育者（主体）必须根据社会所要求的思想体系、政治观念和社会道德规范对受教育者（客体）进行思想政治教育。而思想政治教育能否顺利进行并达到预期的目标，很大程度上在于受教育者（客体）积极性、主动性的发挥，而这个积极性和主动性的发挥又取决于主体——教育者的积极引导和努力激发以及科学调动，所以，主体积极教育的过程就是教师积极引导、努力激发和科学调动大学生的主动性、积极性，并由此达到教育目的的过程。

另一方面，这也是一个客体能动地受教育的过程。思想政治教育的客体就是指接受思想政治教育的对象或人，即高校的大学生，而高校的大学生所接受的教育和影响，既具有教育者所施加的正面的、积极的影响，又会受到社会上消极的、负面的信息影响。所以，对于受教育的客体来说，思想政治教育是一个充满积极与消极、干扰与抗干扰的复杂的、矛盾的选择过程。这就制约着他们的取舍，使他们不会简单地、原封不动地把外在社会要求移植于自己的头脑之中，而是能动地对教育主体所施加影响（包括思想、行为等）进行分析、

评价，并根据自己的生活经验、认知水平、接受程度、内在需要以及其他因素有选择地取舍。客体自身的矛盾在教学过程中又引发了与主体的矛盾，怎样才能解决矛盾，这就需要把前两个过程有机地统一起来。而在新媒体环境下，双方矛盾碰撞的过程表现得更加激烈。主要原因在于，传统思想政治教育注重灌输，学生处于被动的受教育状态。而新媒体环境下高校思想政治教育与传统思想政治教育在学习空间、交流方式、活动方式、学习体验等方面都存在很大差异，具有时空分离、师生分离、虚拟性和隐匿性的特点。大学生和教育者都是平等主体，通过新媒体与网络的帮助，以互动的方式与教育者进行隔空对话、交流和沟通，使得高校现有的思想政治理论课教育模式受到挑战，甚至处于非常尴尬的境地。如何提高"抬头率"，如何确保思想政治课"进头脑"，这样的难题，如今已经赫然摆在了每个大学思想政治教育工作者面前。当前的思想政治理论课教育教学初步实现了系统化、科学化、专业化，但在通俗化、学生化、时代化方面还有待进一步加强，需要我们认真反思。

（二）国际化和民族化双效互动

随着经济全球化、信息国际化的趋势，大学生的视野不断开阔，国际化观念普遍增强，其行为和观念跨越民族国家的边界，融入紧密的整体性的国际联系之中，且大学生思想政治教育观念呈现国际化的发展趋势。但大学生思想政治教育国际化的发展观念不可能替代其民族化观念，新媒体环境下大学生的思想政治教育一定要重视民族性和全球性的统一，既要保持本民族的传统，又要获取人类共同的文明成果。但要牢记保持民族化观念是基础，在此基础上才谈得上推行国际化。

在思想政治教育的过程中，新媒体环境开创了现代思想政治教育国际化和民族化互动发展的新局面。大学生思想政治教育获得了一些较为先进的技术和经验，拓宽了发展视野，提高了开放程度，增进了社会活力，思想政治教育思想民族化也得到继承和发展。大学生思想政治教育主客体借助便捷、开放的网络新媒体，彰显强化民族国家文化，弘扬民族精神，借鉴吸收国外先进文化，实现了本国和他国合作融合、相互交流、互惠共赢，实现了国际化与民族化的结合。这种结合，既立足本国，又面向世界，既相互开放，又相互吸收，既继承传统，又面向未来，它是民族性和时代性的统一，又是国际化与民族化的双效互动。

（三）社会化和主体化双向互动

思想政治教育社会化，是指思想政治教育中的统一整体与外界环境发生交互作用、与社会发展相融合的过程。思想政治教育的社会化就是思想政治教育主体的社会化，教育者与受教育者与社会成为和谐的一体，这有益于个人和社会健康发展；思想政治教育的主体化，是指受教育者本身在目前不断扩大和深化的经济与人文环境的熏陶下，已经或正在形成鲜明的自主、自立、自我负责的独立意识和能动、创造精神。思想政治教育的主体化就是要发挥人的主观能动性，弘扬和培育人的主体性，适应和推动现代社会的发展，思想政治教育的主体化推动了社会化。同样，社会的每一次大发展都是主体意识的觉醒与强化，思想政治教育的社会化推动了主体化。两者相辅相成，互为补充，密切联系，缺一不可。这就是社会化与主体化的双向互动，是现代思想政治教育的发展趋势之一。

马克思在《德意志意识形态》中指出："人创造环境，同样，环境也创造人。"随着新媒体的发展，大学生思想政治教育环境发生了巨大的改变。全方位开放的社会环境使大学生可以从广阔的领域获得各种信息，充分发挥主观能动性，这必然推动思想政治教育的主体化进程；同时，新媒体环境对人的思想与行为产生影响的因素增多，也推动了思想政治教育社会化趋势。即新媒体环境下大学生思想政治教育社会化与主体化双向互动，两者相辅相成互为补充，密切联系，缺一不可。社会化保证了人类的延续和文化的传承，主体化使得个人具有超越现实的独特性和创造性，社会化和主体化是双向互动的。

（四）科学化和现代化协同并进

思想政治教育科学化是指在思想政治教育理论和实践中贯穿和体现的真理性、规律性。其工作方式从经验型向科学型转变，其预见性、主动性、超前性研究逐步加强；思想政治教育现代化是一个全面、深刻变革和整合运行的过程，面对信息化社会，运用网络技术和大众传媒载体等现代化手段，有效发展自身，适应社会发展需要的观念、载体、体制、方法现代化。

发展增进了网络技术和大众传媒载体的运用进程，也使大学生思想政治教育的环境发生了巨大变化，推进了其科学化和现代化的趋势。在新媒体环境下，大学生思想政治教育理论、理念、内容、手段科学化和现代化趋势更加明显，关系更加密切。教育者与大学生运用现代化的新媒体技术进行交流和沟通，实现了由局限于课堂固定时间、空间的教育向不受时空限制的自由教育转化，这推进了大学生思想政治教育科学化的进程；与此同时，思想政治教育的观念、载体、体制及方法也日趋现代化。

四、新媒体时代大学生思想政治教育的启示

"新媒体技术是新时代下的产物，为大学生所接受，同时也为我们开展思想政治教育工作提供了难得的机遇。""新媒体技术以其传播便捷、海量信息等优势拓展了思想政治教育的内容和空间，丰富了思想政治教育的手段和方式，并且使思想政治教育的针对性和实效性得到了增强。"[1]

（一）新媒体信息传播的开放性为大学生思想政治教育提供广阔平台

"高校大学生思想政治教育的过程，是信息获取、选择、传播的过程，是用丰富、正确、生动的信息，影响、熏陶大学生的思想观念、价值观念和精神状态的过程。"可见，信息的获得是大学生思想政治教育的重要基础，对大学生思想政治教育的成功开展、取得实效意义重大。而新媒体作为依托数字技术、计算机网络技术和移动通信技术形成的庞大网络体系，具有开放性强、信息量大、资源丰富、传输快捷、覆盖面广及形式多元等优势，强

1　暴文婷.试论高校思想政治教育线上线下的有机结合[J].学理论,2018,(第3期)：241-242.

于以往任何一种传播技术和交流工具。意识形态对一个国家、民族来说，等同于一个看不见硝烟的重要战场。随着时代的发展，意识形态、舆论导向的斗争也愈发激烈。

在传统媒体时代，各国只能在相对封闭的状况下对国民进行政治意识形态灌输，外来意识形态的冲击相对较弱。新媒体时代改变了这一局面。由于其平台的开放性、共享性，使各种意识形态都可以借助这一平台向世界各国传播，尤其是西方发达国家利用新媒体的先进技术，投入资金雄厚、传播技巧娴熟，有组织、有计划地利用新媒体的途径大肆传播资产阶级自由化思想，影响着大学生的思想观念和道德认知，导致其理想信仰迷失、价值观念混乱，无形中削弱了社会主义意识形态的控制力，对高校思想政治教育工作造成了不可低估的负面影响。可以说，在新媒体环境下，我们正面临着文化上新殖民主义的挑战，这是对我们传统思想政治教育的严峻考验。此外，一些媒介传播者因商业利益驱使和媒介素养的缺失，不断传播一些不良信息，败坏了学校风气，误导学子。由于大学生生活阅历有限，难免会在一些不健康思想的传播中迷失方向，受到一些消极、极端、反动信息的影响，形成不健康的人生观和价值观。可见，在新媒体时代下，传统社会高校舆论导向正面临着严峻的挑战。舆论导向的控制权牢牢掌握在党和政府及高校思想政治教育工作者手中的局面正受到前所未有的威胁。

微博、微信等新媒体上的交流具有很强的互动性、虚拟性、平等性，能够带给大学生愉悦感，但是这种愉悦的体验很容易重复获得，致使大学生在享受新媒体带来的便捷与有趣时，渐渐忘记了时间、责任和使命，同时对新媒体产生了依赖，甚至沉迷和上瘾，这其实就是过度使用新媒体、过度依赖新媒体而造成的一种心理异常。这种心理异常起初只是表现为烦躁，随后会发展至生理上的不适，比如食欲不振、精神倦怠等。而且，新媒体具有明显的虚拟性，在这些平台里很多人以匿名的方式进行交流，在沟通过程中大家面对的不是一个个活生生的人，而是一行行文字或一张张图片，人与人的交流，更像与戴着面具的人在说话，并以公式化的方式对待他人，自然就造成了人与人之间的情感疏离，导致现实交往中对他人真诚性的怀疑和自身真诚性的缺乏，进而影响自己与他人良好人际关系的建立与发展。而一旦在新媒体中经常性的冷漠态度或程式化逐渐固定下来，并与现实具有很大差异时，就会出现个体的双重人格或多重人格现象。现实人格与虚拟人格如果频繁地转换，必然会出现心理危机，导致人格障碍。

（二）新媒体信息传播的"无屏障性"影响部分大学生的价值观

虚拟社会应该遵循什么样的价值观念，争议颇大。有人认为，虚拟社会的游戏规则应跟实体社会一样，以市场经济法则为依据。也有人认为，虚拟社会应该弘扬人性，不以追求效益最大化为发展标准。但是，一个不可争辩的事实是，新媒体深入影响大学生的生活方式、思维方式和思想观念，这对于思想政治理论课的教学手段、教学效果都构成了严峻的挑战。

北京理工大学马克思主义理论教研部副主任李林英分析认为，这种挑战根源于新媒体信息传播的"无屏障性"。新媒体时代的校园信息化在某种程度上说，是处于一种信息传播的"时间无屏障""空间无屏障"和"资讯无屏障"状态，信息的发布和使用空间更加自由。一方面，学生可以不受拘束，在网上随意发表观点，甚至传播有害观点。另一方面，网络信息良莠不齐、泥沙俱下，有的信息是虚假的、黄色的、反动的，现有的技术条件对这些信息的发布、传播和接收难以有效控制，这对是非辨别力不高、人生观和价值观尚不成熟的大学生而言影响很大。

第二节 高校思想政治教育是当代高校学生素养提高的必然选择

进入 21 世纪以来，新媒体在日趋开放的信息环境条件下，其重要性和影响力正不断加强，逐渐成为大学生思想政治教育的一个重要传播载体。然而，新媒体是一把"双刃剑"，它在带给思想政治教育日趋丰富的教育内容以及全新的教育方式的同时，其负面影响也是显而易见的。因此，新媒体时代大学生思想政治教育的创新势在必行。这就要求思想政治教育工作者坚持高校思想政治教育的优秀理论，创新科学发展的教育理念，顺应信息时代的变革，正视大学生主体的需求，消除新媒体可能带来的消极影响，充分利用新媒体的积极作用，提高思想政治教育的实效。

一、创新高校思想政治教育的理论依据

创新高校思想政治教育，有其紧迫的现实背景，也有着深刻的理论依据。从前辈哲学家、教育家的优秀教育理念入手，我们发现，新形势下高校思想政治教育工作的创新其实是一个自然而然、与时俱进、适应人类自身发展的过程。

（一）马克思主义关于人的全面发展论

马克思主义是从现实的个人出发来关注人的全面发展，并且从不同侧面研究了人的全面发展的丰富内涵，具有深刻的指导作用。

"人的全面发展"理论内涵，指个人的能力（包括体力和智力的）的充分自由发展。马克思将能力理解为"人的身体即活的人体中存在的、每当人生产某种使用价值时所运用的体力与智力的总和"，"是人从动物界上升到人类并构成人的其他一切活动的物质基础的历史活动"。所以，只有通过社会生产的发展，创造出高度发达的生产力，促进社会关系变革进而使社会关系全面生成和丰富，才能保证"人的体力和智力获得充分的自由发展和运用"。

人的才能的多方面发展。在马克思、恩格斯的论述中，人的才能的自由发展具有重要的地位。人的自由发展程度受到各种客观条件的制约，既有自然界和社会条件的限制，又有来自人类本身体力和智力发展的制约。人只有具备充分自由发展的条件，才会有个人的全

面发展，所以为所有的人创造生活条件，以便每个人都能自由地发展人的本性、人的才能。

人的社会关系的丰富和发展。人既是自然界长期演变发展的产物，具有自然性；又是社会发展的产物，具有社会性。马克思把社会关系的丰富发展作为人的全面发展的重要内涵，认为"必须推翻那些使人成为受屈辱、被奴役、被遗弃和被蔑视的一切关系"，以利于人们突破地域，达到个人与社会的协调发展。个人与社会的协调发展，是构成人的全面发展的基本条件。个人的发展与社会的发展互为前提和基础。一方面，社会是由人的关系和活动构成的社会，离开了人的发展就没有社会的发展。另一方面，社会发展为个人发展提供手段和条件，"一个人的发展取决于和他直接或间接进行交往的其他一切人的发展"。因此，个人与社会应互相协调发展，共同促进人和社会全面发展。

人的全面发展是大学生思想政治教育追求的目标。马克思主义从"现实的个人"出发来探讨人的全面发展。在他看来，"社会——不管其形式如何，都是人们交互活动的产物""历史不过是追求着自己目的的人的活动而已"。所以，要想实现大学生思想政治教育目标，积极地促进大学生全面而自由的发展，就应该以各种活动为载体开展思想政治教育，提高其实效性。

大学生思想政治教育对大学生全面发展有促进作用，思想政治教育属于全面发展教育中的一部分，它关系的是人的发展的方向性问题。在人的全面而自由的发展过程中，思想政治教育对人的全面发展起着导向、促进作用。面对国际国内的新形势、新情况，特别是我国经济建设正面向工业化、信息化、市场化和社会化，需要"得到全面发展、能够通晓整个生产系统的人"，就要求大学生思想政治教育整合和渗透全面发展教育的其他方式，特别是要充分借鉴和运用新媒体条件下的各种新型教育资源及方式，坚持育人为本、德育为先、能力为重、全面发展，着力增强学生服务国家、服务人民的社会责任感、勇于探索的创新精神、善于解决问题的实践能力。

（二）"教育即生活"理论

约翰·杜威作为20世纪最有影响的哲学家、教育家之一，借鉴吸收其教育思想中积极先进的成分，对于在新媒体条件下我国思想政治教育的创新具有重要意义。

"教育即生活。"杜威认为真正的教育目的内在于教育历程，即人的本能、冲动、天性和兴趣等。因此，他批判那种呆板的、外插式的教育目的论，主张教育即是生活，而不是将来生活的预备。他反对把外在的教育目的当作控制教育的观点，因为那样就会扼杀个人现实潜在的能力和个性趋向。

"学校即社会。"杜威在教育即是生活这一命题的基础上提出了"学校即社会"的说法。他认为"学校主要是一种社会组织，是社会生活的一种形式"，校内学习应该与校外学习紧密连接在一起，学校不应该是孤立于社会之外的组织，而应具备社会生活的典型条件，成为一个具有活力的社会机构。

　　"以学生为中心"，一方面，杜威批判传统教育观以教师为主体的观点，因为它过于强调单一、僵化的知识灌输，忽视了学生的兴趣和能动性；过于强调学校、教师对学生的约束，而忽视了学生自律、自主、自由的权利。另一方面，他也批判以教材为主体的教育观，在中国演讲时，杜威对中国传统教育的弊端大加批评，引起了很多人的反思。

　　一百余年过去了，杜威教育哲学的意义依然充溢着思想与智慧之光。借鉴、吸收其优秀的教育思想，对我们在新媒体条件下创新高校思想政治教育工作很有裨益。

　　借助新媒体信息平台，实现思想政治教育内容社会化。杜威认为："知识只有在提出被置于社会生活背景中的材料的明确形象和概念时，才是名副其实的有教育性的。"也就是说，只有实现了教育内容与现实生活接轨，将理论与生活实际相结合，才能使学生在生活中学习，在学习中感悟，在感悟中明理，形成忠于自身又符合社会要求的道德规范。反思我国思想政治教育的现状，教材内容多以抽象的理论为主，与社会生活脱离、滞后；教师在授课中习惯于使用传统方法，缺乏与学生交流、互动，使学生无法产生兴趣。对此，作为思想政治教育工作者，要在积极接触、熟练掌握和使用新媒体手段，收集大量第一手社会信息和资料，养成良好的媒介素养的基础上，与学生进行前沿性、社会性的深入交流，使学生的所思、所感、所想与我们的教育产生强烈共鸣。

二、更新思想观念，强调学生的主体地位

　　在传统的思想政治教育过程中教师处于主导的地位，这样的师生关系容易使教师在教学过程中向学生传播自己的或特定的价值观念和生活方式，并以自己的教师身份和知识经验强制学生接受和顺从，完全忽略了学生的需求，最终导致思想政治教育的低效。杜威全面批判了传统教育"以教师为中心"的教学过程，也和前面提到的新媒体条件下，大学生思想政治教育面临的挑战、需要进行的深思与变革不谋而合。因此，在新媒体时代，我们应转变思想观念，强调以学生为中心，重视学生在教育过程中的主导地位，借助众多的新媒体手段，为学生提供一个平等开放、真诚互信的平台，与学生展开真诚的沟通，在学生开放自己的思维、锻炼自己的能力基础上，对其进行巧妙的引导，提高思想政治教育的实效性。

　　高校是培养人才的重要领地，必须把培养中国特色社会主义事业的建设者和接班人作为根本任务，这正是对我国高校办学性质的定位。这种性质决定了新时期我国高校思想政治教育必须坚持育人为本、德育为先、多方面促进大学生全面发展。特别是在新时期、在新媒体条件下，更要与时俱进地发展我们的高校思想政治教育理论。

　　高校思想政治教育定位与取向，是培养社会主义事业的合格建设者和可靠接班人，但更应体现以人为本和大学生的主体地位。大学生是国家宝贵的人才资源，是民族的希望、祖国的未来。使大学生成长为中国特色社会主义事业的合格建设者和可靠接班人，这是当前思想政治教育目标定位的重要依据。高校的思想政治教育目标定位必须以此为依据，体现这一重要要求。但对这一重要目标，不应片面地理解为单纯的政治素质要求。社会主义社

会是以人为本、是人全面发展的社会，特别是在新媒体时代，高校思想政治教育的目标定位更应体现大学生的主体地位。首先要充分考虑大学生的内在心理需要，对其进行科学的目标定位，根据其内在心理需要组织设计和开展教育活动，因势利导，使其自觉地接受思想政治教育，在受教育中汲取营养，提高自身的思想政治素质；其次要考虑大学生的个体差异，要把培养和发展大学生形成丰富多彩的综合素质列为高校思想政治教育的重点教育目标，让大学生充分发挥其独特的个性优势，形成独立高尚的品格。

立足增强大学生的国家与民族意识，但更应增强学生的国际意识和民本意识。高校思想政治教育要弘扬中华民族的传统美德和文化，增强大学生的使命感和责任心，增强大学生的民族自豪感；要树立大学生的民族意识，树立实现中华民族伟大复兴的信心；要加强对大学生的基本国情教育，引导大学生树立艰苦奋斗的思想，培育大学生的社会主义、爱国主义和集体主义思想，在涉及本国本民族利益时，能坚决地捍卫本国本民族的利益。但同时也要认识到：在新媒体时代，经济全球化背景下，在加强基本国情教育的同时，也要加强国际经济形势与政策方面的教育，培养大学生的国际意识与全球视野；在抵制西方腐朽思想文化侵蚀的同时，也要汲取西方文化思想中的精华；在抵制西方政治特权的同时，西方民主政治法制建设、和谐社会与社会建设的经验使当代大学生以开放的姿态迎接未来，兼收并蓄，促进民族经济文化的发展，实现中华民族的伟大复兴。

立足把主流意识形态和政治素质作为首要目标，但更应关注大学生的全面成长。在多种文化思潮激烈碰撞的时代，高校要把当代大学生培养成合格的社会主义事业接班人，就需要用科学的思想理论进行指导，并积极借助新媒体平台的力量和优势，有针对性地对大学生进行主流意识形态的引导，这一点在任何时候都是毋庸置疑且必须坚持的。但不应把政治素质的提高与完善作为高校思想政治教育目标定位的唯一内容，而应把大学生的全面成长纳入高校思想政治教育目标定位的视野，将思想政治工作与推进学生素质教育结合起来，把完善大学生的智能结构、创新精神、实践能力作为高校思想政治教育的重要目标，在高校推进大学生素质拓展计划、社会实践、学术创新、校园文化活动，使大学生的政治素质与其他素质协调发展，并使高校思想政治教育向纵深发展并且能收到良好的效果。

三、高校思想政治教育的任务与特点

以爱国主义教育为重点，深入进行弘扬和培育民族精神教育。深入开展中华民族优良传统美德，开展各民族平等团结教育，培养团结统一、爱好和平、勤劳勇敢、自强不息的精神，树立民族自尊心、自信心和自豪感。要把民族精神教育与以改革创新为核心的时代精神教育结合起来，引导大学生在中国特色社会主义事业的伟大实践中，在时代和社会的发展进步中汲取营养，培养爱国情怀、改革精神和创新能力，始终保持艰苦奋斗的作风和昂扬向上的精神状态。

以基本道德规范为基础，深入进行公民道德教育。要认真贯彻《公民道德建设实施纲要》，

以为人民服务为核心、以集体主义为原则、以诚实守信为重点，广泛开展社会公德、职业道德和家庭美德教育，引导大学生自觉遵守"爱国守法、明礼诚信、团结友善、勤俭自强、敬业奉献"的基本道德规范。坚持知行统一，积极开展道德实践活动，把道德实践活动融入大学生学习生活之中。修订完善大学生行为准则，引导大学生从身边的事情做起，从具体的事情做起，着力培养良好的道德品质和文明行为。

以大学生全面发展为目标，深入进行素质教育。加强民主法治教育，增强遵纪守法观念。加强人文素质和科学精神教育，加强集体主义和团结合作精神教育，促进大学生思想道德素质、科学文化素质和健康素质协调发展，引导大学生勤于学习、善于创造、甘于奉献，成为有理想、有道德、有文化、有纪律的社会主义新人。

大学生是当代中国社会中生机勃勃的群体。他们朝气蓬勃，素质较高，精力充沛，是社会中最活跃的一个群体，对外界充满热情与活力，也承载了更多的社会责任与家庭责任，因此，探究影响当代大学生思想特点与成长成才规律很有必要。

当代大学生的主要思想特点是，思想主流既积极向上，但也有一些消极倾向。表现在当代大学生思想觉悟较高，关注国家大事，爱国意识强烈。他们不局限于自己生活的小圈子中，而是更关注外部世界，具有较高的政治认同感，特别是在涉及国家荣誉、民族根本利益和前途命运的重大事件时，他们表现出强烈的爱国热情和社会责任感。

同时，大学生具有较高的道德素质和社会责任感，但也受到了不良社会风气影响。大学生的人生态度积极向上，追求学业有成、事业成功，不愿虚度人生，通过积极奋斗，努力实现自己的人生理想和人生价值。大学生也具有较高的道德素质，遵守社会公德，努力把自己塑造成一个有益于社会的人，积极承担起社会赋予他们的责任。但大学生不是生活在真空中，其思想也受到了整个社会大环境的影响，受到了社会上一些不良风气的熏染。比如现在一部分大学生诚信缺失的问题就已引起社会关注：考试弄虚作假、学术抄袭、简历注水、投机取巧等。受市场经济趋利思想的影响，部分大学生越来越注重实效和利益，表现出明显的拜金主义和功利主义倾向，过分追求个人利益，严重忽视对社会应尽的义务，"利己"思想明显。

大学生对社会的认知有独到的见解，但具体行动常常与认知脱节。比如大学生具有较高的个人理想与社会理想，特别表现在追求理想的完美化，但理想与现实脱节时，会造成心理上的巨大落差，形成颓废思想、不思进取；有的会放弃原有的理想，选择更加切合实际的道路，追求所谓"实惠"。再如，大学生具有较高的道德认知，无论是在社会公德还是私德上，他们都知道什么是社会所提倡的，什么是社会所摒弃的。他们唾弃社会上一些道德败坏、影响社会风气的事情，但一旦成为当事人，他们中的一部分人也会按照自己原来鄙夷的方法去做，同时会认为这是迫不得已，是社会逼迫他们这样做的，从而形成双重标准。

大学生成长成才一般要经过两个阶段，是一个螺旋式上升的过程。第一阶段为修身、学业、就业；第二阶段为学历、能力、人格，这两个阶段既相对形成一个过程，又互相依存、补充、前后衔接、不断提升，形成一个螺旋式上升的体系。其中，第一阶段是大学生从适应大学生活开始，到毕业、就业的一个过程。这个过程是成长的基础，是大学生成才的逻辑起点。第二阶段的学历、能力、人格构成了大学生成长、成才、上升的又一个阶段。与第一阶段相比，这一阶段使他们认识更深刻，发展更扎实，影响更深远。

一是要适应好独立于社会的起始阶段。高考的压力，家庭的期许使他们在高中阶段把主要的精力全部放在埋头读书上。每一天，甚至每一小时都有人为他们安排，只为一个目标——考大学。埋头只读教科书，即使关心时事也是为了政治考试的需要。而迈入大学校园，一切都改变了。家长不在身边叮嘱，学校管理也比较宽松了，更多事情需要由自己来处理。如何应对生活，如何为人处世，未来如何规划、发展，这一大堆的问题不可避免地推到了大学生面前。社会大环境，学校小环境，社会上各种问题以不同的形式、从不同的角度折射到校园。善于思考、有一定认知能力的学生尚且感到茫然；对家庭、学校较为依赖的学生更是不知所措，还有少数学生根本无法适应大学生活。面对这一切，学校必须引导、培养他们的主体意识、独立精神，让学生在校园中学会生活，在探索成长规律的过程中逐步地成熟起来。

二是要适应好大学的学习生活。在大学曾经流传这样一段顺口溜：一年级不知道什么是不知道；二年级不知道什么是知道；三年级知道什么是不知道；四年级知道什么是知道。但事实上，当高年级的学生"知道了什么是知道"的时候，已经失去了那么多"应该知道的不知道"。于是，不仅一年级的学生面对万花筒般的大学生活不知所措，就连一些在大学里生活了两三年的高年级学生也在不断地反问自己：大学我到底学到了什么？毕业我该如何确定自己的发展方向？大学的人才培养目标，绝不是仅靠学校单方面的努力就能够实现的。作为个体的学生是学习和成才的主体，是矛盾的主要方面。只有把学生的自觉性、能动性和积极性激发出来，使学校教育和学生努力产生共鸣，人才培养的目标才能得以顺利实现。为此，作为教育者，我们必须与大学生一起探求什么是大学；作为一名大学生，使他们懂得应该如何安排自己的学习生活，在大学期间应该确立什么样的奋斗目标，如何才能实现自己的奋斗目标等一系列问题。要培养他们的学习能力、培养他们的思考能力和思考深度、培养他们的追求精神。

三是要实现从感性到理性的提升。一些大学生不同程度地存在政治信仰迷茫、理想信念模糊、价值取向扭曲的现象。他们学过不少政治理论，似懂非懂的少年时代就背了不少哲学、政治经济学和科学社会主义的道理，但这一切都似乎是为了考试。超前的教条式灌输使他们中的相当一部分人产生了"抗体"，而真正到了应该了解政治、确立理想、追求信念、选择价值取向的时候，他们反而变得十分冷漠。再加上社会各种负面现象的影响，各种类型的思想、观念的碰撞，积极向上的主流思想在一些大学生中反而被边缘化了。以成绩论英雄，如"哈佛女孩""高考状元"被捧上了天。面对高不可攀的被神化了的对象，加上加工过的不太真实的成长道路的描述，强烈的反差对比之下令大学生产生的只能是自卑、失落和缺乏信心。诚信意识淡薄、社会责任感缺失，这不是大学生先天带来的缺陷。当代大学生，他们中间绝大多数是独生子女，即使出身于农村多子女家庭的，也受到各方面的优待。这样的环境犹如一个暖房，要使学生走出暖房去经风雨、见世面，必须把他们碰到的许许多多的问题上升到理性的高度，寻求突破，加以科学的指导，让他们在大学中得以成长。

第三节 全面提升思想政治教育文化涵养

开展高校思想政治教育，要依托新媒体平台将其渗透到其他活动之中，坚持教育目标的隐蔽性与内容的渗透性相统一的原则。具体而言就是高校要依托新媒体，比如论坛、微博、新闻评论等形式，对学生进行有意识的暗示和熏陶，激发学生的兴趣与参与意识，使其在不知不觉中接受潜移默化的感染与教育，当然这也要求教育者对新媒体手段有充分的了解和运用能力，同时保持足够的耐心，在认真选取好、核实好媒介与教育目标之后，逐渐教育、隐性暗示、逐步渗透。

坚持教育手段的非强制性与过程的长期性统一的原则。鉴于当代大学生接受事物的特点和认知的规律，我们在教育过程中，不能采取强制手段，也不能急功近利，奢望着立竿见影的功效。而是要坚持运用引导、感染、熏陶等方式，慢慢地、逐步地将教育理念、教学目标和正确的价值观、行为方式等传授给学生。而且，要熟练运用网络语言和网络交流习惯。比如，现在的"00后"大学生，所钟爱的网络语言是所谓的"火星文"，时髦、动感还有些无厘头，可能我们对这些并不感兴趣，甚至并不赞同，但是这只不过是一种交流的语言形式。如果我们能够很好地理解并运用这样的文字形式、思维方式与大学生展开交流，那么，势必能迅速博得他们的好感与信任，很快地消除他们的抵触心理，同时对我们的教育欣然接受。有关研究表明，教育对象接受思想政治教育的时间与效率是成正比的，时间越长、影响越深、效果越好。所以，我们在进行教育的过程中，要有足够的耐心、恒心和毅力。

坚持教育方式的差别化和本体选择的实用性相统一的原则。新媒体背景下，我们对学生采取思想政治方面的教育，一定要注重载体选择的实用性和适用性。由于新媒体的种类繁多，我们在开展工作时，一定要善于根据学生的特点与新媒体手段的不同特性，精心选择适当的新媒体，细心构筑良好的教育环境，耐心创造合适的教育氛围，这不但有利于提高大学生自主学习的意识，还有利于增强大学生思想政治教育的效果。

要通过新媒体及时了解学生在课堂内外的思想动态、生活难题及思想问题并给予及时解决，全面体现高校思想政治教育"想学生所想，急学生所急，服务于学生的学习，服务于学生的生活，服务于学生的全面成才"的理念，使学生不再感到自己是被管理者，而是充分享有关怀与服务、话语权与参与权、建议权的主体，这样不但能较好地满足学生自主与自学的需要，还有利于促进学生在自主的活动中将学校、社会所要求的思想观念和行为习惯内化为自觉的意识和行为。

新媒体时代的到来对青年学生而言开阔了视野，拓展了知识面，丰富了交流方式，增强了自主性，但同时也对传统思想政治教育造成了一定的冲击，对思想政治理论课教学提出了新要求。

在我国高校普遍开设思想政治理论课，这是由我国社会主义制度的性质所决定的，是执政党的指导思想和执政理念在高校的传播和贯彻，是培养大学生树立科学的世界观、人生观和价值观的主渠道，因此，正确认识高校思想政治理论课的作用及意义十分重要。

高校思想政治理论课是执政党执政理念的主旋律，涉及上层建筑的意识形态领域于政治课，这是毋庸置疑的。但是高校政治理论课的教师不是承担一般的传道、解惑和授业职责，他传播的是执政党的指导思想，高扬的是马克思主义的伟大旗帜。在这旗帜下，每个人都是平等的。教师丝毫不具有天生的马克思主义面孔，或者是一副绝对掌握真理的样子。师生之间应当进行平等的对话，做到以理服人，以情感人，以教师自身丰富的知识和社会阅历，以扎实的理论功底和理性的思辨能力去获得学生的共同语言。

提高大学生的政治素质是一项系统工程，思想政治理论课只是其中的一个重要环节。其实学校的众多社团活动如暑期实践、党团组织、辅导员工作等，都对大学生的世界观、人生观和价值观的转变起到了积极作用。鲁迅说过，即使天才，在生下来的时候的第一声啼哭，也和平常的儿童一样绝不会就是一首好诗。一个人的成长过程，是不断感悟的启迪过程。家长、各级学校、社会条件甚至一段生活阅历都会起到积极作用。大学生时代是最接近走上社会的学习时期，对大学生的启迪包含以下几点。思想政治理论课教师应该以自己的人格魅力、品德修养、社会阅历去启迪大学生。

一是知识的传授。感悟毕竟是靠经验的，经验必须要有理论作为支柱，否则就像天上的白云，飘忽不定。目前的大学生所学的4门必修课，各有自身的理论特点，尤其是原理课，是从整体上概括的马克思主义的基本原理，是科学的世界观和方法论。原理本身虽然比较抽象，但它由一系列的知识点、概念和范畴组成，具有内在的、严密的逻辑性，认真教授这方面的知识是十分重要的。这就要求教育者应该具有深厚的理论根基，较强的科研能力，还要有高超的授课艺术。这三者是统一的。

二是信念的确立。大学生是具有激情、富有理想、朝气蓬勃的群体，但他们没有走入社会，人生经历不够丰富，遇到很多问题会感到不理解和困惑。在大学时代，通过教师的一系列教学活动，让学生们在比较中选择，在困惑中认清，逐步确立各自的理想信念很重要。我们不可能期望大学生都具有整齐划一的信念，但我们可以积极引导大学生确立不同层次的理想信念。

三是行动的引导。无论是怎样层次的理想信念，最终都可以在行动中得到体现，大学生的日常行为也反映了其整体的思想素质。就校园社团活动来说，既有高层次的专家讲座，也有陶冶艺术情操的各类文化活动，更有社会流行的大众娱乐文化。作为思想政治理论课的教师有责任引导大学生参与积极的、高层次的校园文化活动，这对于提高大学生的身心健康是十分重要的。

总之，大学生是国家宝贵的人才资源，是民族的希望、祖国的未来。要使大学生成长为中国特色社会主义事业的合格建设者和接班人，不仅要大力提高他们的科学文化素质，更要大力提高他们的思想政治素质，形成健全人格。只有真正把这项工作做好了，才能确保党和人民的事业代代相传、长治久安。加强和改进大学生思想政治教育，是当前全社会共同关注的一个时代课题。因此，《中共中央、国务院关于进一步加强和改进大学生思想政治教育的意见》指出，"高等学校思想政治教学是大学生思想政治教育的主渠道"，应"大力推进多媒体和网络技术的广泛应用，实现教学手段现代化"。

在新媒体时代，为了应对混杂在纷繁信息中的负面不良信息的挑战，维护马克思主义意识形态的核心地位和社会的和谐稳定，巩固党的领导地位，思想政治理论课的教学必须顺应时代潮流，深化教学改革，积极运用新媒体手段，大力提高教学效果，努力提高大学生的思想政治素质，服务于大学生健康成长和顺利成才。

目前思想政治理论课教学也存在一些问题。一些高校政治理论课的美誉度偏低，处于"三不满意"状态：领导不满意、学生不满意、教师自己也不满意。大学生的思想政治理论课程的学习效果令人担忧。多数学生觉得当前思想政治理论课的理论知识过多，内容枯燥，难以激发兴趣；思想政治类课程缺乏有效的教学方式，大多是纯理论课，造成台上教师捧着教材照本宣科，台下学生打瞌睡、玩手机、看课外书等不良的课堂状态。

当代大学生对思想政治理论课教学效果的期待。大学生认为思想政治理论课教学效果应具备以下特点。学生基本能够掌握教学课程的知识并能够积极地参与学习，同时能够在学习中得到乐趣，而不是注重学生能在相关考试中取得较好的成绩。可见，对于学生而言，他们更希望看到的是自身能在学习中积极参与，得到乐趣的同时掌握相应的知识。好的教学效果对于学生自身兴趣的提升是有很大帮助的，因此我们不能单单从表面上的学习成绩的优劣来判断教学效果的好坏。

新媒体时代信息传播自由、获取快捷、内容不可控等特性，不仅给人们获取信息带来便捷，而且作为一种有效的潜移默化的思想政治教育形式，对大学生思想政治意识、价值尺度、道德观念的形成有着重要的影响。思想政治理论课作为大学生思想政治教育工作的主要渠道，必须主动适应新媒体时代的新要求，采取新对策，唯有如此，才能增强大学生思想政治教育的实效性。

第四节　促进社会主义和谐社会的构建

思想政治教育工作是经济工作和其他一切工作的"生命线"，是中国共产党的一条宝贵的历史经验，是对思想政治教育工作战略地位的高度概括，具有科学的理论依据和丰富的实践基础。既是坚持唯物史观的应有之义，也是对唯物史观基本原理的具体运用。唯物史观认为，虽然经济决定政治，但是政治对经济具有反作用。思想政治教育工作是经济工作和其他一切工作的"生命线"的论断，反映了经济与政治的辩证关系，强调了政治对经济的反作用。唯物史观还认为，在阶级社会里，占统治阶级地位的政治，总是强烈地反映着阶级对经济运动的某种需求，并通过种种政治手段，干预整个经济运动。中国共产党的思想政治教育，就是把代表人民群众利益的理论、纲领、路线、政策等，通过一定的政治形式，贯彻落实到各项工作中，从而推动以经济建设为中心的社会主义现代化建设事业的发展。唯物史观还强调，社会存在决定社会意识，社会意识又反作用于社会存在。在诸多社会意识形态中，先进的政治观点代表着历史潮流的方向，反映着社会发展的要求，是人民群众认识世界和改造世界的强大精神武器，对社会的发展起着巨大的推动作用。党的思想政治教育的重要任务，就是要把马克思列宁主义、毛泽东思想、邓小平理论和"三个代表"重要思想、科学发展观、习近平新时代中国特色社会主义思想这些科学的理论体系灌输到人民群众的头脑中，激发他们建设中国特色社会主义的积极性、主动性和创造性。

思想政治教育是团结全党和各族人民实现党和国家各项任务的"中心环节"，社会变革时期复杂多变的情况，决定了必须牢固树立"中心环节"意识。随着改革的深化和社会主义市场经济体制的建立，社会生活发生了复杂而深刻的变化，经济成分和经济利益多样化、社会生活方式多样化、社会组织形式多样化、就业岗位和就业方式多样化日益明显。多样化的社会生活现实，势必导致人们思想认识、价值观念和思维方式的矛盾、冲突和复杂多变。这个社会现实要求我们必须牢固确立"中心环节"意识，充分发挥思想政治教育工作的巨大作用，以共产主义理想和我国现阶段中国特色社会主义的共同理想和信念，科学的世界观、人生观、价值观去说服人、教育人，团结和凝聚全党和全国各族人民，研究新情况、解决新问题，实现不断深化改革和稳定发展的目标。任何淡化、忽视思想政治教育工作的倾向，都是错误的和有害的。

思想政治教育为改革开放和现代化事业提供强大动力与保证。思想政治教育工作为改革开放和现代化事业提供强大的动力与保证，是中国共产党历史经验的一条重要结论，是对思想政治教育工作战略地位的科学概括。从马克思主义基本理论看：第一，思想政治教育工作是社会上层建筑意识形态的核心之一。经济基础决定上层建筑意识形态，而上层建筑意识形态也对经济基础有着重要的反作用，能够制约经济基础和社会生活的发展方向，促进或阻碍经济基础和社会生活的发展。这种反作用是巨大的，有时是决定性的。上层建筑意识形态对于经济基础和社会生活的反作用原理，是思想政治教育工作"为经济工作和其他工作提供强大的动力与保证"的机制和理论依据。第二，思想政治教育工作的对象是人。人是社会生活实践的主体。人的行为方向如何，积极性的高低，对社会经济和社会生活的方向和发展具有决定性影响。而人的行为是受思想支配的，思想政治教育工作能够通过引导人的思想和激发人的积极性，为社会经济和社会生活的方向和发展提供强大的"动力与保证"。回顾我国革命和建设的历史也充分说明了这一点。我们的党之所以能够由小到大，经受住无数次内外严峻环境的考验，转危为安，再展宏图；我们的军队之所以能以少胜多、以弱胜强、无坚不摧、无往不胜；我们的人民之所以能在白色恐怖下坚定不移，在经济困难时期艰苦卓绝，在国际社会主义低潮时期夺取社会主义现代化建设的伟大胜利，就是靠坚强有力的思想政治教育工作，团结和引导全党和全国人民，充分发挥其"强大动力与保证"作用的结果。

事实上，个体的创新品质从构成上，可以分为创新的智力品质和非智力品质。创新的智力品质包括创新的知识素质、创新性思维能力；创新的非智力品质包括创新心理、创新意识、创新型个性等有利于创新的因素。因此，完整意义上的创新教育是以培养学生的创新意识、创新精神、创新能力和创新人格为基本目标，通过有组织、有计划的教育活动，激发学生的创新欲望、培养学生的创新意识、挖掘学生的创新潜能，从而构建具有创新性、实践性的以学生为主体的活动形式。创新活动的以上特点决定了深刻认识和理解思想政治教育在创新教育中的地位和作用，对于更好地实施创新教育具有重大意义。

从政治学和社会学的角度看，思想政治教育作为政治社会化的重要手段，其最重要的功能是政治教化功能，即教育者通过一定的途径向教育对象灌输一定的社会主流意识形态，包括政治理念、法律观念、道德准则等，使受教育者形成符合社会需要的政治素质、思想素质和道德素质，并成为该社会稳定和发展的重要依靠力量。从教育学的角度看，思想政治教育以培养人才和个人成才为其目标，它不仅为个人成才指明政治方向，提供动力保障，而且为个人成才所需的心理、意识、情感等非智力品质的发展起到了导航和促进作用。我国学校思想政治教育的基本功能是：在马列主义、毛泽东思想、邓小平理论和"三个代表"、科学发展观和习近平新时代中国特色社会主义思想这些重要思想的指引下，综合运用哲学、政治经济学、政治学、心理学、教育学、社会学、伦理学等学科的相关知识，引导学生建立正确的人生观，激发其树立远大的理想信念，增强使命感，培养学生坚强的意志品质和良好的心理素质，并指导学生构建合理的知识结构，养成良好的思维习惯，掌握科学的学习方法，从而使学生成为合格的社会主义事业的建设者和接班人。人的一切行动是思想指导的结果，科学和知识是没有国界的，但是，掌握科学和知识的人身处不同的国度，隶属不同的阶级，思想的先进程度与掌握科学知识的多少是没有必然联系的。正是这一点决定了思想政治教育在创新教育中占有核心地位。思想政治教育为创新型人才的培养指引政治方向，为创新型人才提供动力源泉，这是创新教育的根本和关键。

思想政治教育为创新教育奠定理论基础提供条件。我们的国家是中国共产党领导全国人民建立起来的社会主义国家，她始终以马克思列宁主义、毛泽东思想、邓小平理论和"三个代表"、科学发展观和习近平新时代中国特色社会主义思想这些重要思想为指导思想，始终以马克思列宁主义、毛泽东思想、邓小平理论和"三个代表"重要思想为行动指南，如果偏离了马克思列宁主义、毛泽东思想、邓小平理论和"三个代表"重要思想这条主线，她就违背了我国的社会主义性质。这就决定了我们在思想政治教育中，要坚持马克思列宁主义、毛泽东思想、邓小平理论和"三个代表"、科学发展观和习近平新时代中国特色社会主义思想这些重要思想的基本原理。马克思主义认为，世界不是孤立的、静止的、片面的，世界是联系的、发展的，是有规律可循的。发展是新事物的产生和旧事物的灭亡，发展是事物由低级到高级、由简单到复杂的前进性变化或不断更新的过程。教育的更新需要人们发挥主观能动性，通过对教育理论的探讨和对教育实践的分析，总结教育发展的规律，得出新的教育观念、新的教育方法、新的教育思路等。

目标的实现取决于方向的选择，在实施创新教育培养创新人才的过程中，我们首先要解决为谁培养人才、培养什么样的人才的问题。这不仅关系到人才的素质，更关系到国家、民族的命运。思想政治教育能为创新教育提供方针指导，使我国的创新教育始终能贯彻党的教育思想、教育方针，沿着社会主义办学方向不断前进。思想政治教育能为创新型人才提供理论武器，用马列主义、毛泽东思想、邓小平理论和"三个代表"、科学发展观和习近平新时代中国特色社会主义思想这些重要思想武装起来的创新人才，才会在风云变幻的世界格局面前认清形势，冷静思索，克服重重困难，始终沿着正确的方向前进。

思想政治教育为人才的创新实践提供精神支持。人们的创新意识最终要转化为创新的实践，而创新的实践必定要经历曲折的过程，其中可能要碰到各种各样的困难和挫折甚至是失败。学校思想政治教育的另一个作用，就是为人才的创新实践提供精神支持，这是创新教育的一个重要环节。如果一个人没有坚定的政治信念，没有为人民、为社会服务的愿望和决心，又怎么能产生强大的创新动力？怎么能战胜在创新实践过程中所遇到的各种困难？思想政治教育就是要通过对学生进行爱国主义、集体主义、社会主义教育，形势政策教育，世界观、人生观、价值观教育，来激发学生的爱国热情和历史责任感，增强学生面对知识经济挑战的信心和勇气，从而激发其内心强烈的为祖国创新的需求和欲望。

思想政治教育为人才的创新实践提供精神支持主要体现在三个方面。

第一，要通过思想政治教育，培养学生坚忍不拔的意志品质和不屈不挠的精神，使他们树立正确的对待成功与失败的态度。面对失败不气馁，总结经验教训；而面对成功不骄傲自满，要一心一意，锲而不舍，以科学的态度对待创新实践过程中的各种情况。第二，要通过思想政治教育，培养学生创新的胆识与勇气。这就需要思想政治教育对教育对象灌输当代的价值取向，弘扬和倡导符合这个时代要求的价值观念，让"善于学习、勇于创新、敢为人先"成为学生的价值判断，这样他们才能主动地参与创新，敢于突破，取得创新的胜利。第三，要通过思想政治教育，培养学生的高尚人格。高尚人格是保障创新实践沿着服务人民、服务社会的正确道路前进的条件。如果我们的创新人才具有了创新的能力，却不具备为人民服务的愿望，这不但不会给社会带来利益，反而会对社会产生不利的影响。此外，当今时代的创新常常要求各种人才通力合作，在知识的各个领域交叉融合，同时也要求用与他人合作来消除无序竞争，更好协作。只有具有高尚人格的人，才能在社会中更好地探索和总结事物内在的规律，从而形成正确的世界观和人生观，为创新实践提供必要的方法保证。

目前，在学校教育中，出现了教育的异化，即理想中的教育与现实中的教育相对照，出现不相符合甚至被扭曲的现象。作为素质教育的核心内容——创新教育，在实施的过程中，也存在着种种异化现象。从各科教学看，创新教育的异化主要表现为两种倾向：一是打创新教育的幌子，行应试教育之实。教师囿于教材，咀嚼课文，把教参的分析和自己的理解强加给学生，抑制学生创造性思维的发展。二是一味地追求标新立异，忽略各科系统知识的传授，使创新教育架空于热闹的形式而成了无源之水、无本之木。仔细分析这两种倾向，其产生的原因主要有几个方面。首先，从大环境看，传统的教学思想、现行教学评价机制在一定范围内，是创新教育落实的最大绊脚石；其次，从教师角度看，创新意识淡薄、创新措施乏力，是创新教育难以深入的根本原因；最后，从学生角度看，长期处于被动的、封闭的接受状态，难以适应以自主性、开放性为标志的创新教育，是创新教育流于形式的又一重要原因。而要解决这些问题，思想政治教育的作用非常重要。总之，面对市场经济的发展和知识经济的挑战，我们的创新教育要肩负起培养创新型人才的重任，就必须深刻认识和理解思想政治教育在创新教育中的核心地位和重要作用，充分利用好思想政治教育的学科优势，发挥其在学生创新能力培养方面的作用，结合其他教育形式，使学生的创新能力得到切实的提高和增强，从而完成时代赋予我们的培养现代化建设所需要的合格人才的历史使命。

思想政治教育以合作来实现良性的创新为前提，为人才的创新实践提供方法保障。我们进行创新活动的前提条件是拥有对世界正确的看法和态度，思想政治教育以马克思主义基本知识教学为主阵地，培养学生以全面的观点、一分为二的观点、发展的观点、运动的观点、联系的观点去分析问题，去看待已有的经验和知识，去透过现象抓住本质，去探索和总结事物内在的规律，从而形成正确的世界观和人生观，为创新实践提供必要的方法保证。

参考文献

[1] 张丹绮，高超.全媒体时代下大学生思想政治教育创新探索 [M].长春：吉林出版集团股份有限公司，2019.

[2] 张百顺，齐新林.思想政治理论课教学与人格教育和谐发展 [M].武汉：华中科技大学出版社，2019.

[3] 赵英军等.人才培养与教学改革 浙江工商大学教学改革论文集（2017）[M].杭州：浙江工商大学出版社，2019.

[4] 叶燊.立德树人 [M].北京：光明日报出版社，2019.

[5] 潘传辉.新媒体时代思想政治教育创新探索 [M].哈尔滨：黑龙江人民出版社，2019.

[6] 李红光.大学生思政教育的专业分类教学实践研究 [M].北京：九州出版社.2019.

[7] 薛刚.新时代高校思政工作理论与实践探索 [M].汕头：汕头大学出版社，2019.

[8] 朱移山.新时代高校思想政治课教师的追求与探索 [M].合肥：合肥工业大学出版社，2019.

[9] 钟燕著.新媒体视野下大学生思政教育创新探索 [M].天津：天津人民出版社，2022.01.

[10] 新时代高校思想政治理论课多维度课堂教学探究 [M].沈阳：辽海出版社，2019.

[11] 杨娉.新媒体视角下大学生思想政治教育创新探索 [M].北京：中国纺织出版社，2018.

[12] 龙妮娜，黄日干.新媒体与大学生思想政治教育研究 [M].北京：光明日报出版社，2016.

[13] 寿伟义，汪灿祥，周俊炯，单文荣等.高职学生工作探索与创新——大学生思政工作论文集 2017 年卷 [M].镇江：江苏大学出版社，2018.

[14] 曾学龙.民办高职院校思想政治课协同育人教学模式创新的实践 [M].广州：广东高等教育出版社，2018.

[15] 滕飞.思行致新 高校思政育人工作的探索与实践 [M].北京：中国经济出版社，2018.

[16] 史耀忠.职业素养教育的探索与实践 [M].北京：北京理工大学出版社，2018.

[17] 何艺新，李侠，马芸.研究生教育改革探索与创新研究文集 [M].成都.四川大学出

版社，2018.

[18] 谢梅成，夏聘庭 . 铸魂 大学生思想政治教育的理论与实践 [M]. 北京：光明日报出版社，2018.

[19] 刘绍怀，李建宁，王建华 . 大学生思想政治教育工作的宏观视野与微观建构——云南省高等学校思想政治教育研究会 2017 年成果选编 [M]. 昆明：云南大学出版社 ,2018.

[20] 刘文红 . 新闻传播课程思政论文集 [M]. 北京：知识产权出版社 ,2018.

[21] 李韵捷 . 大学生思想政治教育和创新创业能力的培养 [M]. 长春：吉林大学出版社 ,2017.

[22] 韩继锋，王岱飚，张勇志 . "互联网 +" 时代大学生思想政治教育与创新创业 [M]. 长春：吉林出版集团股份有限公司 ,2017.

[23] 杨章钦，徐章海 . 思政理论课教学改革与大学生思想政治教育互动研究 [M]. 上海：上海财经大学出版社 ,2017.

[24] 王钱超 . 经营思想政治课——地方高校的探索与实践 [M]. 合肥：合肥工业大学出版社 ,2017.

[25] 汪铮 . 大学生思想政治教育研究 [M]. 成都：西南交通大学出版社 ,2017.

[26] 苏建福 . 高职院校学生思想政治教育工作创新实践 [M]. 天津：天津科学技术出版社 ,2017.

[27] 李阎 . "互联网 +" 时代大学生公民素质现状及教育对策 [M]. 北京：中国原子能出版社 ,2017.

[28] 戴丽红，潘光林 . 立德树人 全面实施素质教育——大学生素质教育研究与实践 [M]. 西安：西安电子科技大学出版社 ,2017.

[29] 胡赤弟等 . 理念途径方法质量 : 教学创新 ——2016 宁波高等教育研究论坛论文集 [M]. 杭州：浙江工商大学出版社 ,2017.

[30] 兰海波，王春海，艾曦锋，孟姝轶，张磊 . 东林网事 新常态下大学生网络思想政治教育的探索与实践 [M]. 哈尔滨：东北林业大学出版社 ,2017.